思想觀念的帶動者

文化現象的觀察者

本土經驗的整理者

生命故事的關懷者

Master

對於人類心理現象的描述與詮釋
有著源遠流長的古典主張，有著素簡華麗的現代議題
構築一座探究心靈活動的殿堂
我們在文字與閱讀中，找尋那奠基的源頭

# 敘事治療三幕劇：
# 結合實務、訓練與研究

Innovations in Narrative Therapy：Connecting Practice, Training, and Research

作者—吉姆・度法（Jim Duvall）、蘿拉・蓓蕊思（Laura Béres）

譯者—黃素菲

我們將此書獻給麥克．懷特

他教導我們，

像導師一樣啟迪我們，並像朋友一般鼓勵我們

沒有他，就不會有這本書

永遠懷念他

{目錄}

【推薦序一】

# 一次冒險精神的實踐

吉兒·佛瑞德門（Jill Freedman）／敘事治療大師

麥克·懷特和大衛·艾普斯頓是敘事治療的肇始開拓者，他們自認他們的工作是一種冒險。1992 年，他們寫到：

> ……對我們來說「冒險的精神」是投入這項工作的一個核心重點面向。我們的目標是保存這種精神，並且深知如果我們完成這一點，我們的工作將會繼續豐富我們的生活，和滋潤尋求我們幫助者的生命（p.9）【註】。

這本《敘事治療三幕劇：結合實務、訓練與研究》就是以此「冒險的精神」為傳統寫下的。吉姆·度法和蘿拉·蓓蕊思不是單純地提供實務的說明或原則，而是向我們展示他們工作生涯的冒險，他們不僅僅是呈現出結論，而是不時地開放自身的經驗，使我們深入到過程中。度法和蓓蕊思提供新的隱喻、新的想法和實務研究，這些都源於 21 世紀早期加拿大多倫多的敘事治療場景，敘事治療實踐在其中正蓬勃發展。正如懷特和艾普斯頓所說，度法和蓓蕊思的工作在保持冒險精神的過程中演變，我們則在他們的創新中見證了這一切。

敘事治療三幕劇是一本不尋常的書，因為書裡提供了許多敘事思想的歷史、實務故事、文本、研究設計和結論說明，以及對所有這些的關鍵反思。事實上，度法和蓓蕊思不僅對他們的工作提供關鍵反思，而且還邀請我們一起加入，透過思考每章結尾的問題，反思自己的經驗和實踐。正如他們的工作生涯包括治療、研究、教學和反思，度法和蓓蕊思將這所有編成這本作品，而不是分開各自出版，使我們就像身處一個令人興奮的工作計畫幕後，親眼目睹許多合作者的發聲，以及教學和實務的變化如何影響他們的研究。

這本書包括一系列實務章節——免預約門診、曾對伴侶使用暴力的男性團體、曾受宗教儀式虐待的女性，和一個與成癮奮戰的女性。度法和蓓蕊思也提供適用於任何治療實務的想法，例如，他們對治療的隱喻，是將成年儀式修正為治療三幕劇來做治療隱喻。整體包括六個不同的探索階段，提供治療師幫助案主塑造和發展故事的可能性。

在度法和蓓蕊思書裡的概念中，我最喜歡關鍵時刻。關鍵時刻包括感知的轉變、為人們開闢新方式來體驗他們的生活或處境，以及總是能開啟新行動的可能性。有時這種轉變對自我或他人帶來了嶄新的欣賞，或者令人感覺到改變是有可能的。作為治療師，我認為這些時刻是治療的轉折點。度法和蓓蕊思更進一步說明，治療師如何備妥肥沃土壤以便孕育出這樣的時刻，以及如何識別它和做出反應，以便擴大發揮它的影響力。

這是一本重要的書。我很高興能把這本書交給你——讀者。我希望你用冒險的精神來閱讀，也帶著批判性的反思來閱讀。我希望你劍及履及地去嘗試書中的觀點，但也適度調整以回應你的文化背景。

吉兒・佛瑞德門

伊凡斯頓，伊利諾州，美國

2016 年 11 月

---

【註】 Epston, D. & White, M. (1992) *Experience, contradiction, narrative and imagination: Selected papers of David Epston and Michael White, 1989-1991*. Adelaide: Dulwich Centre Publications.

【推薦序二】

# 閱讀敘事治療三幕劇的觸動與反思

吳熙琄／茵特森創意對話中心執行長

我不認識寫這本書的兩位作者吉姆・度法（Jim Duvall）和蘿拉・蓓蕊思（Laura Béres），但閱讀他們的書，讓我好想見見他們，和他們聊我多年諮商的心得，他們對於「什麼元素才能促成有效的對話？」有著深刻的反思，特別是透過請教個案的回饋和觀看無數錄影帶的「微故事」的紮實研究和剖析，進而整理出這本書，這種根植於人類學田野調查的研究方法，對於敘事治療的發展和反思紮實地向前邁進了一大步。

這十多年來陸續出了許多和敘事治療相關的書籍，讓大家有更多的資料可以參考。但根基於實務的研究書籍相形較少，這本書特別用了一個有效的研究方法，不是我們過去一向熟悉的由專家學者把設計與蒐集到的資料整理成研究結果，而是整合個案對治療對話「何者有用」所給予的回饋想法後，對敘事治療做關鍵反思，此書將敘事和後現代的研究精神落實到我們如何檢視治療的對話，極有原創性與價值。

特別有趣的是，吉姆和蘿拉是在探索在諮商中怎麼樣的對話對來訪者才是有用和有效的研究過程中，遇見了敘事治療。二位作者發現他們研究的結果竟然和敘事治療的精神和態度有著深深的共鳴，因此他們開始大量和麥克・懷特（Michael White）及大衛・艾普斯頓（David Epston）學習敘事治療。所以他們二位是帶著探索治療對話的研究者的背景進入到敘事治療的。在他們進入到敘事治療的世界之後，便持續地在實務中做研究，邀請當事人參與研究、訪問當事人、研究治療對話的過程和細節對當事人帶來的影響，以及邀請當事人對二位作者和當事人相關描述文字的剖析，參與閱讀和校正。因此二位作者對於敘事治療如何運用，在不同情境的操作和不同理念的整合，有著許多豐富的、透過研究中演化整理出的知識和經驗。二位作者也希望透過此書，大家能不斷地寫出實務經驗，以累積更多的實務基礎資料，才能更好地在以證據為基礎的組織中工作。

另外一個體會是，二位作者在書中時常提到他們帶著後現代的精神、指導假設，和架構去工作，包括研究、理論、實務工作。我看到我們這一代人縱使喜歡敘事，仍然會穿梭在與後現代思潮的交流中，去看看如何把我們的工作和有助益的現代思潮整合在一起。敘事發展到今天，已有三十多年的歷史，能夠不斷地去和有共鳴或有差異的理念激盪，更能帶出更多的創造和演化。

二位作者也在敘事的實踐和研究中整理他們的理念心得，這也是他們的創造。「故事治療是一齣三幕劇」的概念特別的有趣。我早期在學敘事治療時，特別喜歡 Rite of Passage（成年儀式）的概念，覺得人生就像一趟旅行，不同階段會有它必須跨越的發展、瓶頸與挑戰，帶著這個譬喻去看生命的流動和生命故事，有一種寬廣、接納，甚而讚嘆的感覺。吉姆和蘿拉能把成年儀式的譬喻發展成三幕劇，開始的分離，過渡的轉化和新狀態的再融入，來看故事的變化帶來的自我認同的移動，特別的有啟發性。

在麥克・懷特過世不久前，他開始引用德勒茲（Deleuze）的根莖植物的意象來解釋故事的發展，但麥克突然的過世也讓喜好敘事治療的人們婉惜沒能多聽聽他對德勒茲的理念的更多看法和詮釋。看到二位作者吉姆和蘿拉整合麥克生前未完全發展完成的重要理念，特別令人驚喜。它最主要的概念是看見故事和對話的多元性，不像樹般結構性地由下往上有秩序地長，而更像埋在土中的根莖植物，從四面八方不同方向長出來，並沒有特定區分的次序、階層、主幹、分枝。透過這個圖像，大家可以思考故事和對話的多元流動性，而非過往我們對於故事對話一向視為應有其結構次序性的概念。

看到大衛・裴瑞（David Paré）為本書寫導論，我內心升起一股親切感。我約略在 1997 年認識他，當時我們共同參加美國南方的一個小型的後現代對話會議，我們有機會和大家坐在一塊聊天，當時大衛讓我留下一個非常深刻的印象，他對話的方式讓我很少有地感覺到我這個在團體中唯一的亞洲人非常地被尊重而自在，這在當時我在美國工作圈中，我的母文化認同往往是不被看見的，我常常覺得必須要快速調整自己融入，而當時的我也習以為常。令我印象深刻，感受得到他對於和異文化的人交流是有反思和人文底蘊的。看到他導讀富有人文精神的內容，在英文世界中推薦二位作者吉姆和蘿拉，而我同時在中文世界中推薦他們，有種再度和大衛共鳴和連結的感覺。

這本書提供了許多敘事治療如何在現實世界中落實的想法，帶著作者們在敘事治療中的演繹和透過研究對實務工作的反思，是本難得一見的敘事好書。謝謝黃素菲老師在忙碌的工作中撥出時間把這本書翻出來，翻譯得特別順暢，也再次謝謝心靈工坊支持這本書的出版，讓更多的華人可以持續地和世界各地的敘事實踐工作者連結，而能夠不斷成長豐厚。

# 各方讚譽與推薦

閱讀此書，總一再勾起自己接觸心理諮商 8 年間，是如何成為心理師的回憶。敘事治療將人與問題拉出空間，使人得以離開問題的控制與壓迫。本書具備實證基礎，清楚的治療架構結合實際案例，豐厚了我繼續成為一名心理師。

——王堂熠（心理師）

本書將敘事治療發展得更完整具體，三幕劇以及對話地圖，清晰易懂的幫助諮商師與案主在會談中共同挖掘豐富的意義與轉化的可能，幫助每個人能為自己那被隱匿的正向自我認同重新發聲，也能更美好的接納自己。

——陳姿妤（台中惠來國小專任輔導教師、心理師）

本書以一個更清晰具體的方式呈現敘事治療的操作，協助我們走在穿梭生命故事的路徑。無需華麗技巧、艱澀理論，而是不斷的發現再發現，一切可能的可能，不是在生命裡吹毛求疵，而是貼近生命故事，擁抱每一次的再展開。

——龔毓雯（致理科技大學心理師）

此書不只讓我得到知識上的收穫，也對自己的生活有更多理解。每個人都是多元的概念，不斷衝擊著我的內心，即使一個人活在社會架構下的平均值裡，也有其獨特性，這樣的人性觀使我充滿能量，感動萬分！

——楊政銘（實習心理師）

這本書在關鍵反思實踐的基礎上畫出了敘事治療的對話地圖。三幕劇的結構，讓諮商過程就像在寫一部動態小說般，清晰、豐富而充滿意義。對我這樣一位剛開始實踐的諮商師來說，有很強的指導作用。

——王建鵬（中國天津大學老師）

本書對我來說是一本引人入勝的專業書籍，源於實踐，又高於實踐，講授理論同時又穿插著經典的案例，在案例中理論的觀點又得以重現和應證，理論性、可讀性和實操作性交互融合，收放自如，實在是讚！

——陳雁（中國東華大學老師）

從「舊」故事走向「新」故事，我不需要改變世界，只需要看見那一刻，不論誰的故事，總有那麼一刻，可以顛覆我們對生命的看法。「關鍵時刻」，不好形容但我會這麼說：在那最黑暗無光的一刻後，破曉。

——王威中（文化大學心輔所碩二研究生）

你玩過 Pokemon Go 嗎？在人生旅途上走投無路，或是在治療對話中遇上瓶頸時，閱讀本書就像是開啟了擴增實境一般；當現實中的困境迎面而來，彷彿透過這本書，我們便能看見意想不到的道路在眼前展開。

——黃姿鳴（研究生）

【導讀】

# 見證新舊敘事觀點的關鍵時刻

大衛・裴瑞（David Paré）／渥太華大學教育諮商副教授

閱讀本書——這本充斥著新觀點並以創新修正舊思維的書籍——成為我與作者（吉姆・度法與蘿拉・蓓蕊思）之間的關鍵時刻。稍後你也會很快地發現，「關鍵時刻」就是治療對話中的那些獲得獎勵的時刻，當一個簡單的提問像是將門板敲破一個裂縫，光線照亮了原先只敢稍微想像的諸多可能性；裂縫隨著談話展開而逐漸寬闊，透露出一個人尚未被理解與無法預料的一面，使他們對於許多新發現的自我感到有興趣。我認為我對吉姆與蘿拉或多或少有所認識。多年來，我有幸與他們一同工作與玩樂，而現在，我們一同擔任培訓教師和研究員；我們共同分擔初稿的編輯工作；我們也在研究計畫中一起腦力激盪，並且合力規劃研討會。我和吉姆與蘿拉也有除了工作以外的私交。在吉姆家其中一張史泰森躺椅上躺下，我慫恿他表演許久未說的德克薩斯州口音，我們一同歌唱、玩玩老音樂，直到深夜。同樣在那些夜晚，我也聆聽蘿拉輕快的說話聲一除去英國腔的另一種口音，帶著綿延而輕聲細語的好奇心。蘿拉的好奇心所引發的對話能又深又廣，從女權主義哲學思維，以至於塞爾特靈修，並不時伴著她一陣陣的招牌笑聲。因此，我有機會能夠同時認識到他們認真思考與玩樂的雙重面向。但閱讀這本豐富且縝密地描繪出他們的觀點與實踐的書籍，是另一道認識吉姆與蘿拉的大門，在此對我敞開。

本書與麥克・懷特富於同理心與創意的諮商工作有很強烈的共鳴，麥克鼓舞了無數的我們，遍及全球。多年來，蘿拉與吉姆分別都與麥克有過各種形式的共事或學習經驗。他們跟隨麥克的腳步，從不同方向繼續前進，走過那些他尚未親自到達的地方，他們以此書向麥克致敬，不難想像麥克會有多喜悅。麥克很喜歡使用地圖的比喻，在他不幸逝世前的最後一本著作《敘事治療的工作地圖》，便是以此為主軸。麥克的若干工作地圖，都在本書中獲得彰顯——結構、骨架、有序的提問，以及以精心構思使對話前往新的境地。但若帶著縝密的心思細看，你將會看出本書同樣也描繪出許多創新的路徑，邀請讀者們以他們獨特的方式，與偏好的步調走進來探索。

吉姆經常說，麥克・懷特並不是在實踐哪一個治療「流派」：他在實踐的是「麥克・懷特理論」。繼大眾傾向於給事物命名（無論好或壞）之後，懷特與其資深同事大衛・艾普斯頓的治療研究工作，後來被稱作「敘事治療」。本書保留「敘事」作為書名，因為本書與敘事取向的領域產生共鳴，共享「敘事」這個名稱，「敘事」已在全球廣為流傳。然而，本書不僅止於收集過去熟知的「敘事地圖」。本書更像是在補述那些延續的知識，從已經在各式各樣的治療情境中建立良好的實務中繼續延伸。懷特與艾普斯頓的貢獻，包含敘事治療，無處不被彰顯，但是本書是致力於完成「吉姆・度法與蘿拉・蓓蕊思理論」。本書以治療、訓練和研究，與過往的敘事工作產生共鳴，同時，它亦輕推門扉，展開更多新的可能性。

本書的範圍很難用簡單的幾句話來總結，所以，我想停留在「地圖」的隱喻，以強調作者很有技巧性地平衡兩個面向，為了簡潔起見，我將它稱作（諷刺地說）「敘事實務」。透過這些「地圖」，我指的是特定語言、觀點、預想的問題，以及對話結構，諸如此類的地圖，可能會由治療師帶入會談室中，並與前來諮商的案主們分享。假使沒有這些地圖，若不是造成重複的傷害，就是治療對話可能會不經意的流於無益的問題重述。這需要有紀律與定向，以避免落入過往堅實的傳統思維中，將案主當作有「異常」來談論。治療地圖幫助對話從舊有的習慣模式中破殼而出，舊習慣包括將談話重點放在案主的缺失上，並且加強這種觀點的身分認同，卻將案主的價值與意義給遮蓋。

儘管如此，面對舊有的治療框架當然仍有許多挑戰。當治療被視為一個人際網絡，在此，治療師與前來求助的案主們共同建構知識，偏好的發展總是有可能在無預期的時刻突然出現，並以任何對話藍圖都沒有預料到的方式展開。有彈性地掌握工作地圖是種藝術，面對會談時，地圖已隨時握在手中，然而，當在一個對話過程出現轉折，一條新的路徑逕自展開之時，也準備好隨時將手中的地圖收起。

本書另一個出眾的特點是它的收放自如，掌握得恰到好處。作者們介紹創新的實務工作地圖，總是不時提醒讀者這些只是許多有效方法中的若干選項，並反思每一個對話時刻是如何蘊藏著無限的替代可能性。書中強調故事的作用與人們的習性——將經驗組織成敘事的形式——在此追溯了文化傳統與認知過程的舊習慣。同時，也提醒了我們，沒有什麼是被封鎖在故事的世界裡的：書中特別提出來分享的經常是有趣的對話，它們不受拘束地打破了許多心理學中心傳統原先確信的思想。而當下時刻永遠存在著修正過往事件的機會。無論過去的事件為我們帶來一場思想上的交流、一個眼神，或是一個共享沉默的片刻，在治療對話中懷著崇敬的心情擁抱珍貴的「當下」，同時帶著無數替代未來的希望種子。

作者們精心設置幾個可能的對話序列，包含他們自己獨創的六步驟檢測，在三幕劇的結構中搭建起故事情節，剪裁對話交流的內容，朝向說書人偏好意義的方向，而且從不預先假定終點。他們思量那些他們選用來形容事物的字眼所帶來的真實影響力，避免封閉式的斷言，或是倉促的理解，而是非常努力地貼近發言者的意義。整合他們從實務、訓練與研究為根基的經驗報告，擁有來自許多合作對象的意見是一大特色，他們展現承諾，期許傾聽前來求助案主們的具體需求與視角，從無以計數的諮商錄影帶、轉錄文本中描繪，並且從一個更寬廣多樣的背景脈絡中重建治療對話。這樣的做法，符合他們想要在治療對話中成為學習者，而不是指導者的期望。同樣地，在他們詳述的研究報告裡，也是如此對待那些期望能夠被幫助的案主們，這提醒了我們理論是如何影響著參與者，並且無庸置疑地影響著治療的效果。

本書像是一本不斷改變形狀的地圖，適用於治療對話遷移的過程；也像是在門上斬開一道新裂縫，為創造意義而堅持不懈的實踐。願此光芒能照耀前進的道路。

大衛．裴瑞

安大略省，渥太華

西元 2010 年，十月

【引言】
# 敘事實踐
# ——以研究和關鍵反思作論證基礎

這是一本有關敘事實踐的書籍。當我們運用敘事觀點與案主一同工作，或是以敘事方法進行教學的過程，都使我們不斷地受到鼓舞與啟發。

懷特近期出版一本關於「對話地圖」的書籍（2007a），那是他諸多可讀性極高的書籍之一，對於想瞭解如何運用敘事技巧和方法與案主一同工作的讀者，閱讀本書將會有所幫助。事實上，若讀者有興趣想瞭解一些對敘事治療的發展有所貢獻的相關理論影響，有一系列值得閱讀的書籍（Bruner, 1986b, 1990; Derrida, 1976; Foucault, 1980; Vygotsky, 1986），然而，若是想知道更多有關敘事治療如何實踐、如何開始學習，推薦讀者閱讀另一系列書籍（Russell & Carey, 2004; White, 2007a）。我們寫作本書的目的在於提出一些有關敘事實踐的嶄新思維，這些新思維的建立來自於我們探索性的、質性研究計畫的執行。無論是有經驗的敘事治療師，或是想學習敘事治療的新手，我們相信本書都能引起你們的興趣，因為我們將要在本書中呈現的觀點與實務，都是出自於我們敘事實務親身經歷的反思。對於有經驗的敘事治療師而言，這些觀點能夠整合到你們的實務工作中，然而也能獨立出來，成為敘事治療新手覺得有趣的閱讀材料。

外界對於治療師角色的需求不斷增長，主要來自經費補助單位，期望治療師能夠展現他們治療模式的有效性。他們還必須證明他們所使用的實務方法是有論證依據的。批判理論學家認為，論證基礎的實踐是源於調查與研究所組成的狹義的理解。我們意識到自己被賦予了厚重的期望，當我們想進一步發展有效的、適用的方法以構築新的知識時，我們被期望是可靠的，同時要能在實務中保有道德倫理的原則。本書是我們目前仍持續在深究的一個關鍵反思研究方法的成果。因此，本書也將能引起那些希望反思並書寫自己實務工作的從業者們的興趣，因為我們在此引言中提供了研究過程的描述，而在講述實務的章節中，也採用小型案例分析的研究設計，使得其他從業人員們能夠複製方法以實踐之。



## 本書的架構

在引言中，我們將講述一點背景故事，透過描寫研究團隊、執行脈絡，和影響研究計畫運行的一些觀點。我們將著重於談論反思實務的重要性，以及是哪些因素將我們的行動思維轉變成關鍵反思的實務方法（Fook & Gardner, 2007）。此外，我們也將會利用現場（田野）記錄的反思描繪出一個概念地圖，並針對一些我們將在本書第一部分當中介紹的新觀點，在此定位之。

本書的第一部分是由四個章節所組成。在第一章中，我們綜觀歷史與社會脈絡，介紹治療實務的重要紀事。在接下來的三章裡，我們分別介紹摘自研究計畫中的三個觀點。這三個觀點分別為：一個在治療對話中帶入故事情節架構的新方法、一個關於語言循環運用於治療上的重要性探討，以及關鍵時刻之於蛻變過程的深思。章節中也會輔以組合成的案例做說明。

本書的第二部分直接進行實務探討。第二部分的第一個章節，我們演示如何將敘事實務應用於免預約門診的環境中；免預約門診目前仍是相對較新的一種提供治療服務的方式，特別是以敘事方法進行治療。第二部分的第二個章節，包含一個治療實例的歷程記錄，在與早年創傷議題一同工作的過程中，示範敘事治療的技巧。第二部分的第三個章節，我們描述與成癮者一同工作相關聯的一些敘事觀點，以一個案例研究的方法呈現一名女性同時接受個別敘事治療與匿名戒酒團體（Alcoholics Anonymous, AA）的過程。第二部分最後一章，是一個小型研究計畫的研究成果，針對曾對伴侶施暴的男性敘事治療團體的治療錄音轉錄文本進行質性分析。本書第二部分的實務演練章節中也會使用一些組合成的案例，有一些實例的情況會特別註明，這些實例是獲得案主們的應允而直接收錄他們的故事。

在每個章節的最後，我們都提供一個結論，以及一系列的提問，用以激勵與延伸關鍵反思。在這個書寫的過程中存在的挑戰之一，是我們冒著風險，透過靜態的、不生動的方式，嘗試去發掘並描述出這個動態的、令人振奮的實務內容。我們邀請你，請將敘事治療的過程想像成正在放映的一部電影。一次又一次，我們將影片暫停播放，以便記下一些想法，或是去描繪此刻呈現在我們眼前屏幕上的這幅畫面，然後，我們再次讓電影繼續播放下去。這個過程不斷反覆地進行，我們期望能持續反思，進一步描繪出新的思路。

## 關於研究計畫

本書是以 2002 年九月開始的一項研究計畫為基礎，該計畫起始於加拿大安大略省多倫多的一個訓練中心。在此，培訓師資為欣克斯—德爾克斯特中心蓋爾阿佩爾研究所的吉姆．度法和艾瑞克．金，並與多倫多大學社會工作學系教師阿德安娜．香邦和菲．米什娜合作開辦。他們共同建立起一套研究治療實務方法，並在此訓練計畫中教導與實踐之。他們希望這將能夠啟動敘事治療的文件化與檢視的程序，這是過去被評為研究不足的部分。在這個研究團隊成立之初，蘿拉．蓓蕊思也一同受邀成為這項研究計畫的研究員。最初的外部培訓計畫一直開辦至 2003 年六月，田野記錄便在這十個月中產生，因為我們採用探索性人類學田野研究設計，因而我們深刻地投入於教導、學習與治療對話的體驗當中，這些治療對話來自於接受實習治療師諮商的參與家庭。在接續的下一個學年，其中一名畢業生成為團隊中的研究助理，在培訓計畫從 2003 年九月至 2004 年六月期間，持續匯整田野記錄。

執行中的研究團隊由吉姆．度法、艾瑞克．金、艾倫．卡茨、阿德安娜．香邦、菲．米什娜和蘿拉．蓓蕊思等人組成。凱倫．楊與史考特．古柏大約在後期田野工作階段進入資料彙集的討論時加入了研究團隊。

當我們一起展開我們的田野工作，我們認為我們的研究計畫主要是受到人類學田野研究取向的影響。然而，當我們現在回顧我們共同參與的工作，並嘗試發展進階的方法以檢視敘事實務，我們因而瞭解到，關鍵反思的影響對我們的計畫是如此重要，往後也是如此。

## 建立一個關鍵反思實踐的取向

我（蘿拉）最近回顧了一系列不同的反身性反思（reflexivity）概念，及它們與正念（mindfulness）之間的關聯（Béres, 2009）。文中我提及德克魯斯、吉林漢姆與梅倫德茲（2007）的描述，關於社會工作文獻早在 1990 年代就已經在探討反身性反思概念。他們指出，這造成了一定程度的混淆，因為反身性反思（reflexivity）這個詞彙，已經能與一些概念通用，例如反思性（reflectivity）、反思（reflection）與關鍵反思（critical reflection）。為了闡明反思與關鍵反思的差異，他們借鑑了福克（1999）與希利（2000），提出捨棄理論與實踐二元論的機會，轉而看重由實務經驗當中生成理論。在此，關鍵反思是指一種實踐技能，我們指導相關從業人員和學生，以使他們能夠探索自己的實務經驗。

福克與戈德納敘述他們的關鍵反思的理論模型是受到四大傳統思維的影響：「實務上的反思取向；反身性反思；後現代主義／解構；以及批判性社會理論」（2007, p.69）。這些根基也都與敘事實務的哲學基礎及慣例相容而不互斥。

首先，福克與戈德納引用許恩（Schön, 1983）有關反思實踐的理論模型。他們認為，許恩方法的誕生是緣於「專業知識信任危機」而形成（Fook & Gardner, 2007, p.24）。許恩明白地指出，過去師長們教導了許許多多關於專業理論的方法，但當學生們往後自己實際操作時，卻經常感覺到實作情形與師長們所教導的理論和實務之間存在一段落差。他提議，應該更坦白地認清這一點，並鼓勵實作者從他們的實務中去反思——反思「行動過程」，而且反思「行動本身」——如此便可能有助於實踐理論的發展。這更像是一個「由下而上」的理論建立過程。許恩認為，直覺與藝術應重新受到高度重視，而不是僅僅依賴理性的科學方法。他認為應該顧及環境脈絡與情緒，並且認為我們應該對過去視為理所當然的若干知識理論的假設提出質疑。

福克與戈德納認為，反身性反思是影響關鍵反思理論模型發展的傳統思維。反身性反思也與人類學領域有關連，他們看重研究者本身對於所探究的領域造成影響。他們所引用的這類型的反身性反思，是鼓勵實務工作者「同時向內與向外觀察，以辨識出實務與社會的、文化的理解之間的連結（2007, p.28）」。他們進一步說道：

> 我們的理解是更廣泛一些的，因而我們認為反身性反思是涉及到我們辨識所有面向的自我（包含生理與身體方面）的能力，以及辨識我們的環境脈絡如何影響了我們執行研究（或創造知識）的方式的能力……我們在此提及的「研究」，也是一個較廣泛的理解。我們所指的是，所有我們藉以創造知識的方法——可能是發生在一個較正規且系統性的，也可能是較不正規亦非系統性的（視情況而定）方式，但卻是日常都在使用的，常常是一些未被發表闡明的方式，它們是直接因應身處環境而生的理解。（p.28）

福克與戈德納（2007）將後現代與解構主義整合到關鍵反思的作法，主要是與他們期望對現代主義、線性和制式的思維提出質疑有關。對於知識與權力之間的關係，以及解構主流論述和那些能夠影響權力在我們之間運作的語言，這些也都是他們所熱衷並持續關注的議題。這些觀點同時也提醒了我們，當我們在建構有分歧存在的概念時，要留心是否受到二元思維的影響，也要多加留意是否有察覺到那些不被關注的歷史中存在許多被邊緣化的視角。

最後，福克與戈德納描述在形塑關鍵反思上，批判性社會理論所扮演的角色，重點著重於五個主題：「首先，認識到權力同時屬於個人的，也是屬於組織的；其次，個體有權自我決定；第三，社會轉變同時可以由個人，也可以由集體造成；第四、知識同時來自實徵論，也可以來自建構論；最後一點，溝通與對話的重要性」（2007, p.35）。

關鍵反思，如同福克和戈德納（2007）所言，它既是理論也是實務。從實務的角度，它通常是以三天分散於三個星期內為基本架構，即便如此，他們建議此架構仍然可以調整以符合不同的需求。第一天的工作內容包含召集一個小團體，檢視理論背後的關鍵反思。在第二天當中，團體內的每位參與者各自分享自己在實務中經歷到的事件，他們願意提出來，與團體中的大家一同反思，以達到從實務中獲得更多學習的目的。這過程將會出現讓人感到疑惑的假設與「被視為理所當然」的想法。第三部分的工作內容是每位參與者的反饋，會聚焦於他們在思維上的轉變，以及這個活動如何對他們的實務工作造成影響。然而，於理論的角度，每當我們投入一個實務中，關鍵反思能夠讓我們明白自己的立場，這也是我們研究計畫中所隱含的一個面向。

## 研究方法

在研究計畫執行到資料收集階段，所有的治療會談（無論是實習生或教師人員負責的談話），都會以錄影的方式記錄下來。田野筆記的觀察包括培訓過程、治療會談與簡報時段等所做的記錄。此外，筆記內容也包含了我們回顧治療錄影帶的集會紀錄、實習生的工作日誌報告，以及研究小組的會議。田野筆記、小組工作日誌、錄影紀錄均為本研究的文本或收集的資料。我們以現象學的角度進行文本的內容分析，依照演繹與歸納的方法，分辨並歸類出不同主題。這個過程受到現象學取向的影響，因為我們最初感興趣的是在本次培訓和研究環境下所經驗到的敘事實務之普遍性本質。透過對文本內容的深思細查，意料之外的、因歸納而得的主題仍有機會出現，例如：對於語言循環與關鍵時刻重要性的領悟。當我們開始探詢一些本計畫所指導與支持的特定敘事治療理念的作法時（例如：聚焦於案主的背景知識與技能），我們也運用演繹法來檢視這些文本資料。

當我們將敘事治療的研究設定在一個實務與訓練的環境下，這使我們更容易能去反思那些過去被視為理所當然的敘事實務內容。我們站在一個得天獨厚的位置，在此我們能觀察到那些實習治療師在敘事治療過程中所經歷的，此外，也包含我們在此特殊設計的環境中，對於親眼所見的敘事治療的個人觀察。

## 概念地圖

研究計畫的另一個部分包含概念地圖的建構，它是藉由分析田野筆記文本的內容而產生，並且嘗試性地說明我們所看見的各種敘事實務之間彼此整合並互相影響的方式。

與探索式的調查如出一轍，我們的作法是先徹底地投入於研究田野筆記，而不是先回顧文獻，以免過度影響我們對於田野筆記的觀點。如此投入田野筆記是為了發展出創新的方式，以便能夠同時思考新舊概念，並使其相互連結。

在檢視田野筆記之初，我們反思語句和主題，然後開始將它們連結在一起，我們注意到這類型的治療方法經常被培訓教師與實習生一致稱作「見證與認可的治療」。這顯然是指見證案主的生命歷程，不僅是生命中的難題，也有他們生命中正呼喚著其他可能性的事件。同時，也代表著認可他們的付出和起步，並為他們帶來重要意義。這些開端或許是過去一直以來都被忽視的，或說是被遺落在故事之外的。在實務中，當這些開端獲得認可，主題與替代故事情節便開始建立起來。接著，這在訓練過程中引起一個討論，關於如何能造就一個有效的對話。在治療對話初期，我們請實習生及前來諮商的案主思考什麼是最重要而應該談論的，並請他們不僅去思考他們生命中的難題所帶來的影響，同時也朝向他們偏好的未來思考。研究計畫中的實習生們起初認為敘事實務僅僅只是聽著某人說故事，但培訓過程要求他們去思考「故事亮點」，去協助那些說故事的案主反思訴說這個故事的緣由，並開始思考這個訴說當中的盼望。那麼，這些就是概念地圖的建構背景。我們意識到，引導我們與案主互動的，是我們有意願去見證案主的故事（同時存在痛苦與可能性的故事），以及我們認同這些案主的盼望與價值。

## 概念地圖的第一部：開始思考對話的型態

在回答這個問題：「是什麼造就一個有效的對話？」實習生們開始感到疑惑，一場交談對話是否能夠成為有用的對話？（圖 1.1）。安德森（1997）描述一個以交談對話作為後現代取向的治療，將有助於意義的建構。

> 治療的特點在於案主與治療師之間，外在（說出）與內在（沉默）的交談／對話（conversation/dialogue）。我指的是，交談對話作為一種治療的過程；交談對話是一個具有生產力的過程，若干新的意義——不同方式的認識、瞭解或強調案主的生命經驗——從過程裡生成，並相互建構。接著，治療對話（連結並告知治療室之外的對話，反之亦然），以及由治療對話中生成的新領悟，將為案主帶來自我主體性與問題的自然瓦解。（p.109）

另一方面，吉爾福伊爾（2003）在某種程度上**將對話治療問題化**（problematized dialogical therapie），因為他們建議採取一種「不知道」的立場，這意味著放下治療者的權力與專家意見。他認為，在對話治療中更常發生的情況是，**權力像是被埋藏在地底下，而不是發展成一個更平等的互動環境**。他建議，最好能在治療對話中討論這個權力議題，使權力的社會結構得以被談論。然而，他也強調在缺乏特定（提升對話）技巧時，會使治療傾向於朝著一方獨白而不是對話互動的方向移動。

哪些能有助於交談對話發展的要素，同時對於權力的主

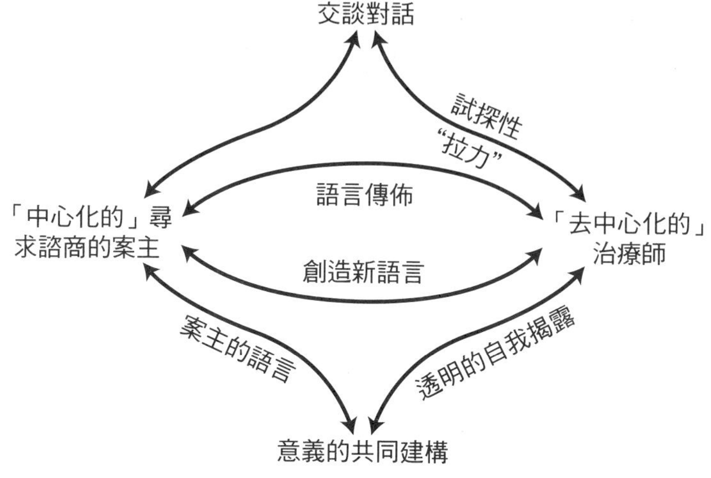


**圖 1.1　有效的對話**

流論述也是至關重要？這些交談對話並沒有豁免於那些強烈影響著案主們主流故事情節的整體論述，而是代表著治療師與前來諮詢的案主之間 一個互為主體的、創造意義的過程。在培訓計畫中，實習生們經常談論是否有必要從一個以他們專業身分為中心的位置，轉變為從旁協助的位置（去中心化），同時讓前來諮詢的案主成為焦點。由於在訓練的環境脈絡中出現這些討論，很明顯地，對於這些實習生來說，在這種情境下來學習這種形式的實務，是一個重要的環節。透過治療互動的觀察與治療會談的匯報，似乎當治療師去中心化，並將尋求協助者置於中心時，能促使雙方在治療對話中共同建構出故事的意義。如此一來，治療對話便成為一種社會合作，為渴求諮詢的案主提供更多的空間以容納他們的參與、想法和盼望。

即便我們已將焦點放在尋求諮商的案主身上，並開始一段交談對話，**治療師仍負有提出特定問題的責任**。如此一來，治療師將置身於從旁協助的角色，但這是具有影響力的，他們在對話中搭建鷹架，使得來尋求諮商的案主們能夠更貼近於對自身處境的瞭解與偏好。將案主置於社會脈絡中，有助於交談對話的展開，也使得此過程更具敘事本質。然而，透過對話的改寫、局外見證實務（outsider witnessing practice）的運用、會員重新整合的對話（re-membering coversations）及外化對話（White, 1995a, 2007a; White & Epston, 1990），便能夠達成。

透過在培訓中的觀察，也能夠清楚看見，將焦點放在尋求諮商者身上，並使治療師去中心化的過程，語言發揮了重要功能。研究計畫的一個主要方向，是開始聚焦於語言的傳佈（circulation of language）以期能達成意義的轉化。雖然在語言的表達上仍存在著歧異的可能，但語言的表達確實能帶出現實。人們所使用的語言，呈現出他們的生命經驗。但是，經常還是會創造出新的語言，現有語言的循環也是如此。尋求諮商者所使用的獨特字句，決定了他們創造出來的意義，然而，當治療師請他們說明特定用語所代表的意義並協助他們使自己的描述更符合「貼身經驗」（experience-near）（White, 1994），這些語言便會在對話過程中發生轉變。語言的傳佈將會在第三章有完整的介紹。

當我們創造了一個交談對話的空間時，建議治療師與案主之間的對話過程能夠為案主提供一個新的經驗。治療師在對話中的鷹架搭建，使案主們有獲得新的經驗的可能性，進而有機會向前邁進，然而這個成果是無法只靠案主們自己的努力達成的。

「拉力」也經常成為實習生與培訓教師之間的討論話題。這與實習治療師在參與治療對話的過程中「什麼部分是令他們回味無窮的？還有什麼部分是引起他們共鳴的？」有關聯，我們再次強調反思的必要性。在交談對話當中，**治療師具有與案主「同在」並能即時回應的能力是非常重要的**。這將使得治療師們在聆聽案主故事時，有機會注意到他們正在過程中產生的反應。經常，這些反應會使治療師們驚覺於那些引起他們關注的事物、腦中浮現的畫面、激起的好奇心、正在轉變的情境，以及使他們回到自己生命中的類似經驗。更多時候，這些反應代表著治療師正在移轉的感受。儘管這些反應可能部分出自於知識經驗，然而它們也可能像是「讓人起雞皮疙瘩」般的親身經驗。當下去反思這些反應以確保與案主之間的倫理與公正的立場，這是很重要的，因為如此我們才能聚焦於對案主有助益的對話上。有些反應可能會需要治療師當下在心中作出決定，對於去討論這個反應對案主而言是否有幫助。更多的拉力可能是發生在治療室裡緊密的互動關係中，接著治療師可能會詢問案主是否相信，當他們在此多談論一些自身經歷將會有所幫助。這會是以一個邀請的方式進行，而不是建議他們必須要談。於是，這關係到底如何真誠透明，什麼應該真誠透明，以及什麼時候應該自我揭露。關於「自我揭露」的想法——是否該這麼做，如果要這麼做，該做多少——在心理治療領域中頗有爭議。然而，我們相信透過自我揭露達到共鳴，能高度地同理個案面對生命困境的努力，並同理他們的在治療過程中的感受經驗。

## 概念地圖的第二部：從問題故事移動到替代故事情節

治療師與尋求協助的案主，雙方一起投入交談對話中，從他們的故事裡共同建構意義（圖 1.2）。在此，我們需要謹記，治療師並不是在尋找一個可以證實的「真相」（彷彿只有唯一一個真相能被發掘），而是要一同參與對話中的問題故事情節和替代故事情節，接受當中存在數個真相與意義。一名兒童時期受過性虐待的成年倖存者是一名受害者，同時也是倖存者；這是事實。這位成年人或許會希望能同時超越受害者身分與倖存者身分。治療對話在幫助案主從這些記憶中創造出意義，如此便能幫助他們看見自己偏好的視角。（見 Duvall and Béres, 2007，針對與創傷倖存者一同工作有完整的描述。）

我們在這個部分的概念地圖中安排了一些不同類型的懷特式（2005, 2006a, 2007a）鷹架對話地圖，我們會說明如何使用它們，以協助案主透過共同建構意義的過程，從問題故事情節移動到替代故事情節。這為案主創造了一個機會去探索、評估他們生命中的問題所帶來的影響，並與治療師共同建構偏好的故事情節。因為對話展開了，我們也由原先視為理所當然的理解移動到新的學習，然而這兩者之間仍存在一個缺口。**這個缺口穿梭於治療對話的鷹架間，以這種方式從已知與熟悉的理解，習得新的可能性，於是累積與漸進移動就會發生**（White, 2005, 2007a）。我們用提問來搭建鷹架，邀請案主一同進入這場合作對話。懷特形容這些對話地圖與提問是帶有影響力的，當他們沒有指明案主將朝何方前進，他們指出了普遍性的方向。

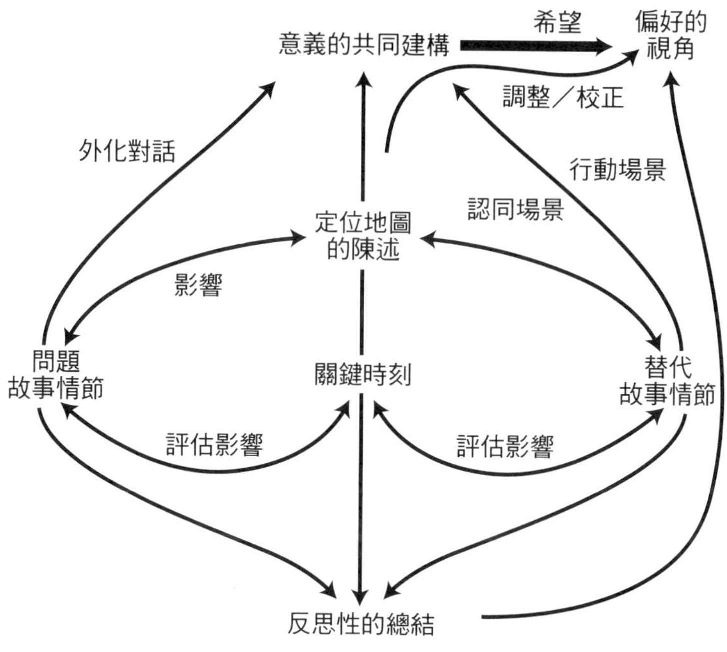


**圖 1.2　移動到替代故事情節**

雖然，如同概念地圖的前一部分所述，我們期望能維持一個輔助角色（去中心化）的治療姿態，這並不意味著要治療師在對話過程中棄守職責。治療師的責任在於提供一個能協助案主跨越上述缺口的對話鷹架，懷特（2007a）引用維高斯基（1978, 1986）的理念，稱為「潛在發展區域」（zone of proximal development）。這類型的社會合作給案主開啟了一個空間，使他們能退後一步，反思那些過去生命中被忽視的事件，此時，便能與偏好的故事建立起關連鍵（chains of associations），這是原先不可能達成的。

定位地圖的陳述，也同樣是邀請案主去探索和評估問題的影響，以及替代方式存在的可能性。這些對話涉及到自我能動性的實際建立。從「反應隨因」（contingencies）——「假如我去做這件事，這個結果可能會發生；假如我去做那件事，那個結果可能會發生」——的角度看來，這些對話開啟了其它思維的可能性，並且思考哪些是可知與不可知的，提供一系列可能的選擇，帶來**問題自然瓦解**（problem dissolving）**的結果，而不需要去解決問題**（problem solving）（White, 2005, 2006b）。

透過回顧田野筆記與會談錄影帶，我們開始關注「關鍵時刻」，這部分將在第四章做完整介紹。在概念地圖上，緊接著「定位地圖陳述」之後，是「關鍵時刻」。關鍵時刻對於治療對話中的進展顯然具有決定性，它由許多「啊哈」時刻組成，給對話帶來新的理解。對實習治療師而言，要學習敏銳地察覺關鍵時刻，如此他們才不會對於專注在特定對話地圖上而感到過度焦慮。反之，他們仍然要持續反思，並且要能夠與事件帶來的進展一同前行，這是重要的。摩根與摩根夫婦討論到正念與定靜之間的關聯，認為「定靜是，當經歷一個又一個時刻的浪潮，仍能愉悅而不受侵擾。那是內心的平靜，不是因為思考和感受不存在，而是去接受從內心升起的一切……。**治療師們需要定靜於心、智慧於行，以避免在治療當中因感覺受壓迫而發言或行動**，造成犯錯（2005, p.78）。我們提醒實習生們一個有益的方法，在這些時候，以靜制動是很重要的。

許多時候，案主們因退一步反思自己的處境，而經驗到關鍵時刻或思想上的轉變。如此可能會使他們從過去的人生裡喚起強烈的感受經驗，並將這些經驗與他們自身的價值作連結。其中一個我們列舉作為關鍵時刻的案例，是一位透過兒童社福機構而取得孫子監護權的祖母，因為擔心孫子可能已經受到其父親性侵，而為孫子預約了諮商會談。他們一同前來接受幾次諮商，當祖母（有時還有兒童保護社工陪同）與主要治療師談話時，孫子會跟隨另一名治療師去遊戲治療室。在一次後期的諮商會談中，祖母氣憤地詳述她的孫子把他想起的虐待記憶告訴她，並詢問兒童保護社工為何她的孫子會被留在他父親身邊而且被虐待？她很清晰地談論著問題故事情節與其效應，但在同個時刻，她突然站起身，告訴治療師去談論這些是很困難的，因為她自己也有一個從未訴說的受虐經驗，接著她又冷靜地說：「但他（孫子）會沒事的。」這句話似乎象徵著一枚開關，從過去切換到未來；從激烈而不安的情緒切換至平靜，它就是我們所想到的「關鍵時刻」。去拆解這些時刻，並且詢問案主，這些時刻對他們的經驗如何造成改變，這樣是有助益的。在這個提問的過程裡，案主的這個轉變經驗受到見證與同理，我們幫助他們將此經驗延續至治療室外的生命中，以發展成更全面的領悟。這可能代表一個信號，暗示治療師可以前進到定位地圖 2，以及／或者開始串起一系列事件，這些事件將能組織成案主的偏好故事情節。

在第二部分的概念地圖中，也包含了「認同場景」與「行動場景」，這些場景是改寫對話的一部分，能幫助案主們朝向他們所偏好的自我邁進。行動場景與事件的事實描述有關，然而**認同全景或意識全景，則關乎於案主的希望、夢想與盼望**（White, 2007a）。對話內容中的問題故事情節與替代故事情節，均以朝向案主的偏好發展為目的，被置入於這些場景當中。透過發展豐富的故事，並詢問案主的盼望與承諾，使這個過程發生。當我們檢視這兩個場景隨著時間推移所產生的影響時，對話內容將會涵蓋過去、現在與未來。假如出現一個獨特的結果，對話中發現一些事件與問題故事情節並不相符，那麼，去探詢這個事件的相關經驗或起因，或許會有幫助。**一方面，在改寫對話中尋獲一個獨特的結果**，或許象徵著定位地圖 2 的對話得以展開，或是一個新發現技能的豐富描述在對話中出現，通過對新技能效益的評估階段，而後將之與案主的偏好連結。**另一方面，唯有當若干事件因為新的偏好情節出現而相互串連，替代故事情節遂能變得豐富**，並且能夠抵擋所有認為該事件僅僅是個誤打誤撞的「偶發事件」的想法。因此，治療師應該選擇留在一個改寫對話中。此處再一次地建議我們需要格外細心於當下時刻，因為我們在對話中所面臨的許多選擇，關乎於對話前進的方向。這不是要我們選擇一個「正確」的對話，而是要留意對話中出現的諸多選項，並且保有彈性，使我們能從現在的位置，移動到另一個可能對案主更有幫助的方向。

田野筆記經常忽略掉希望存在的意義或是與案主談論希望的必要性。我們在每一次會談結束後，案主會拿到一份問卷，他們可以在問卷上表達對於會談過程的評分，其中有一項是詢問他們「感受到多少希望」。在研究會議中，「希望」也成為我們研究取向的重要方向。我們認為，在敘事治療中，希望是相對內隱而不是外顯的，然而我們必須將它安置在概念地圖之中。同時，我們也認為，當案主們在改寫對話的認同全景裡自我表述，並透過定位地圖陳述最後一部分的問答（「調整校正」步驟），此時他們的希望正與夢想、盼望和偏好相互交織。

外化對話也經常被認定是敘事實務的一個關鍵環節。然而，這些對話並不是指「敘事技巧」，而是代表思想上的轉變，承認問題存在於論述當中、個人之外，將問題與人分隔開來（Russell & Carey, 2004; White, 2007a; White & Epston, 1990）。實習生有時會陷入一種思維，認為有一個「正確的」外化方向存在（Russell & Carey, 2004），但我們認為更重要的是**去思考如何以哲學與合作的姿態協助案主遠離病態化，並朝向彼此尊重的互動型態發展，進而引導出外化對話**。這些外化對話有助於進一步與案主共同建構意義，前進到他們所偏好的自我認同。

## 概念地圖的第三部：脈絡（背景）

敘事實務裡的治療對話的討論，是發生在一個更廣泛的背景脈絡中，仍然需要在此以更直接的方式在概念地圖上做一個整合。基於互動的立場，這些治療對話中「更廣泛的聽眾」，被收錄於第三部分中（圖 1.3）。假如有一個更好的方式能用以呈現第三部分的這些概念之間如何相互交織、影響，我們將會採用，但是，在此我們以這些概念作為基點，並使用箭號指出這些概念之間如何相互影響，例如「去中心化的」治療師、「語言的循環」與「意義的共同建構」。後結構主義的實踐奠基於批判理論，並且承認背景脈絡與論述對意義與自我認同的發展造成影響。因此，同樣也須謹記的是，在概念地圖的第三部分中，強調對話脈絡化的思維，以確保治療師與尋求協助的案主之間的對話中不存在政治與社

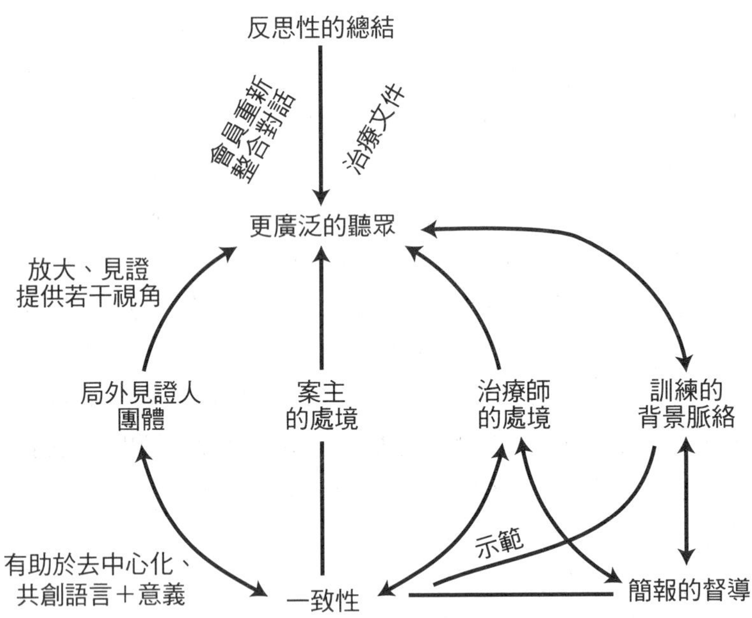


圖 1.3　更廣泛的背景脈絡

會脈絡的影響。事實上，這些敘事對話有助於培養技能，並能夠在沒有治療師的情況下應付自如。

更廣泛的聽眾是由一群與尋求協助的案主的生命故事有接觸的人所組成的：治療師、局外見證人團體，以及本計畫中訓練與研究背景相關人員。在田野筆記中令人印象深刻的，是我們一直以來都考慮這些不同面向的「一致性」，如同培訓教師與研究人員亦嘗試將自己去中心化，而不是強調自己的權威更甚於實習生的親身經歷與所知。

實習生在工作日誌報告時認為，過去他們並不明白局外見證人團體對於敘事治療的重要性，突顯了敘事實務的另一個獨特面向。他們發現局外見證人團體並不只是一個額外附加的角色，**而是敘事實務組成的一部分，並為敘事實務提供了重要的豐厚性**。他們在報告中提到，局外見證人團體有時會說一些治療師無法說的話，並且協助治療師去中心化，同時拆解故事、展開其它不同的思維。

我們也開始注意到，局外見證人團體有助於新語言和新意義的創造。有一名實習生向大家分享一個想法，假如我們接受我們本身就是受到主流社會建構的影響、無一例外或倖免，那麼，局外見證人團體就是讓治療過程容許多元觀點的典範。所有實習生都十分感激有局外見證人團體的設置，然而其中也有許多實習生擔心，當他們回到他們工作的地點時，將不再有局外見證人團體的設置，屆時該如何將局外見證人團體的功能整合到他們的實務當中。（White, 2006b 也描述過他有些時候是如何邀請一些曾經向他諮詢過的案主們進入局外見證人團體中，他們很樂意以此方式貢獻一己之力。）

會員重新整合對話被安排在概念地圖的最後一部分，因為這些對話如同其它鷹架搭建的對話一般，都是為案主提供更多聽眾的方法，聽他們訴說那些自己感覺重要的事。聽眾們將有助於多元地展開案主的生命故事，使案主遠離病態的、個體化的論述，問題的社會建構，更重要的，是他們偏好的社會建構。我們鼓勵案主們去評估哪些人可以成為他們社群中的成員，考量這些人是否有助於案主成為他們想成為的自己；案主們可以決定哪些聲音該屏除，並決定哪些聲音該留下。會員重新整合對話，將於第二章詳述。

在概念地圖的第三部分，我們也將「治療文件」納入，這個方法不見得能為案主增添聽眾，但卻是另一種呈現見證的方式，並且能幫助案主順利銜接不同次的諮商會談，當下一次預約的會談必須等待一段時間的時候。這些治療文件可以有許多不同的風格與型態—信件，甚至是詩（Speedy, 2005, and Pentecost & Speedy, 2006）——然而有一件事必須謹記於心，這些文件也可能是相當重要的進一步摘要或反思媒介，在他們於下次會談間的日常生活中發揮作用。

### 敘事概念地圖

當我們將三個部份的概念地圖集中並列，再加上線條與箭號將不同部分的地圖連結起來，這將會有所幫助（圖1.4）。特別是，將第三部分往前連結到第二部分，顯示局外見證人團體對於意義的共同建構有所幫助，以及所有廣泛的聽眾如何在問題故事情節與替代故事情節的對話中做出貢獻。此外，我們也在「反思性總結」到「偏好的視角」之間加上箭號，在此，反思性總結對於抵達偏好的視角最有幫助，而非只是一串購物清單，條列出對話中的所有各種主題，以及不斷重述的問題。

## 結論

在引言中，我們介紹了研究與實務的背景與脈絡，透過故事架構、語言傳佈與關鍵時刻（這些我們將在本書的前半部介紹）發展出新的概念。從反思實務與研究計畫中，我們也提出一個概念地圖。概念地圖提供一個視覺上的呈現，將敘事對話的不同面向，以及我們的新觀點聚集起來，並互相關聯。並不代表這是唯一一種相關聯的形式，這只是它們能

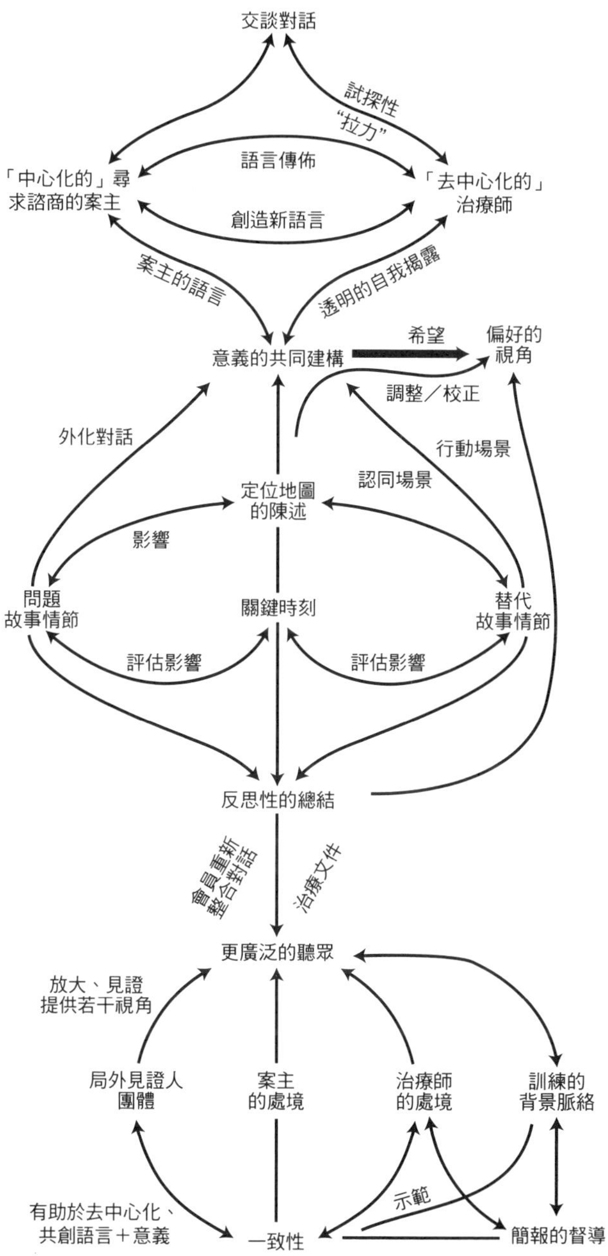
交談對話
試探性
"拉力"
「中心化的」尋
求諮商的案主
語言傳佈
「去中心化的」
治療師
創造新語言
案主的語言
透明的自我揭露
意義的共同建構
希望
偏好的
視角
調整／校正
外化對話
行動場景
認同場景
定位地圖
的陳述
影響
問題
故事情節
關鍵時刻
替代
故事情節
評估影響
評估影響
反思性的總結
會員重新
整合對話
治療文件
更廣泛的聽眾
放大、見證
提供若干視角
局外見證人
團體
案主
的處境
治療師
的處境
訓練的
背景脈絡
示範
有助於去中心化、
共創語言＋意義
一致性
簡報的督導

圖 1.4　敘事概念地圖

被呈現的方式之一。當讀者在閱讀本書前半部分的理論章節，抑或是後半部的實務案例時，這些概念地圖都會很有幫助，使我們能看見這些不同的概念之間如何相互影響與支持。

格里菲斯和坦恩（1992）確認了五個不同層次與反思性實務相關的反思。第五個層次的反思，他們稱之為「再理論化與再公式化」是由一個「行動-觀察-系統分析-嚴格評估-再理論化-計畫-行動」的循環所組成。我們有興趣瞭解，自然神學和弗萊雷的批判教育學（2006）是由「觀察-計畫-行動-評估-重新計畫-慶祝」的循環所組成。在其它類似的循環（計畫、行動與評估）加入慶祝這一步，似乎是一個很值得的調整。這提醒了我們，懷特（2007a）針對儀式定義的討論，它能夠註記重要的學習與關鍵時刻的轉變。我們寫作本書並且將這些概念分享給更廣泛的聽眾，我們將這個步驟看作是一個慶祝的形式，但誠如我們開頭所說，這絕對不是代表什麼結束了，而是另一個循環的思考、計畫、行動、評估與再理論的開端。

我們想要重申關鍵反思的重要性。我們發覺到，面對經費補助單位要求成果評量與論證實務，使得治療師較為緊繃和追求時效。我們清楚地瞭解，我們對經費補助單位應有提出績效的責任，並且要對來向我們諮商的案主負責。在這個前測、執行與後測的世界，我們認為，治療師在過程中的作為，至少是與最終成果（後測）同等重要。我們相信，這個達成特定目標的過程，就是構成與案主一同工作的倫理。我們也相信，關鍵反思提供一個研究實務的模式，將理論、實務與研究這三個面向整合在一起。

第一部

# 關鍵反思：從實務到理論

【第一章】

# 故事的重要性：歷史和文化的背景

第一章，我們將從歷史、社會和文化的脈絡來闡述故事的重要性，說明故事隱喻和治療實務的關聯性，並為第二章提供理解的脈絡，介紹故事隱喻的革新應用。我們很興奮地介紹從既存的故事實務領域所拓展而來的「革新」觀點，同時也戒慎恐懼，因此我們十分感謝麥克．懷特和大衛．艾普斯頓（1990）發展出故事隱喻的奠基性貢獻。在這一章和接下來的章節裡，我們會重述這些基礎概念和進一步的觀點，以拓展在治療實務中故事隱喻的發展。

## 回首啓程時

接下來簡要摘述我們的理論發展過程，說明我們是如何對故事隱喻產生興趣。旅程中充滿許多「劉姥姥進大觀園」的驚喜和學習，而當我們日益沉浸在敘事治療的做法和故事重要的牽引中，就學習愈多。

一九八〇年代初，我（吉姆）剛開始的養成訓練是短期策略治療師和家族治療師，後來在心理研究機構工作，接觸到各式各樣的家族治療模式。到了一九九〇年代初，我們開始發展進階訓練課程，跟英素金（Insoo Kim Berg）和史帝夫．德．沙澤（Steve De Shazer）練習焦點解決短期治療（solution-focused brief therapy）。回首來時路，我們大大受惠於短期策略治療（brief strategic therapy）、家族治療和焦點解決短期治療，這些治療模式引領我們走出病理化的框架，把看人的焦點從「什麼不對勁」轉換到「什麼最有力量」（Eron & Lund, 1996）。

我（蘿拉）最早是在反暴力婦女（Violence Against Women, VAW）團隊受到女性主義理論的影響，那時候我跟遭受伴侶暴力相向的婦女工作，開始關注大眾文化中對「反虐待婦女」的浪漫化論述，也很熱衷支持婦女跟那些論述的對話（Béres, 1999, 2001, 2002）。這些興趣成為我博士論文的養分，同時，在將這些觀點統整入我的直接服務時，我報名了參加麥克．懷特的訓練（1995b）。帶著躍躍欲試的心，我準備要好好吸納他搭建鷹架的做法，他在治療中讓自己和向他諮詢的人得以解構過往成見和建構意義，這些作為都是依循一個脈絡，就是檢視當事人是如何將自己的生活說成故事、為什麼某些事件會優先另一些事件，而形成了他們本身，同時注意評估故事歷程中的語言作用。

有時候，並不容易針對某個故事訂出精確的起始點，但可以確定的是，我們研究的故事和反思的練習，比我們開始正式收集研究計畫的田野筆記早了兩年，並且延續更久。我們的治療和養成練習持續進行著，受到無數的影響，而使我們的哲學觀、理論取向和日復一日的治療實務發生戲劇性的改變。因為這些影響，我們決定花時間嚴謹地反思我們的工作，不受制於治療模式的侷限或干擾。這樣的決定使得我們在保持合作、帶著尊重和聚集知識的原則時，也能帶著開放的心學習新課題。

這時候，我（吉姆，以及一起的合作夥伴）開始從現象學角度反思治療歷程，我回顧現有的整合分析的研究（這些研究回顧了超過四十年來的治療效果），試著找出不同治療模式之間的共同因素，因為它有助於肯定心理治療的積極效果（Bergin & Lambert,1978; Bohart, 1993; Lambert, 1992; Lambert & Bergin, 1994）。這些研究者持續致力於統整心理治療的文獻（Bohart & Tallman, 1996,1999; Miller, Duncan, & Hubble, 1997）。我們可以從中發現：當當事人帶著知識、技術、能力、語言、文化信念、希望、夢想、認同和喜好等進入治療歷程，就是心理治療療效的最大助力；這跟許多關心哪些作為有助療效的文獻有點不同。「在那兒，心理治療師是『英雄』，帶著重要的技術和程序來活化、修復當事人的失功能，包括對他們的錯誤認知、脆弱和無效的自我、原始的防衛結構、條件化的不適應行為、不良的社會技巧，或是貧瘠的內在自我功能運作等。」（Tallman & Bohart, 1999, p.91）

除了上述達成療效的最大助力之外，研究者也發現還有一位功臣，亦即**額外的治療因素**（extra-therapeutic factors）（Miller, et al., 1997）。研究者指稱的額外的治療因素，一般視為故事情節的資產，也就是「事件」都是在一個系列、跨時、形成主題、情節或故事裡面（Bruner, 1986b; White and Epston, 1990）。研究者特別指稱的「事件」，是發生在人們的生活中，在治療歷程與他人的社會影響之外。當我們持續回顧這些研究文獻，我們看見「當事人帶著什麼進入治療歷程，以及額外的治療因素」的特性，可以理解成他們的故事。換言之，在治療過程中，當事人不但實實在在地將自己的生活當成故事一樣表達出來，而且就生活其中，既在治療過程裡也在治療過程外，都被「建構」（constituted）成故事。這些重要的事件包括許多經驗：生產、分居和離婚、失去所愛，或是日常生活中的靈光一閃。這個發現大大振奮了我們，同時我們所面對的挑戰也變得十分明顯：如何帶著當事人的故事走上前台，讓他們的故事起作用，並持續完成故事。

雖然我們經由實證科學研究的路徑得到這些發現，卻也看到它在許多方面都跟後結構的思維互相抵觸；意外的是，這反而促成主要轉捩點：在進行現象學分析過程中，我們懷疑所謂的額外的治療因素（生活中的重要事件），和故事的資產（事件系列、跨時並形成情節）可能揭示了相同的現象。即使這些資料都是以「療效數據」的研究形式來呈現，卻為我們留下有力的確證：當當事人能夠更完整的說出生活故事的細節，那就是治療過程中唯一、也最有影響力的療效因子。從那之後，我們興致高昂地發展回應當事人的方法，鼓勵他們完整的表達故事。為了開始我們的研究，並演練這些觀點，就有必要跟當事人進行並反思許多治療性對話。

而當我們完全投入治療會談裡，我們覺察到不只需要結構式地引導和傾聽當事人的故事，因為跟當事人共創故事的行動並非「怎樣都可」（anything goes）的過程。治療性對話像是必須要有一個容器，才能完整形成故事。有個引導性架構或「地圖」協助當事人在故事裡發展意義感和目的性，對話會更具建設性。

由於這嶄新的理解，我（吉姆）開始探討故事情節和治療對談的各種不同架構（Campbell, 1968; Labov & Fanshel, 1977），我們也汲取麥克・懷特和大衛・艾普斯頓的著作所發展出來的故事隱喻。

一九九五年，我們遇見麥克．懷特，我（吉姆）邀請他來蒙特婁和多倫多。這次見面將我們對故事隱喻的興趣推展到新的層次。聆聽麥克第一手表述敘事治療，帶來親身體驗敘事的做法，見識他如何將我們發展故事情節的觀點紮得更深；他所說的敘事實踐，不僅活化、也啟發並確證我們的努力。接下來許多年，我們透過不同的計畫跟他定期聯繫。由於我們開始探討故事情節的架構，持續發展自己革新的觀點，因此跟麥克．懷特和大衛．艾普斯頓學習基礎知識時，擁有獨特的位置，我們的實務工作重新獲得認可，再次受到鼓舞深入探討故事和發展故事情節。

## 普遍的故事形式

識別出故事所浮現的隱喻是很有價值的，當它應用到治療歷程時，它是以普遍的故事形式置身於豐富的歷史和文化的背景中，而這個普遍的故事形式，不僅跨越不同時代也遍及各種文化。

自古以來，所有文化和社群的核心，故事一直是最有力的一環，雖然有各種版本的形式，典型的故事卻都包含著普遍的特性，從開始、中間和讓故事完整的結束，故事形式已根據這種集體的、時間考驗的模式，歷經了好幾世紀的傳頌。這個簡單的故事形式，使意義得以被了解，生活得以調適，並經由不同的文化、社區和家庭的發展，最後流傳到下一代。故事承載並傳遞恆久的價值，形成信念系統和社會輿論，人們藉此創造自我認同、導航個人生活。雖然現今治療師面臨的挑戰是，要能夠回應多元性、複雜性，並能轉化當代的論述，但經由敘事治療實務工作，這個基本的故事形式持續為他們帶來一致性和意義。這個千錘百鍊的故事形式，在變化不斷的文化信念和治療實務工作的複雜性之間提供堅固的橋樑。

第二章將會詳述普遍故事形式的核心特性，作為治療實務做法中發展多元故事情節輪廓的基礎。這些核心特性包括麥克·懷特和大衛·艾普斯頓（1990）的基本概念、他們探索阿諾·梵蓋納普（Arnold van Gennep）一九〇九的著作、約瑟夫·坎伯（Joseph Campbell）在一九四九年的著作，以及維克多·透納（Victor Turner）在一九六九年的著作。

法國人類學家、民族學者和民俗學研究者梵蓋納普（1960），因著作《成年儀式》（*Les Rites de Passage*）聞名於世，其書可適用於各文化，更特別的是，他研究有關「生命危機」（life crisis）的儀式、典禮和慶祝活動（Kimball, 1960）。成年儀式（Rite of passage）是人們藉以進展到生命另一個階段的儀式。此外，結婚、生產、死亡，或遭逢危機、變故，都會以儀式或典禮來彰顯，每個文化的方式可能不同，但功能卻普世皆然。

從普遍的故事形式衍生而來的「成年儀式」，讓不同文化中特殊的社會價值和信念變得更加清晰可見。我們熟知的成年儀式，幾乎複製了普遍故事形式的開始、中間和結束的三個連續階段的特性，它們分別是：分離（separation）階段（也就是前閾限階段〔preliminal〕）、轉化（transitional）或閾限【註】（liminal）階段、合併（incorporation）（結合〔aggregation〕）或後閾限階段

（postliminal）。梵蓋納普將這些階段標示為成年儀式的「原型」（schema），比起「模式」（pattern）或「架構」（framework）更為貼切。

在此特別強調梵蓋納普這個連續階段的模式，企圖包含「過程」和「結構」兩者（或是「過程」和「後效」），他不只是對「什麼」感興趣，也對「如何」與「為何」感興趣（Kimball, 1960）。當我們想要研究治療模式，在當今這種過度強調後效研究之下，已經很少人在乎「如何」與「為何」獲致這些後效。梵蓋納普的取向彰顯出較多的倫理關切，聚焦在歷程而使得治療後效更加完備，填補了中間的空隙。這種注意到當事人在治療中的質性效果，攸關治療實務的倫理內涵。由此可見，梵蓋納普的成年儀式與當代的治療實務和研究息息相關。

更特別的是，梵蓋納普企圖描繪出成年儀式的象徵特質和儀式的必要性，強調從一個階段的閾限轉換到另一個階段，有點類似經過一道門或拱道的儀式（limenal 這個字是從拉丁文的 limen 來的，也就是門檻〔threshold〕的意思）。「他認為再生（regeneration）是生命和宇宙的律法：在任何系統中發現的能量將逐漸消耗，因而必須在中途更新，對他而言，這種再生要在社會中完成。」（Kimball, 1960, p.viii）。因此，轉換的閾限階段可以提供再生和更新的知識，而且必須經由社會合作和別人的支持才得以完成。治療實務也以這種類似於建立社會合作性質的脈絡，來使知識再生。

梵蓋納普將成年儀式類比連結到全面性故事的自然現象，不管是例行程序，或是強調時令或過年的儀式，就某種觀點來說，生活本身就是一個全面性故事或是成年儀式。成年儀式已經成為社會學和人類學論述整體的一部分，雖然梵蓋納普的著作是另一個時代的思想，仍保有其價值，並對近代思潮和流行文化產生影響。

梵蓋納普強烈的影響到美國的神話學家約瑟夫·坎伯和其著作《千面英雄》（*The Hero with a Thousand Faces*）（Campbell, 1949），坎伯也參考了梵蓋納普的《成年儀式》，並據此發展出三個類似元素的旅程隱喻：出發（departure）、啟程（initiation）和歸返（return）。

坎伯很推崇跨時間的歷史和普遍性文化故事，他認為關鍵性故事已經在世界各地留存了幾千年，甚至異質文化都共享一種普遍的故事形式，即「單一神話」（monomyth）。我們可以在菩薩、摩西和基督的編年誌上發現，許多關鍵故事的例子中都分享普遍故事形式的主要屬性。

坎伯的普遍故事形式的理論，對於當代流行文化具有滲透性的影響力，他影響許多創作型藝術家，他們敏銳地察覺到坎伯理論中的說法，揭露出人類在敘事結構脈絡裡的經驗，像是喬治·盧卡斯（George Lucas）、巴比·狄倫（Bob Dylan）、傑立·賈西亞（Jerry Garcia）、吉米·莫里森（Jim Morrison）、史丹利·庫柏力克（Stanley Kubrick）和亞瑟·克拉克（Arthur C. Clarke）等人，都將自己故事隱喻的理論結合到作品中；而近代電影中建立在敘事結構的例子包括：阿凡達（Avatar）、星際大戰（Star Wars）系列電影、駭客任務（The Matrix）、蝙蝠俠（Batman）系列電影，印地安那瓊斯（Indiana Jones）系列電影、獅子王（The Lion King）等等，不勝枚舉；文字創作自認受到坎伯影響的，像是理察・亞當斯（Richard Adams）的《瓦特希普高原》（*Watership Down*）和 J.K. 羅琳（J. K. Rowling）的《哈利波特》（*Harry Potter*）系列。

《成年儀式》一書也影響到文化人類學家和民族誌學者維克多・透納的研究，尤其是他在一九六九年的著作《儀式歷程：結構和反結構》（*The Ritual Process: Structure and Anti-structure*）。最初引起透納對儀式和成年儀式的興趣，是源於他在一九五〇到一九五四年到非洲中部桑比亞的恩丹布（Ndembu）部落進行研究，與部落的連結提供了他寫書的素材。《儀式歷程：結構和反結構》這本書代表透納生涯階段中重要的標誌，他將焦點從恩丹布部落轉移到複雜的近代社會。

透納深入探索梵蓋納普成年儀式的三階段結構之後，強調並拓展閾限，也就是轉換階段。他試圖在開始和結束之間的轉換階段釐清，意思是當事人處在**過渡階段**（betwixt and between），已經離開了先前階段，但是又還沒成為新整合階段的一部分，處於中間狀態的他們，特徵是謙虛、模糊不清、考驗和重新調和的關係。

當透納探討閾限階段時，他所置身的社會脈絡正處於一九六〇年代後期的劇變中。請注意這是很有趣的現象，年輕世代的人們選擇擁抱邊陲的生活方式，以此抗議主流社會的價值；透納的「過渡階段」主張，讓那些在激烈轉型的社會時代下生存的人們產生了強烈的共鳴：

> 奠基於梵蓋納普對儀式的仰望、啟蒙、療癒、融合和短暫的結構相似度的重視，透納達成目的

了，他的學說顯現出這些系統如何運作，以作為標誌人們生活與工作經驗的生命過程的方法。（Abrahams, 1977, p.xi）

透納對於處理激烈生命轉換的複雜性的這個貢獻，使他對近代治療實務影響甚鉅。在當今的治療實務中，仍有一些過度強調衡鑑、診斷和失能的做法、忽視治療歷程中的中間階段，這種病理化取向完全罔顧當事人本身，替代方案也幾乎找不到出路。透納的做法則重視當事人憂鬱的脈絡和轉換的本質，不僅可以一起探索更好的選擇，也提供**導正機制**（redressive mechanisms）（Turner, 1977）。

成年儀式模式也帶出一個方法，有助於了解和影響如何、為什麼，以及故事形式是什麼，因此提供了凝聚力和生命力。梵蓋納普的三個連續階段模式，由於善用存在於許多不同文化和自然世界的過程，讓故事歷程又活了過來。坎伯後來的著作和透納從梵蓋納普論述所發展出來的成品，都認為生命的困頓是契機，置身於幻化無常的脈絡和文化背景中，關鍵事件需要儀式化、解讀、與別人一起再解讀，讓知識更新和再生。不管歷經多久的、或長或短的故事，三個主要元素——開始、中間和結束，都提供素材以形成主題或情節，並且維持情節流暢、前進，持續行走在軌道上。這個簡單的模式，由開始的喚起改變，接著是包含探索的閾限階段，最後以「解決」結束或終結，傳達一種移動（Campbell, 1949; Turner, 1977; Van Gennep, 1960）。這種移動點出歷經時間之後有所不同的印記，一種從這裡到那裡的移動感受，經由生命旅程的轉換來追尋自我認同。若將這種故事形式應用到治療歷程中，同樣會釋出重要的價值，因為它使當事人從一種理所當然、使人受傷以達成自我認同的方式中抽離出來，轉而經由多元的可能性，引進不同的、**重新教化**（remoralizing）（Frank, 1995）的方式來達成自我認同。

當故事形式以旅程為隱喻時，最重要的是當事人不再貶低為被動的角色，也不是跟團出遊、處處受限的旅客，他們可以完全參與，在認真地重新修訂根植於生命過往的種種事件時，他們是主要的作者。在主流性故事情節中的事件都具有高度選擇性，周邊留下的許多事件則永遠沒有機會串在一起成為凝聚的故事情節。為了要在重新修訂故事時，吸收這些遭到忽視的事件，治療師以邀請的姿態，帶出大量的嘗試性對話，聚焦在討論而不是結論，提出半成熟的觀點和推測，提問題多於下定論，這種做法有助於當事人將忽視掉的事件帶進新經驗，以填補故事的縫隙，這樣做能鼓勵他們**退一步**（step back）、反思、重新考量，並為生命中的經驗和事件賦予不同的意義。他們從經驗中建構意義，經由豐富的故事發展過程，讓他們可以重說生命故事和重構自身，這是人類溝通的基本形式。

「通常在我們說自己的生命故事時，就會增加我們的運作知識，因為我們會去發掘生活更深一層的意義；經由反思、排列次序、體驗和感受的過程，我們已經寓居於口頭表達中。」（Atkinson, 1998, p.1）對生活事件和經驗的反思的行動，就是傑若米・布魯諾（Jerome Bruner, 1986b）指稱的意識全景（landscape of consciousness）（同時，也是指稱認同全景）。如同麥克・懷特所說的：

> 這個意識全景的特徵是故事主角的意識，其重要性在於組合了他們在全景中事件的行動的反思——他們對這些事件的意義歸因，他們對塑造這些事件的意圖和目標的推論，他們對於這些事件中其他主角的特質和身分的結論。就像當事人發展行動全景的情節一樣，意識全景的發展必須與故事基質（fabula）同調，亦即與故事中永恆的**基本主題**一致。（p.78）

麥克・懷特（2007a）引用布魯諾的文章，進一步釐清這個觀點：

> 在所有例子的故事基質——永恆的基本主題——似乎都至少結合了三個組成元素。其中包含一個角色陷入的困境，可能是因為環境因素或是「角色特質」，更可能是兩者的互動，使得這個角色受制於扭曲的意圖而步入困局……。促使故事統整起來的是其中的困境、角色和意識交織互動所產生的結構，這個結構具有開始、發展過程和「結束感」。（p.21）

因此，當治療師跟當事人開始治療會談，經由述說與再述說，這些說出來的豐富的次要故事，使得當事人更能為他們生命故事中的事件有所反思、帶進豐富意義、理解和連貫性。

定位故事情節使我們有機會從問題重重的故事中脫身

而出，走向更好的、轉化的故事，「轉化的故事是演出的故事」（Transformative stories are performed stories）（Freeman & Combs, 1966, p.87）。當當事人開始演出更好的故事情節時、當當事人將先前的次要故事說出來，並且在生活處境中活出來時，就能完全投入他們更喜歡的生活中。

在企圖導引治療會談，如發展意義、引出更好的故事情節、改造個人主導性（personal agency）時，故事情節的架構可以作為地圖。「懷特提醒我們貝特森（Beteson）如何使用『地圖』的隱喻，他說我們在世界上的所有知識，都是以各種不同的心理地圖形式運行，如『外在的』或『客觀的』現實，不同的地圖引導出不同的現實。」（Freeman & Combs, 1996, p.15）故事是暫時的地圖，可以旅行到過去、現在與未來。懷特（2007a）說：

> 這種地圖形成治療性探索，置身其中，人們突然發現自己有興趣探索過去生活中視為理所當然的事件，重新整理他們著迷於自我認同所忽略掉的面向，同時感嘆於他們對自身存在困境的回應。我相信這種創造出治療性探索的地圖，也許是充滿靈感的來源，有助於豐富治療師的工作故事和他們的日常生活。（p.5）

此外，由於故事都不一樣，必須把故事情節呈現的形式列入考慮，這些故事情節架構描繪出當事人生活其中的社會脈絡，例如跟一個致力於發展家人之間更強烈親密感的家庭工作，是不同於跟一個移民家庭工作的社會脈絡，因為他們處於種族主義和被主流文化邊緣化的衝擊中。

整體來說，我們提出的故事情節形式，融入了一趟旅程和探尋隱喻，因為對這些隱喻的探尋能點明問題（Frank, 1995），而且非常貼切於治療歷程。我們發展這些故事情節形式，強烈受到嘗試錯誤做法以及經常參與我們計畫的父母和兒童的回饋等的影響。我們定期邀請他們提供意見，就他們的經驗來告訴我們，什麼是有用的治療性對話，什麼又適用於他們的特定經驗。

每個人都有故事，參加我們敘事治療計畫的父母和兒童，以說故事展開治療會談，就像前文說過的，這些故事並不只是當事人的生活故事，事實上也建構出他們的生活，包括他們的價值、語言、生命中的重要事件、希望、夢想、承諾、喜好和文化信念。當事人的個人故事和文化信念總是交織於他們和別人的關係中，而築巢在更大的背景和主要的敘事裡。正因為如此，我們的自我認同是與他人社會合作的結果，經由分享敘事，考慮到他們如何看待自己和別人如何看待他們（Eron & Lund, 1996; Frank, 1995; Lindemann-Nelson, 2001; White, 2007a）。

當當事人剛剛進入諮商會談時，經常是陷入強勢負面故事的掌控中，治療師感受不到他們好的一面，因為這個時候他們沒有表現出他們喜好的故事，也不知道他們想要如何感受自己，或想要別人如何感受他們。這個問題故事的初期表達，強烈地受到全面性文化論述的影響，那是當事人日復一日生活的基礎。「社會論述強烈的塑造一個人決定什麼生活事件可以說，以及應該如何說，這不僅會發生在來尋求諮商的人身上，也一樣發生在治療師身上。」（Freeman &

Combs, 1996, p.43）認清強勢故事的作用力，對治療師很有用，但是同時要很審慎地，絕對不要認為這些故事就是全部，照單全收而認定它就是這個當事人本身。當我們跟當事人進入初期治療階段，謹記同僚之間普遍流通的真言：「對人認真以待，而非如實以待。」。

初期，當事人會說很多黑暗的故事，四處瀰漫著無望感，生活中除了不斷奮鬥和求生存就沒別的了，有時他們會說一些對自己或別人失望抱怨的故事，有時候當他們感受到令人恐慌的孤立感，時間凍結在過去創傷或虐待的餘波時，甚至會分享害怕的故事。

當事人將自己放在這些強勢的、壓迫的故事中，信以為真並認為無法改變。布魯諾（1986b）認為，隨著時間推移、不斷重複，這些故事變得越來越僵化又堅硬；很諷刺地，是說故事的人將自己侷限在自己創造的故事裡。這些壓迫的故事強烈的影響到當事人的自我感，削弱他們的主控權，以及看見其他可能性的選擇能力。林德曼-尼爾森（Lindemann-Nelson, 2001）說：「在壓迫和自我認同之間的連結，我認為主要敘事的似是而非是來自流傳在特定的壓迫系統的力量，這些故事建構出自我認同，而這些自我認同又是那些系統所需要的。」（p.150）找出自我認同在主要敘事中的位置的過程，經常是離開控制和壓迫的開始步驟，在我們的社會文化脈絡中，自我認同經常是透過各種意見和與別人交流而交織出來。

因此，雖然表達故事是個人的事，它同時也是社會事件，故事經由某人說出又被接收，就在人們之間建構出來並滋長，它由一個人的主觀經驗生產出來，又由另一個主觀經驗接收進去，此外當事人也被理所當然的隱喻、期望和流行文化的形象所塑造。這些文化對信念和期待的塑造，具有重要的干涉力量，而且緊抓著問題故事，使得故事經過無數的述說與再述說，仍缺乏說出替代故事的可能性。

如前文所述，治療會談是引導出當事人故事的媒介，觀點、概念和記憶，透過語言的媒介，從治療師和來尋求諮詢的人之間的社交流動浮現出來。知識被更新、概念在這種相互影響的對話空間中發展出來，分分秒秒之間的瑣碎對話是另一版本故事生產時的心跳聲，每一個故事都以它自己的方式顯現出獨特性與卓越性。

參與我們計畫的父母和兒童，以各種不同的狀態和形式呈現出他們的故事，「不管它的形式是什麼，治療師都面對一種敘事——經常是具有說服性和掌控性，這種敘事可能只有一個簡短段落就結束了，也可能延展成幾週或幾個月。」（Gergen & Kaye, 1992, p.166）有一件事是確定的：回應當事人所述說的故事時，治療師必須考量說故事的人的背景故事（back-story）的影響。

## 結論

在這一章中，我們介紹故事在歷史和普世的重要性，它歷經不同世代和不同文化，繼續延續而繁衍出近代的通俗文化。奠基於阿諾．梵蓋納普學術的基礎，由承接其觀點的約瑟夫．坎伯、維克多．透納繼續發展，我們從脈絡和轉化這兩個方向說明了解當事人生活中悲苦經驗的見解。因為這個理由，透過旅程隱喻，我們可以產生更好的改變可能性和個人主導性，治療師在這個治療旅程中以旅伴身分

（copassengers）扮演了關鍵角色。

治療師如何回應當事人的故事是十分重要的，當事人需要以一種可以醞釀出新理解的方式來說他們的故事，而明白他們在周遭世界中的位置。在接下來章節中，我們將介紹地圖，藉以導航治療會談，並且催化故事情節的發展，從開始、經過中間階段、到達結束。我們將以這張地圖為工具，繼續說明治療中的如何、為何（歷程）、什麼（療效）。

## 反思提問

1. 進入治療時，我們要怎樣同時兼顧過程和療效，才能提供以倫理為基礎的治療行為？
2. 我們如何有效參與當事人的治療旅程，以便得知如何參與及參與多久？
3. 在面對不同範疇的文化影響時，對於這些會波及當事人的信念和治療中的作為，用什麼樣的技巧或態度能幫助我們更適當的反應？
4. 在你個人的生命故事中，慶典或儀式是如何註記出你的重要事件？
5. 當你現在回顧過去，你認為過去你說自己故事的型態，隨著不同時間有改變嗎？你會特別在意某些觀點甚於其他嗎？

【註】 閾限：感覺器官察覺到最小的物理刺激量，引用到心理面向是指剛剛察覺到的心理改變。

【第二章】
# 故事治療是一齣三幕劇

心理治療處理文化置身於更大且經常改變的社會文化裡，當代社會施作生存的作用力和複雜性，故事性治療是相當中肯的方法，因此，故事是我們跟當事人進行會談的存在理由（raison d'être）。

這章我們描述如何拓展故事的隱喻，發展到一齣三幕劇的組成概念，我們也將說明對話地圖，這是為了發展故事而量身訂做的。三幕劇的隱喻和對話地圖都受到過去文獻的啟迪和塑造，也受惠於反思的治療實務。在我們的計畫裡，我們規律地詳細查核訓練和治療經驗，期盼能回饋到進度調整和改進實務，將各種不同的工作架構提供給受訓者和家庭成員，協助他們反映經驗和反思經驗，延伸理論和治療雙方的學習。這個練習鼓勵我們採取**反身性反思**（reflexivity）姿態，在臨床實務中建立知識時，十分警覺的使用**自我**（self），這在引言中已經詳盡說明了。具有關鍵反思和反身性反思姿態，是我們實務工作的恆定原則。

首先，說明如何運用三幕劇和對話地圖，以應用到某特定的治療會談或是全程治療歷程。所以，本章將分成「第一幕」、「第二幕」和「第三幕」等三段落，每一段落會詳細說明對話故事情節地圖的理念，以便釐清將故事隱喻運用到實務工作的具體做法。

引導我們的理論取向是來自敘事的、後結構的和社會建構的理論，根植於這些理論取向的故事隱喻，引領著移動的路徑，強調語言建構了意義，而時間串連起事件。故事成為暫時的地圖，提供恆久的空間，以降低生命轉換時對當事人的自我認同和個人主導性所造成的各種問題的衝擊。當事人之所以會遭遇困難，是因為企圖適應生命的轉換。故事性治療的時間觀使得我們可以知覺、偵測到不同時間的差異和改變，也使我們得以說明關鍵性思考和反思實務。相較於只是依賴因果線性的「問題解決」，這個取向顯然好得多。

我們理解這個敘事、後結構的理論取向，從中所發展出為治療所用的隱喻，也是我們對專業工作做出承諾的決定。佛里曼和康姆斯（Freeman & Combs）引用保羅．羅森布雷特（Paul Rosenblatt）的觀點：「在他的論述中，當隱喻用來引導當事人的思考和知覺時，不只顯現了什麼，同時也隱匿了什麼。」（1996, p.2）我們的敘事所用的故事隱喻跟羅森布雷特的觀點一致，它將強調治療和訓練中的某些面向，而忽略某些面向。在採取這個哲學和理論取向時，我們放棄了傳統的因果線性取向，因為它有一個風險，雖然是奠基於經驗而獲取的標籤和分類，仍然會概括化當事人的自我認同，進而遮蔽認同，影響與當事人息息相關的社會脈絡。我們採取後結構主義、關鍵反思取向，一個有希望脫離傳統心理治療取向、重要且不連續的理論分支。我們知道，就後結構主義取向的觀點，在故事裡，自我的概念是在某種特定的社會與文化脈絡裡，無止盡的與別人互惠的相互交換中建構起來的，因此我們從自我概念中脫殼而出，不再依賴這個「我們早就知之甚篤、由固定內容所形成的如肌膚相連的知識系統」的概念（Freeman & Combs, 1996, p.17）。

我們的哲學和理論取向的決定，明顯的把治療中的求助者和治療師一起收納進來，強調在治療中尋求協助的人，其時空的多樣性、生活的多元性和相關文化與社會脈絡的影響，創造出空間來重新思考自我認同、更新知識。知識是一個過程，而不是主觀和客觀的某人決定某人的二元化傳統；不是從一個參考架構來操作，從中生產出理論和治療歷程的程序控制，而是治療師經由具體的治療實務而得以超越過去，並進一步發展理論。在這麼做之際，故事取向的治療將是複雜、經常改變的日復一日生活經驗，不斷地更新理論和實務。

故事取向的治療，從企圖以訊息尋求構築**真理**的遠征隊伍離開，取而代之以尋找意義為要務。懷特和艾普斯頓說到：「它們不是為了建立普世皆準的真理條件，而是要將不同時間的事件連接在一起；敘事的模式不是要帶來確定性，而是要帶出更多不同的視野。」（1990, p.78）。培律和朵恩（Parry and Doan, 1994）如此闡述：

> 換句話說，所給出的答案在於**意義性**，而不是給出符合事實可信度的**真實性**。聽故事的人，是因為故事具有意義而相信故事是真的，而不是因為故事是真的所以才有意義。（p.2）

然而，這並不能提昇相對主義者的立場，他們認為每一個潛在的故事和自我認同都擁有同等的分量。這不是順其自然、照章行事而已，而是一起共事的當事人，會比較喜歡某些故事甚於其他故事。當他們步入替代的故事時，主流論述會以某種特定方式跳出來監控他們的生活，而我們能夠協助他們走出主流論述之外。

我們也認為，我們的哲學和理論取向是倫理的決定，我們相信自己有道德上的義務跟當事人合作，當他們在治療過程述說自己的生活故事時，我們要陪伴在他們身邊。

如同第一章說過的，故事是組織過的經驗單位，涉及普遍的故事形式，包含開始、中間和結束。我們把這個故事治療的隱喻稱為三幕劇（Ray & Keeney, 1993），靈感援引自成年儀式類比，再修正到治療過程中（詳見右頁表格）。

我們發展對話顯微地圖，是想要在三幕劇的普遍模式中使用，地圖包含六個探究點，橫越三階段，從開始到結束，經由每一個具體的階段，地圖能協助塑造且更完整的發展故事的目的。三幕劇的每一個階段有各自獨立的目的，在讓故事向前移動到下一個階段之前需要釐清，以便發展替代故事情節。這些替代故事情節提供一個平台，從來自主流主題所造成的貧乏認同中離開，接著孕育出相反情節的故事，造就出充滿激勵和健全感的認同。

對話地圖的組成遠遠超出一般所了解的敘事形式，包含一系列的事件、隨時間推移、構成一個主題、情節或故事（Bruner, 1990; White, 2007a; White & Epston, 1990）。懷特和艾普斯頓釐清故事隱喻的目的是：「為了讓生命有意義感，當事人面臨的功課是，安排跨時間的連續系列事件中的經驗，以這種方式來凝聚自己和周遭世界的連結。」（1990, p.10）

補充說明，我們建議增加敘事的組成內涵要包括下列

故事治療是一齣三幕劇

| 第一幕 | 第二幕 | 第三幕 |
| --- | --- | --- |
| 已知的和熟悉的 | 潛在發展區 | 可能可以得知的 |
| 故事重點<br>背景故事 | ——————►<br>關鍵事件<br>評估 | 彙整<br>反思面 |
| 問題／危機 | **豐富的故事發展**<br>警覺要啟動了，<br>當下時刻，<br>屏息時刻，<br>啊哈，我懂了！淨化，<br>閃亮時刻，<br>驚喜<br>* * *<br>* *<br>*<br>* *<br>*<br>局外見證人 | 隱含著下一個步驟<br><br>重整認同結果<br><br>發展替代故事／<br>接納的情境 |
| **單薄**<br>自我認同的結果 | 時空的多樣性<br>**自我認同的遷移** | **豐富**<br>自我認同的結果 |

(adapted from van Gennup [1960], Turner [1977], Campell [1968], and White [1999])

的探究階段：1. 故事重點（從前從前，有一個人叫另一個去做……），2. 背景故事（每天……），3. 關鍵事件（然後，有一天……），4. 評估（因為發生了……），5. 反思彙整（故事的道德……），6. 接納的情境（最後……）。

接下來將說明，在三幕劇中的不同階段，為當事人帶進治療室的問題找到對應位置，此外，還會列出對話地圖裡的六個探索點，在三個各自分開階段的不同位置，以協助塑造和提供治療會談的目的。

第一幕，開始：分離階段，「也許來自某個狀態、認同觀點或角色，已經不再是與個人有關的可行作為」（White & Epston, 1990, p.7）

1. 故事重點：宣佈這個故事的大綱，也就是，什麼是要談的重點，設定議程以便開始治療會談。
2. 背景故事：發展相關的社會、文化脈絡，一個便於了解問題／議題的清晰架構。

第二幕，閾限，轉化過渡階段的特徵是：有些不舒服、困惑、失序、對未來期待過高（White & Epston, 1990, p.7）

3. 關鍵事件：確認和重新解釋那些根植於當事人生活中關鍵事件的經驗。
4. 評估：定位和判斷當事人生活中問題的影響力。

第三幕，結束；或「重新整合，特徵是到達新狀態，特定的新責任，與個人有關的特權」（White & Epston, 1990, p.7）

5. 反思彙整：反思和彙整治療會談或整體治療過程中所發生的種種。
6. 接納的情境：發展新的背景故事脈絡，看清已經發展出來的改變，適應重新整合的自我認同。

三幕劇濃縮了普遍主題或故事的情節，每一幕／階段都在整齣劇目中提供特定的目的和方向。這個劇的靈感來自成年儀式隱喻，為當事人的經驗提供一份普遍的地圖，當他們準備好走向療癒旅程時，能從問題重重的生活中突圍而出，當事人不是被說服，而是不得不踏上他們的旅程。

如同第一章所述，梵蓋納普（1960）指出，經由閾限從一個階段轉化到另一個階段的需求，如同當事人從三幕劇中的每一幕移動到下一幕般意義重大。

麥克・懷特進一步延伸梵蓋納普和透納（1977）的成年儀式隱喻的概念，提出**自我認同地圖的遷移**（Migration of Identity map）（1999）。在這張地圖中，他繼續強調啟程分離、閾限轉化和重新整合等三個階段，在定位個人旅程時，他視之為無價之寶。在治療旅程啟程之前，認同地圖的遷移會先以衡量當事人健康程度和／或沮喪程度為起點，這時他們的自我認同經常是淺薄又負面，必須慎重以對。到了真正啟程的時間和日期，表示當事人從分離階段向前移動，開始進入中間階段，列入記錄。在中間階段的旅程，任何挫折或進步都會留下軌跡、曲線，隨著時間向前推移，在治療會談中的事件逐漸嶄露意義。在最後的第三階段，是以重新整合的自我認同做結束，它融入了更好的自我認同面向（例如技巧、知識、屬性、信念、承諾、喜好等），當事人以新的理解和學習面對過去，這些都是從中間階段旅程所收穫的，第三階段——重新整合——包含對新的學習和不同感知的反思、自我認同結論的意義，以及關於未來步驟的推測。拜普遍故事隱喻所賜，自我認同地圖的遷移得以追蹤變化、移動和不同時間的意義。

三幕劇運用了普遍故事的隱喻，提供了清晰易懂的方法，可以同時將全程治療療程或單一次治療會談概念化。沙澤（1991）說：

> 治療師和當事人所進行的對話可以視為故事、視為敘事，就像其他任何故事，每一個案例及每一次會談，都有開始、中間和結束，或至少是一種暫停。就像許多故事一樣，治療會談旨在應對人類的困境、麻煩、解決之道，或嘗試的決心。

無論如何，我們把我們的敘事、後結構取向視為治療領域裡普遍理論的隱喻，三幕劇的概念化和故事情節對話地圖，則是非常有章法的隱喻。當現象場上的過程具有某種意義時，隱喻是垂手可得的。三幕劇和故事情節對話地圖的目的，是要協助導航治療會談，許多不同形式的地圖都有助於引導治療會談；但是，在參與治療會談時，也有少數狀況可能寧可完全不用地圖。所以，在治療會談中組織故事情節時，是一種方法，但不是唯一的方法。三幕劇和故事情節對話地圖並不是立意呈現**真理**（truth）。這是我們的故事治療概念化的方法，它紮根於我們後現代哲學取向的背景。

## 第一幕：佈置舞台，脫離理所當然的理解

在這個開始的舞台，治療師的角色是扮演一個熱忱的主人，對當事人的故事表達好奇和興趣，並以支持、透明的治療姿態，迎接與他們互動的當事人。如何與當事人在關係中發展治療性對話，姿態是首要條件，聚焦在提出問題而不是提出意見。如果不是為了交叉檢視而問問題，最好是以好奇

的基礎來邀請和鼓勵。「當事人可以選擇如何回應問題，當我們很真誠的聆聽、尊重當事人的回應，他們的觀點，不是我們的，應該成為治療的核心。」（Freeman & Combs, 1996, p.277）姿態代表的是尊重的具體行動。

順利進行的治療會談，充滿支持並具有目的感的氛圍。我們面對的是當事人更喜好的「自我」，希望他們在跟我們對話之後，經驗到不同也認識到「最後，總算有人聽到我想說的，我受到慎重的對待」。就像佛里曼和康姆斯（1996）說的：

> 我們試著設身處地的從當事人的觀點和語言來了解他們，是什麼帶領他們來尋求我們的協助？只有如此我們才能識別出替代故事。從他們的觀點引領我們去釐清，塑造他們的具體現實情境，以及他們是如何被塑造成他們的個人敘說，並串連起他們的經驗。

回想過去你曾經跟某人有過一段造就你有所不同的談話，你有多清楚感受到你必須進行那次談話，你如何全程與他保持共鳴？你覺得對方是慎重地對待你嗎？你體會到別人真誠的聆聽並理解你的觀點嗎？你以想要的方式來經驗自己，讓自己更加感動嗎？你可能感覺更樂觀，有一種朝向你更偏好的「自我」前進的感覺，你可能越強烈感受到和別人的親密感，之後，你可能會體會到即便情境沒有改變，你已經有不同的視框，可以從不同的角度了解事情，新的意義從對話中產出。或許，你感覺更有自信，能做你必須做的，而且覺得有信心這樣做。現在問你自己：跟那些了無生氣、平淡無奇，甚至雪上加霜的其他對話相比，這個對話有什麼不同？

一旦開始治療會談，我們假定這是一個對話的訪問姿態，邀請當事人表述自己的故事。後結構的對話姿態有助於解構問題故事，產生新的意義，尋找替代故事。所以，治療會談不是尋找真相的任務，而是鼓勵述說與再述說故事的對話，從過去和共寫來找出潛在的故事，朝向未來前進。

後結構的治療性對話的定義是，為治療師和來尋求治療的人之間的對話。這種對話在治療師和尋求協助的人之間不停的來來回回，以分享彼此的理解，出自他們再自然不過的時時刻刻，根植於他們的生活背景之中。要讓治療性對話更容易展開，治療師要傳遞出**在此同在**感（being in this together）。

進行會談時，治療師這位熱忱的主人，要說明治療會談的過程（例如整體會談方式、是否有觀察團隊、單面鏡、錄影、會談次數等等），帶著尊重詢問當事人是否允許使用任何設施。

治療師：你們今天是遠道而來，還是就住在附近？

傑　森：我們住在離這裡約四十分鐘車程的城外。

卡洛琳：今天早上過來的時候，我們有點迷路，我還有點擔心沒辦法準時到。

治療師：我很高興你們順利來到這兒，我可以花幾分鐘跟你們說明一下今天要做些什麼嗎？

傑　森：事實上，我很樂於了解，我是有點困惑，搞不清楚整個治療工作要怎樣進行。

治療師：我會盡我所能的解釋。首先，這裡發生的一切都受保密原則保護。我的計畫是這樣子的，我會跟你們討論，對你們而言「說什麼」是重要的。另外，有五個人在單面鏡外面，他們是我們對話過程的觀眾，大約在我們進行到一半的時候，我們會跟那個團體交換位置，聽一下他們聽到什麼，他們可能會分享一些他們的觀點、思考和印象，在他們談話的時候，我們變成他們回饋的觀眾，聆聽他們所聽到的，我們哪些談論內容引起他們的注意。在團隊反映之後，我們再交換回來，我會問你們一些問題，例如在團隊成員的對話過程中，你注意到什麼，或什麼衝擊到你？你覺得如何？這樣可以嗎？

卡洛琳：聽起來蠻有趣，好啊！

治療師：團隊成員會做筆記，記錄的都是你們說的話，不是他們的，尤其是他們會寫下特殊的或引起他們注意的某些特定的字詞或句子。如果你們覺得可以的話，我想要你們見一下單面鏡後面的成員。

卡洛琳：當然，好啊！

治療師（介紹卡洛琳和傑森給團隊成員）：假如可以的話，我也會做筆記，有很多正在發生引起我注意的事情，如果我不記下來就會忘記。

卡洛琳：好，可以。

傑　森：沒問題。

這時候，治療師變成對話的調度者，讓治療會談變得更民主，邀請家族成員介紹他們自己，確定每一個人的聲音都被聽見。

治療師：現在，可不可以請你們簡單介紹一下自己，包括你們認為有助於我們更加了解你們的任何事？

傑森和卡洛琳介紹自己，讓團體成員因此更了解他們，結束時，也會問他們是否想問治療師任何問題。詢問治療師能讓治療會談中的每一個人都更加清晰可見，減少治療師身為專家固有的和必然的不平衡權力。

治療師：順便一提，如果你想多知道關於我的任何事情，請不必猶豫，直接提出來，我非常樂意回答。

卡洛琳：你經常跟家庭工作嗎？這是你的專長嗎？你做這樣的工作多久了？

治療師：是的，我大多數時候是和遭遇各種不同困難的家庭工作，到現在為止，我與家庭工作幾乎快三十年了。

第一幕是治療性對話的開始，也是三幕劇中的**分離階段**（套用梵蓋納普的成年儀式用語）。就像上面所闡述的，治療師的任務就是建立支持性的環境，讓家庭成員們可以開始述說他們的故事，慢慢地讓他們離開理所當然、問題重重的方式來看自己和做事情（Eron & Lund, 1996）。在前進到第二幕之前，特別是在治療會談開始時的活動，必須詳加說明。在正式的旅程階段啟程之前和準備分離階段時，將心力放在預期和辨識當事人在追尋途中即將面臨的挑戰和限制，更了解這些挑戰和他們追尋的重要性，有助於當事人心理準備和醞釀意願，以便開啟旅程。思索行動使得當事人可以為即將展開的治療旅程前面的經驗，想像替代選項、練習和即興創作出新的行為。

## 發展故事情節

當事人可能會對自己或別人，以負面、概括化的自我認同的說法開始，例如，父母可能會宣稱九歲大的兒子是注意力不足過動症（Attention deficit hyperactivity disorder, ADHD），或是說自己是憂鬱症；了解當事人習慣以這種方式來說明問題，對治療師很有用，請務必記得。當當事人前來尋求治療時，描述問題、危機或議題，治療師認可當事人所經驗到的沮喪，經由解構式的傾聽和提問，以貼近經驗和非概括性的語氣，和當事人商討問題的定義（White, 2007a）。這在治療會談剛開始的時候尤其重要，因為當自我認同被概括化，又被貼上某個標籤類別（例如 ADHD、憂鬱症、邊緣型人格等等），就很難得到另類評價。概括的、全面性類別會讓治療師連結到抽象的概念中，而不是連結到特定的尋求協助的人身上。類別和標籤等概括化自我認同的做法，只會拉大與當事人的距離，和他們失聯，妨礙他們分辨出更有收穫的替代故事情節路徑的意願。所以，命名、外化和解構問題，有助於在問題和為問題所困的人之間，建立起一樣的關係。

當治療師面對概括化的自我認同描述，諸如「他有過動症」或是「我很憂鬱」，當事人已經開始描述問題重重的時空和事件，治療師帶著好奇、以解構法傾聽，進入當事人所說的問題故事，在這種方式下，當事人的故事受到慎重對待；同時，治療師注意傾聽的是還有什麼沒有說出來，而不是這當事人認為重要的事。

要注意，解構式傾聽和解構式提問是交叉出現的，後者針對問題的概括影響，邀請當事人再考慮和再評估先前的負向自我認同結論。隨著時間演進，當問題的概括影響一再受到質疑，就會為替代故事建立更多空間，因此變得更清晰可見。下面這段解構式傾聽和提問的範例，摘錄自與一個被診斷為憂鬱症患者的治療會談。

治療師：納森，今天我們最重要的討論重點是什麼？

納　森（從椅子向前傾，手肘放在膝蓋上，緊握雙手，向下看著地板）：我會誠實以告，我從來沒有想過會跟你這樣的人見面，你知道，好像我有問題，需要找心理醫師，我其實不是會這樣做的人。

治療師：當然，我可以理解你從來沒有想過會來跟我這樣的人見面，所以，這對你是全新的經驗。是什麼讓你決定要來這個會談，進來跟我聊聊？

納　森：嗯！這其實不是我的意思，我去看醫生，他告訴我我有憂鬱症，說我應該找你，治療我的憂鬱（他抬起頭，直接看著治療師），你可以嗎？你能治好我的憂鬱症嗎？

治療師：我還是有一點困惑，納森，有很多種不一樣的憂鬱症，每一個人的憂鬱都是不同的。讓我知道更多有關你的「憂鬱」和你的特殊情況（背景故事），將對我很有幫助；還有跟憂鬱無關的你也是，如此一來，當你說你有憂鬱症時，也許我能更了解你的意思。首先，你能多說一點你自己跟憂鬱無關的部分嗎？然後，我很好奇你是怎麼開始認為自己憂鬱？

納　森：我並不是一直這樣，我曾經有過很不錯的「正常」生活，我的妻子瑞蔻，我們婚姻生活一直很棒，很享受一起行動，我也有很好的朋友和活躍的社交生活，生活很順利。後來我的公司業務緊縮，我因此丟了工作。我在那家公司做了二十三年，一路做到副總裁，經過這麼多年，他們還是把我辭退了，實在不可思議！在那之後，我想我十分混亂和悲慘，大概是放棄嘗試了吧！婚姻因此也出了問題。不久之後，瑞蔻說她不能忍受我這個樣子，決定和我分開，她說她需要空間思考我們之間怎麼了，我得搬離開家去住在一個公寓的地下室。所以，最近這七個月以來，我丟了工作，沒了老婆，失去住家，我得了憂鬱症。

治療師：在過去的七個月中你經歷了許多重要的失落。你知道，納森，聽你描述這一連串的事件讓我想到：「納森有『憂鬱症』嗎？還是這是他過去這段時間裡，經歷這些事的合理反應？」聽起來像是一大堆教人不安的事情，失去工作，經歷了你跟瑞蔻在關係上的瓶頸，然後，搬離開家去住在公寓地下室。在發生了這麼多事情後，我很好奇，你如何處理你的生活和你自己？回顧過去七個月所發生的事情，你會如何想像自己可以有哪些不同的反應？

納　森（在椅子上坐直，看著地板）：也許會多一點慈悲，我變得十分煩躁和易怒，很難相處，我以前是個很好相處的人，有很多好朋友，最近他們都很生我的氣。

治療師：所以，你的意思是說，你的煩躁和憤怒橫阻在你和其他人的關係之間，像是瑞蔻和你的朋友？

納　森：它像一個已經按下去的按鈕，就在我和瑞蔻之間、我和朋友之間。

截至目前為止，治療師認可納森的感受，也對他生活中重大事件做出反應，治療師主動接納、肯定納森的感受，接著，治療師將模糊矛盾帶進納森的經驗中，暗示他也許他不是「憂鬱」，而是他經歷生活中重大和困惑的事件，那些反應都是合理的。某種意義上，這個對話將納森從單一個體的診斷「憂鬱」裡帶離開，轉換成從他的生活脈絡來判斷。最後，這個對話從一個全面的、疏離感受的憂鬱分類，因為外化、具體化而成為貼近感受的描述，像是困惑、煩躁和生氣。

將好奇和解構式傾聽的姿態，融入治療性對話的**雙重傾聽**（double listening），是麥克．懷特發展出來的，他這樣說：「這些傾聽的做法指稱的是『雙重傾聽』，為探索的可能性打開寬廣的領域。」（2003, p.30）雙重傾聽非常重要，因為我們的生活是雙重故事，當我們聆聽當事人述說經驗，他們的習慣會連結到其他的經驗，卻沒有在治療會談中詳盡說明，而是隱含其中，所以治療師要開放地聆聽當事人想說的蛛絲馬跡，並且邀請他們說些之前可能沒有說出來的部分。

治療師：之前你說你「大概是放棄嘗試了吧！」，因此變得有點混亂和悲慘，然後，煩躁和生氣開始擋在你和你的重要關係之間。我很好奇，納森，你當時放棄了什麼？這可能很重要，值得我們討論嗎？

納　森（點頭表示同意）：丟了工作使我變得非常混亂，好像我一無是處，事實上，我不記得我生命中曾經這麼困惑、混亂和了無生氣過。我一直是個不錯的員工，卻莫名沒了工作，毫無邏輯可循，我覺得失控，假如我二十三年來都是個好員工，卻還會丟掉工作，那就好像什麼事都可能發生，你知道，就像是再努力又有什麼用？我想我變得精疲力竭，被失業卡死在那裡，失業也讓我無法分辨什麼是身邊真正重要的。我跟瑞蔻的關係，我和朋友的關係，對我都很重要。對於所發生的這一切，我覺得非常悲傷。是啊！這些都是很重要很值得談的，我需要重回軌道。

治療師：所以，納森，是不是可以這麼說，你是那種很看重你跟別人關係的人嗎？

納　森：喔！是的，我是，我是活在人群裡的人，我真的不是過去七個月的那種人。

因此，納森對這些強而有力生活經驗的反應的力道，也說明了那些隱含在他的述說之外，另一個關於他所持的強烈價值和他更偏好的自我認同。

卡瑞、瓦瑟和盧賽爾（Carey, Walther, and Russell, 2009）引用麥克．懷特**不在場，但隱含的事物**（absent, but implicit）的概念（這是麥克．懷特從賈克．德希達的研究成果所發展而來），進一步延伸如下：

> 假如我們接受這個說法：當事人可能只能提供出特定的生活經驗描述，治療師仍能從中區辨出什麼「不是」他們的經驗，然後，以我們傾聽的角度，不只聽見什麼「是」問題，也聽見他們述說中「不在場，但隱含的事物」，也就是聽見什麼「不是」問題。

問問題，會使當事人強烈持有的價值觀更加明顯可見，他們提出來的價值觀是由關於生活的某些特定知識、信念所塑造，這些知識、信念鑲嵌在被說出來的故事裡，但是卻又隱藏在問題故事的陰影之下。

所以，治療師以假設性好奇的姿勢開始進行治療會談，在會談初期運用解構式的雙重傾聽，初期階段是故事被說出的時候，也促使治療會談向前推移。因為所有的故事並非完全平等，治療師要和當事人共同合作，決定哪個故事對當事人來說是最重要且值得述說的。

## 故事重點：什麼是最重要且值得述說的（……從前從前）

當治療師詢問故事重點時，故事就上場了。在寫專業論文的時候，故事的重點跟論文摘要一樣，提供了相同的目的：宣佈故事大概在說些什麼。當某人挑起故事的重點，治療師（聆聽者）收到提示，故事大概要開始往前發展了。故事重點是對治療師的邀請，來參與、見證一個即將展開的故事，這是進入故事情節的起點。當治療師受邀向前移動和發展故事時，他們會更貼近這個故事重點，而且專注。

為了幫助故事向前發展，並且獲知對當事人來說什麼是最重要且值得述說的，治療師抑制自己的話題軸（agenda）和假設，小心翼翼的避免太快「知道」，蓄意提出他們真心不知道答案的問題。治療師處於「不知道」越久而且保持好奇，當事人越可能描繪出豐富的重要事件和生活中的細節。就像前文與納森會談摘錄所呈現的，在治療的開始階段，就冒出很有用的提問：

治療師：在我們在一起的有限時間裡，在每一件發生在你生活中的事件中，有什麼是對我們最重要，是現在要談的？

莎　拉：嗯！除了我們所談的一切，現在，我跟我兒子格蘭特的關係是最需要討論的。

當治療會談中涉及好幾個家庭成員，不同的家庭成員可能提出不同的選擇，要看什麼是最重要開始討論的。在這個時候，治療師要催化家庭成員討論，幫助他們達到共識，找到開始的主題來進行治療會談。在這個階段，故事重點就是大家都同意的主題，是治療會談的起點。當會談進行，故事逐漸改變，關聯更緊密，家庭成員可能想要轉換主題。即便故事繼續發展、向前推移、離開熟悉的主題了，只要治療師保持好奇和嘗試的態度，還是能夠停留在家庭的故事裡。

就某種意義來說，治療師和家庭成員準備好進入一段旅程，或是一段求證的探尋，「探尋的故事碰到眼前的痛苦（問題——成癮症），他們習慣接受生病，而且伺機**利用**它。生病（問題——成癮症）變成旅程中探尋求證的場景。探尋什麼，可能從來都不甚清晰，但是生病的人將探尋定義為，那些將穿越經驗而來的某些東西。」（Frank, 1995, p.115）就某種意義來說，這個當事人接收到**召喚**（calling）而著手探尋（Campbell, 1968）。「探尋的敘事提供生病的人一種聲音，像是有個述說者在說他自己的故事，因為只有在探尋的故事裡，述說者有故事可說。」（Frank, 1995, p.115）

會談開始時，治療者會要求當事人提供故事的最新狀況，問他們之前帶進治療會談中的問題，是否已經朝這裡或那裡前進，是不是有任何改變或轉移。當事人會努力減少受到問題的影響，但是又往往對自己的努力視而不見，以為已經很了解自我或是用新的方法來了解情境。

治療師：以妳的角度看妳的情境，有哪些改變嗎？

莎　拉：幾個禮拜前，有一天我大約凌晨三點醒過來，我在床上坐著，看著我丈夫躺在旁邊，我突然有個念頭，這不是我嫁的那個男人。（預告新的故事重點）

治療師：談論這個對妳來說很重要嗎？

莎　拉：絕對是！

當治療師建立故事的重點，和什麼是最重要的會談重點時，必須將其鑲嵌在當事人的背景故事中。

## 背景故事：建立一個明白易懂的架構（……每天）

背景故事鑲嵌在社會脈絡裡，當事人的故事鑲嵌在背景故事裡，繼續發展。它提供一個可理解的架構，能對全面的故事和問題重重的故事，有更好的了解；因為如果不了解相關背景故事的脈絡，卻想要問當事人的感受，只是徒勞無功。背景故事提供了參考架構，例如，假如當事人說自己是「憂鬱的」，這是一種全面性的說法、修辭學的層次，需要從他們相關的背景故事、社會脈絡來了解他們所說的話語。

當一個孤單無援的單親媽媽，帶著三個小孩，住在一間商店樓上的窄小公寓中，因為依賴前夫支付的贍養費過日子，財務狀況捉襟見肘。一旦這個單親媽媽說她很「憂鬱」，就必須正確評估「憂鬱」的意思，因為這是在某種「特定的」社會脈絡影響之下造成的結果。而當一位中年白人男性的生意人因為在股票市場賠了錢而說自己很「憂鬱」，但仍待在有權力有影響力的職務角色中，「憂鬱」這個字的意思就要在他的社會脈絡所造成的影響和「特定的」結果之下評估。當事人的生活受到背景故事，例如社會和文化脈絡，也就是受到主要故事的影響；是主要故事塑造了他們的信念和行動，對形成他們的故事貢獻重大。這些存在背景故事中的文化信念，經常被奉為真理，於是更加緊抓著問題故事。這些理所當然的信念，必須加以懷疑和解構，以便為替代故事創造出空間。

為了要闡明當事人的背景故事，治療師進入他們的世界，將背景故事裡熱鬧繽紛的聲音帶進治療會談中。麥克・懷特（2007a）提出的會員重新整合（re-membering conversations map），是很有用的方法，重新評估、調整和別人的關係，從而有目標的調節自我認同的影響。麥克・懷特闡述：「之所以有會員重新整合這個概念，是因為自我認同是從『人際聯盟』（association of life）建立起來，而不是自我核心。」（p.129）（第七章有個例子說明這個方法如何有效運用在成癮者身上）。因此，治療師仔細聆聽當事人表達他們偏好的自我感的品質和特性，就會打開並顯現人際脈絡，與有所關聯的人們連結，而這些人對當事人自我描述的發展貢獻重大。這些開放的自我認同的品質和特性會擴張描述，使得當事人的價值、信念、原則和承擔更為清晰可見。表面看來這只是收集訊息的手段，其實是從社交歷史來採集事實。「會員重新整合並不只是被動的收集，而是刻意地重新回顧一個人的人際關係歷史和某個重要人物，以及一個人的現在生活及對未來計畫的自我認同。」（White, 2007a, p.129）。將別人的影響帶進來以擴張故事、活化背景故事，將人們帶到眼前——過去、現在、生活、已逝——那些曾經影響當事人的個人主導性或曾提供支持的人。

### *社會建構圖譜和會員重新整合*

當當事人以提供視覺地圖的方式將會員重新整合描述出來時，往往可以豐富地發展這種對話，並且闡明當事人對背景故事的印象。這個地圖是由奠基於後結構主義敏感度（Milewski-Hertlein, 2001）的社會建構圖譜（socially constructed genogram, SCG）所提供。因為後結構主義學者認為自我認同是社會所建構的，所以自我與他者之間的相互影響十分重要。此外，除了自我與他者之間的關係之外，文本的解釋、更寬廣的社會論述和主要敘事，都會影響自我的認同感。

傳統的家族圖譜（McGoldrick & Gerson, 1985）以實證

主義觀點描述家庭和關係，而社會建構圖譜則另闢蹊徑，提供一種替代地圖來了解認同、家庭、關係和文化的多元性。社會建構圖譜認為，意義和了解是從與別人對話中的社會互動衍生出來的（Anderson, 1997; Anderson & Goolishian, 1988）。然而，這個由安德森和古力山（1988）提出的互為主體的對話，並無法使當事人免除來自更大的文化論述的影響，社會建構圖譜仍要考慮更大的文化論述的力量和政治影響力。

當自我認同視為被佔據的領域，社會建構圖譜傳遞的是自我認同與別人的關係的空間向度。當當事人能夠以視覺化來確認自己與別人的關係，是在他們想要的親近或疏遠的人際距離時，就可以避免根據生物學上的家庭權利關係假設的論述，這樣才能使他們探索那些關係的品質。社會建構圖譜使我們有機會經由會員重新整合，打開心，探索鑲嵌在人際之間關鍵經驗的特殊意義。懷特（2007a）對這部分的看法是：

> 會員重新整合為我們提供一個機會，重新修訂人際聯盟中的會員資格：升級某些會員的資格，或是將某些會員資格降級，根據個人的自我認同而強化某些聲音的權威性，也根據個人的自我認同而讓某些聲音不再合格。

當當事人談到家庭，或某個家庭成員，我們可以提問和理解那些字詞的意思，並注意這些用來描述家庭的字眼是文化定義的，家庭的意義和經驗在不同的文化有重大差異。米魯斯基-賀特連（Milewski-Hertlein）寫到：「偏離核心家庭並不只是西方的傳統，在中國，孩子可以離開父親，由母親和一組婦女來養育成長。」（2001, p.25）

會員重新整合和地圖是麥克·懷特所發展，和社會建構圖譜匯集一起，兩者都經由後結構主義敏感度，使背景故事持續活躍、有朝氣；要理解自我認同時，社會建構圖譜提醒我們注意背景故事的重要性。

## 創造社會建構圖譜

社會建構圖譜是由治療師和前來求助者這兩造的合作努力而建立，它不是靜態的裝置方式，只針對人們與別人的關係診斷或建立規範性的結論，而是流動的地圖，用來協助解釋或協調關係。這個再解釋開創出一個機會，以關鍵反思和重說關係故事的方式，朝向更適當的理解。當一個人的生活是持續不斷地改變，社會建構圖譜也與時俱進地反映這些改變。

與當事人創造社會建構圖譜時，有幾個可行之道，其中之一是直接列印幾張五個同心圓的人際距離圖表，在每次會談時都為前來諮詢的人準備好；另一種方法是，需要的時候直接畫在空白的紙張上，向來諮詢的人說明圖譜的概念。這樣做的時候，治療師可以邀請當事人一起解構對家庭和關係的傳統理解，當事人受邀在社會建構圖譜上表達他們的關係，而當他們真的經驗這些關係時，鼓勵他們探索這些關係對自己的意義。當事人受到鼓勵去拓展各種關係的傳統理解，包括與別人（活著的或逝世的）、寵物、英雄原型、親如家人的朋友等等。我們會邀請當事人把自己放在社會建構圖譜正中央的圓圈裡，再請他們依據每個人跟自己的親疏遠近、重要程度、喜不喜歡的人際關係等距離來評比，將其他人放在各自的圓圈裡，也把自己跟其他人（例如父親）的關係畫記在圖譜上。

下面是摘錄跟一個十五歲男孩的會談內容，他在父母離婚之後，如何面對他與繼母一起生活的影響。

## 與路克的第一次會談

治療師：看來在你的生活中，有些人跟你保持不一樣的關係。看看你與這些人的關係，釐清你跟他們每個人的關係，你認為可能對你有幫助嗎？

路　克：我想有吧！有時候是蠻困惑的。

治療師（介紹社會建構圖譜）：在紙上這些圈圈裡，畫出看得見的關係地圖，有時候是蠻有用也頗有趣，你覺得可以嗎？在這張紙上標出你生活中的人跟你的關係距離？

路　克：好啊！有何不可？！

治療師（把社會建構圖譜放在路克正前方的桌面上）：好，首先，你把自己放在圓圈的中央，在中央圈寫上你的名字，好嗎？

路克將他的名字寫在正中央的圓圈裡。

治療師：現在，路克，我想要你花幾分鐘回顧你生命中的關係，當你想到這些關係，想像一下你會把他們放在這張圖的哪裡，你想要這層關係靠你很近，或是你認為誰是最重要又最靠近你的，就放在比較內圈，如果你希望這個人跟你保持比較遠的距離，或是某人現在跟你距離很遠，就放在比較外圈，也可以包括過世的人，甚至你不認識的人，或是你尊敬的人，或是一個遙不可及卻是你所景仰的人，例如搖滾明星、超級英雄、演員，或甚至想像的人，也可以是寵物或動物，你可以隨意從任何地方開始。

路　克：我知道了（他開始在內圈寫名字，先寫「祖父」），我大約七歲的時候祖父過世，他活著的時候我們很親近。

治療師（當路克在社會建構圖譜圖上一一寫下名字時，我們也一面討論關係的特性和品質）：所以，是什麼使你跟祖父兩人十分親近？

路　克：嗯，我們一起做很多事，他花很多時間陪我，用我可以懂的方式跟我仔細解釋很多事情，他總是說：「路克，你知道我說的意思嗎？」他說這話的時候，總是用很平靜、很有耐心的態度，直到我懂得他想跟我解釋或想教我的，他才滿意。

治療師：所以，你在你祖父那裡學到什麼？你今天還帶在身上？

路　克：他教我好多事情，我非常尊敬非常景仰他，我想我在他身上學到最多的是如何維持平靜，他也教我怎樣慢下來，然後要注意細節，有時候他會對我說：「路克，答案在細節裡面。」我想我會說他教我最多的是平靜和耐心。

治療師：如果他此刻在這裡，你覺得他會怎麼說你對他的生命意義？

路　克：他會說我陪伴他，祖父和我是哥兒們，我讓他的生活有個目的。

路克接著將他的狗思莫基、最好的朋友喬登和他媽媽放在內圈，然後將其他朋友和親戚放在剩下的不同位置，當他將每一個人放在社會建構圖譜各自的圓圈上，我們討論關係的特性和品質，和某某人在路克生命中特定位置的理由。將社會建構圖譜和會員重新整合合併在一起，可以重新探索每一段關係，路克可以評估他對這個人的貢獻，以及這個人對他生活的貢獻。

社會建構圖譜也提供很有用的視覺地圖來重新評估未來、更好的地位。在建構社會建構圖譜來闡述這些人的背景故事的現在位置之後，可以問他們，假如能為自己的未來建構一幅地圖，他們想要什麼樣的未來。假如他們修訂全部的關係，呈現出他們更喜歡的生活中與重要他人的連結方式，這種未來導向的社會建構圖譜，就會呈現出未來樣貌。治療對話可以包括討論，為了這次關係改變，什麼事情需要有所不同。

治療師：路克，現在你已經依照你跟每個人的關係狀況，把他們放在地圖上，有沒有哪些關係是你想在未來有所調整？你知道，你能夠以你真正想要的樣子，調整成更適合你的人生。

路　克：嗯，說真的，如果有一個完美的世界，我真的希望跟我爸爸更親近（路克本來將爸爸放在社會建構圖譜上比較外圈的位置）。

治療師：你想在另一張圖上呈現出你未來跟他們的關係嗎？在這個圖上你可以將他們放在未來你想要的相關位置。

路　克（將他的父親放在中央圈外的第二圈）：自從他再婚之後，就更難跟他在一起了，我想我們從來就不親近，但是我希望我們可以比現在更親近，我想他願意更親近，花更多時間跟我在一起，只是現在更複雜了。

治療師：我們來談談你跟父親的關係，和你未來想要跟父親維持的關係，對你重要嗎？

路克開始談到他很渴望能跟爸爸更常在一起、更親近，社會建構圖譜有助於會員重新整合，在未來會談時把父親包含進來的可能性。

## 將重要他人納入治療會談

將重要他人納進來參與會談十分重要，如此一來我們就將隱匿在背景故事中的關係人帶進治療會談裡。再一次，還是一樣運用麥克・懷特（2007a）所發展的會員重新整合，在走向自己想要的人生時，可以回顧衡量哪些是我們感激自己的意圖和努力，可以諮詢已經走過類似旅程的前輩，請他們分享故事，了解他們怎樣獲得技巧、知識和啟發，來進行探索之旅。雖然他們的故事並不一定完全直接相關，卻能提供共鳴和面對未來挑戰的想像。社會支持和他人的地圖，能夠在經歷轉換階段必經的苦惱時給予保證，在這些不確定的時候，有助於確知其他人已經經歷過這些嘗試過程、考驗，並逐步向前。聽到其他人述說他們是怎麼走過這些生命中的挑戰之旅，和在經歷過這一切之後有何長進，都會帶來肯定的作用。分享挑戰之旅的故事時，可能有人描述他們如何艱辛前行的細節，這將會強化發展這些經驗的決心。當他們聽到過去事件涉及豐富的錯中學的經驗累積等會談的細節時，有助於當事人有計畫地為自我旅程進行事前準備。當當事人將這些經驗與自己的旅程連結時，這些會談將啟發豐富的資源和創意。

## 與路克和喬登的第二次會談

治療師：喬登，歡迎你，謝謝你今天加入路克和我的會談。路克說你是他很重要的朋友，你曾經經歷跟路克很類似的心路歷程。

喬　登：是啊！路克是我最要好的朋友，我挺他，也會為他赴湯蹈火，說到「類似的心路歷程」，你是說我父母離婚，那確實是。

治療師：喬登，你曾看到路克在經歷父母離婚這件事上做過哪些努力嗎？從你的角度，你曾注意到什麼特殊的地方嗎？

喬　登：絕對有！路克是不動聲色的人，不管有多困難，他總是盡量保持若無其事，我父母離婚的時候我生氣了很久，那實在不是美好的畫面，有一段時間我不知所措，必須很努力才知道要怎樣面對那一團混亂，我深陷泥淖……但是路克一派標準作風，我看著他如何面對父母離婚，跟他學習要怎樣冷靜下來。

治療師：你經歷這一切時，他的經驗如何幫助你有所學習？你認為有什麼可以告訴路克，而這些是對他有意義的？

喬　登：路克和我，我之前就跟他聊過這個話題。（他直接跟路克說）我發現經過一段時間之後會逐漸變好，現在一切都不一樣了，有時候會覺得不可思議，但事實上的確是變得比較好了。

路　克：有時候我會陷入低潮，看著我父母的作為和他們對待彼此的方式，那種時候真的很難熬……你是怎麼撐過來的？

喬　登：我的救命符是我有好朋友，有時候就是跟朋友在一起，甚至是我朋友的父母陪我一起度過，我爸爸媽媽那時候都自顧不暇了；我也花很多時間運動，填補空檔讓自己有事可做。

喬登和路克繼續類比他們的心路歷程，喬登從回憶自己故事的經驗中帶給路克希望，隨著時間流逝，他可以跟父親更加親近。

### *壓迫和主要故事*

確認存在於當事人背景故事中的壓迫，也十分重要，是什麼使得當事人退縮，或阻礙他們去做該做的事？當事人完成故事的能力和個人主導性的自信，與他們如何根植於他們生命中的背景故事息息相關。就如同前文闡述，「我們的道德責任是自由或受縛，取決於我們對自己，以及別人對我們的觀點。」（Lindemann-Nelson, 2001, p.xi）。我們如何行動和對自己的認同，強烈受到我們如何察覺別人看待我們的影響，「這包括他對別人的動機和意圖的建構，以及他覺得別人如何看待他。」（Eron & Lund, 1996, p.43）包括當時寓居於社會脈絡之中的家人和朋友，也可能指稱的是就在社會與文化的寬廣論述裡的其他人。當一個強而有力的社會團體視當事人為微不足道，而且阻止他們獲得想要的完整道德尊重的認同時，他們的自我認同和道德價值感可能會覺得惶惑不安或精疲力竭。在這種情況下，當事人就會經驗到被主要故事降級（Lindemann-Nelson, 2001）。我們感受到這種壓迫，可能會經由聯盟、主張、發展有計畫的反向故事，來抗拒主要故事的影響。

在旅程隱喻中，第一幕到第二幕的轉換意味著成年儀式的第一階段即將結束（Turner, 1977; van Gennep, 1960）。這是旅程開始的標誌，這個轉換開啟了從過去熟悉的習性離開，轉換到閾限，也就是模糊的旅程階段，特徵是問題故事的探究，同時致力於獲取個人主導性。「對我來說，手上拿著地圖進入未知之旅，我總是充滿期待。」（White, 2007a, p.7）「旅程的意義將迴圈似地湧現：進入一段旅程，尋找這個人曾經在哪一段旅程裡……自然而然地呈現反思的觀照形式。」（Frank, 1995, p.117）

做為進入第二幕入口的閾值，有點像門檻，進入治療會談的探索階段，分離關卡（van Gennep, 1960）標誌出，自此當事人表達了故事的起點時間，故事根植於整體背景故事之中，向前移動，但是治療會談尚未越過門檻進入閾限階段。在治療會談中，這是非常重要的開始步驟，治療師必須非常小心地緩慢移動，對於需要細細討論的部分，不要妄加下結論。約瑟夫．坎伯認為第一階段旅程可以稱為「分離……開始去……冒險的呼喚」（1968, p.41）。這個時候當事人感到痛苦，必須與先前不再適用的自我認同切割，「它標誌了所謂的『自我醒覺』（awakening）。」（p.42）坎伯進一步描述這個階段如下：

> 不管小或大，不管在人生的哪個階段或等級，召喚之聲，總是，拉開了帷幕，以一種神祕變妝——精神上的成年儀式或時刻。一旦完成這個過程就是垂死，就是誕生。熟悉的生活視野已經成長而不敷使用，舊的概念、觀點和情緒模式不再適用，跨越門檻的時刻即刻到來（pp.42-43）。

坎伯的觀點是，一旦個人接受這個召喚（問題或議題），就通過了第一個門檻，「總之，召喚是無法抗拒的。」（Frank, 1995, p.117）雖然重大的努力和意圖，到目前為止可能已經進入策劃這條路線，為第二幕的閾限階段準備，但還是要審慎地保留一種可能性，當事人可能在門檻前停滯，而退回到他熟知的狀態。這個反應意味著需要更進一步準備，可以視為有必要重新評估，而不是失敗。重要的旅程很少是線性的，只往一個方向不斷加速前行，每過一天生活就可以測量到改善幅度，不是的，重要的旅程需要計畫、再三思量，一面前進一面修改計畫，才能抵達理想的未來。

一旦當事人接受召喚，就準備從熟悉的生活中離開，而從第一幕穿越門檻前行到第二幕，治療師殷勤的邀請他們通過門檻，讓故事向前移動來到治療過程的旅程階段。

以下是跟一位女士的治療會談。她剛剛離婚，感覺沒有價值、孤立無援，以下描述將說明從分離階段、接受召喚，通過門檻到達第二幕。

賈妮塔：我想了很多，自從和卡洛斯離婚之後，我變得非常孤立無援，憂鬱使我從重要的人際圈中逐漸撤退，我好像獨自受困在荒漠的島嶼中，我覺得很孤單、沒有價值，越來越害怕去做我該做的，好讓生活重回軌道，有時，我甚至不想出門。

治療師：所以這段時間，妳和卡洛斯離婚，開始感到孤單感和沒有價值，好像受困荒漠的島嶼上。

賈妮塔：嗯，像我上次會談說的，我不能再繼續這樣下去，我越是這樣情況就越糟糕。

治療師：妳再也不想這樣過日子了，妳想要改變，走到不一樣的狀態？

賈妮塔：是的，我已經決定了，每次一想到就越想越可怕，我必須冒一點兒險，努力找回生活，我想要離開這個困住我的島嶼，搬回到陸地去。你知道當我想到它，我和你的談話，或是整個團隊到目前為止對我的幫助，即使只有一些進度，我想我已經從島嶼移到半島了，我上週甚至打電話給一個老朋友，安排跟他見面……相信我，那跟平常的我很不一樣。

為了替這個轉換搭起橋樑，治療師要在治療會談第一幕和移動到第二幕之前，提供反思彙整。我們認為在治療會談的固定間距提供反思彙整是很重要的，但這個特別的彙整具有強調進入第二幕門檻的作用。就某種程度來說，反思彙整就是門檻，進入第二幕的大門。

雖然沒有言明，這個彙整是反思實務的一種形式，治療師為當事人催生了一個回顧過去會談至今的過程，反映出對話中的特別之處，並指認出哪些不同。「當當事人從會談中移動到回顧會談過程，他們變成自己的觀眾，面對正萌生的敘事，因此把自己放在更好的位置去完成意義。」（Freeman & Combs, 1996, p.192）。反思彙整是由麥克．懷特首先提出，他稱之為**社論**（editorial）（2007a, p.46）。治療師可以這麼說：「我現在比較了解對你來說什麼是重要的，因此，我們今天一起來討論什麼對我們才是重要的。」指出討論重要的事，治療師就點出了「召喚」、理路、治療旅程出發的目的地，這個討論是細緻的、經驗式用語、使用當事人精確的語言。「在這個時候，關懷照顧還是很重要的，確保當事人有機會連接所有問題對他們位置的複雜影響。」（White, 2007a, p.46）。用這種方式反思經驗，帶領當事人領會學習的可能性，因為反思歷程「容許評估和進步」（Fook & Gardner, 2007, p.24），當事人會受邀說清楚，他們從哪些不再有用的經驗中離開，前往哪些召喚他們的重要方向。

反思彙整是一個過程，「奠基於道德態度，重視的是開放、透明度、多元觀點、治療師去中心化。」（Freeman & Combs, 1996, p.284）。邀請家庭成員在治療會談中反思「是一種**政治**行動，目的是透過參與者分散治療會談的權力」。（p.191）

然而，只對對談進行反思，少了框架和引發的過程，勢將缺乏焦點和目標，因為焦點才會帶出**知道**（knowing）的方式，而且是與個人相關的在地知識（local knowledge）和生活的目的，所以，這是歸納（從個人衍生的）過程，而不是演繹（從理論衍生的）過程（Fook & Gardner, 2007）。這個過程引導出當事人的在地知識，而不是依賴專業知識，並邀請他們澄清強加的主要故事和他們生活經驗的價值之間的縫隙。不斷被問起的自我認同問題，因而鼓勵了他們**主體性表達**（expressions of subjectivity）（White, 2007a, p.99）。治療師謹慎地搭建鷹架提出問題，協助當事人注意會談中創造學習和自我實現的方式，這些是之前沒有注意或不被看重的演繹取向。臨場經驗成為了解當事人偏好的焦點，例如：「到目前為止，我們所談的內容中，你認為最重要的事件是什麼？」。接下來的摘錄，說明反思彙整如何促進當事人從門檻移動到旅程階段。

治療師：賈妮塔，我們上次治療會談開始不久，妳深入談到關於孤獨感、隔離感和自我厭惡，今天妳說妳做了一個決定，妳再也不願意繼續這樣下去了，妳說妳要離開那座孤立的島嶼，回到陸地，重新拾回生活，妳也說其實妳已經搬遷到半島上了。所以，這些向前移動的步伐有逐漸讓妳回到妳的生活軌道嗎？

賈妮塔：是的，我想是的，雖然那些步伐蠻不容易的。

治療師：確實是不容易。

賈妮塔：還有很多事需要討論，是啊！我需要開始冒險，繼續向前，我想要終止這種拖累感。

治療師：所以，上次會談剛開始的時候，妳說妳覺得隔離和自我厭惡，也說經由我們的對話，以及妳和外面的見證團隊接觸，妳覺得自己有些不一樣了；妳還談到妳開始主動打電話給一個老朋友，安排和他見面，這跟以前的妳很不一樣。妳說妳已經決定要讓生活回到軌道上，賈妮塔，到目前為止，我了解得正確嗎？這也是妳所理解的嗎？妳的意思是說，妳已經準備好要向前走了？而且準備要進行我們的對話了？

賈妮塔：是的，這就是我所理解的，而且，是的，我千真萬確想要向前走了，我不要繼續像這樣過日子，我想要回我的生活！

賈妮塔很清晰的陳述她渴望向前走，也接受了這個召喚，這是一種意圖的陳述，她已經準備好要經歷旅程階段和第二幕的治療會談。

回顧背景故事，可以邀請當事人重新考量與別人的關係，也可以思考人際距離的調整和這些關係可能產生的後續影響。這種反思彙整鼓勵當事人去質問理所當然的假設，同時給出空間容納新的理解。重要的是欣賞自我認同的多元性、經驗的複雜性，和隨時變動的局部理解的價值。這個過程有助於當事人在面對未來的挑戰時，去蕪存菁地斂聚個人焦點、澄清目的，並進入第二幕。

## 第二幕：出發，踏上旅程

> 這個同時寶貴又危險的決定性領域，可能以各種不同的方式表徵：像是一個遙遠的國度、一座森林、一個地底下的王國、在深海之下、天空之上、一座神祕島嶼、高入雲層的山巔，或是深不可測的夢境；不論如何，總是不尋常的流動、多型態眾生、無法想像的痛苦、超乎尋常人的行徑，和不可能的歡愉。（Campbell, 1968, p.48）

第一幕已經引出故事重點，當個人從熟悉的領域中離營，「也許從某些地位、某種自我認同，或是對個人不再具有價值的角色」（White & Epston, 1990, p.7）。將使治療會談中的故事繼續向前發展。背景故事已經闡明，使得具有影響力的論述和造成影響的重要他人都昭然可見，這種闡明背景故事的做法，提供了解問題所造成的影響，和與他人關係的社會脈絡。三幕劇已經走過第一幕，閾限階段將第一幕和第二幕連結起來，現在來到第二幕，是出發上路的時候了，這是治療過程探索和存在的理由。

這個治療會談的閾限階段進入未知的可能性領域，事情跟以前的定義有點不一樣，麥克·懷特（2007a）進一步描述這個階段如下：

> 當我們坐在一起，我知道我們已經上路，前往一個無法明確指定的目的地，路線也不能事先規劃……我也知道這趟旅程中可能出現的冒險，並不是那些過去已經知道的確定之事，而是遠征探入他們自己的生活裡還有哪些是值得知道的。

作為一個催化前進並橫越閾限階段的工具，麥克·懷特（2007a）將**潛在發展區域**（the zone of proximal development, ZPD）理念加入敘事治療。潛在發展區域是蘇俄教育心理學家暨社會建構論學者雷夫·維高斯基（Lev Vygotsky, 1896-1934）所發展出來，指的是個人靠一己之力獨立完成，和經由別人協助而達成等兩者之間的差異。維高斯基認為潛在發展區域是「容易接近的轉化範疇」

（Gredler & Shields, 2008, p.85）。「潛在發展區域不是一個特定的任務，或是單一的轉化，而是較為寬廣的範疇或階段，包括了許多學習轉變和革新。」（p.86）維高斯基認為，相對於「古老的迷思認為發展必須按照指示向前進，以完成其循環」，潛在發展區域非常清楚地提供心理學家和教育者另一種選擇。

治療師和來求助者維持工作關係是很重要的，如此才能經由轉化階段完成持續的革新，潛在發展區域的關鍵特徵是豐富的對話，一個滋養的會談提供概念發展和知識代謝的肥沃土壤，治療師和當事人之間的會談成為媒介，治療師在這媒介之中，藉由穿越潛在發展區域的連續微小的轉化，慢慢搭起學習鷹架，也許深入遙不可及之域，也許只是超出了他們以前所理解的一小步。

治療師的責任是，催生出支持當事人前進的學習鷹架，這種鷹架過程來自一個信念：質性轉化是經由一系列逐漸累積的微小改變而產生。當當事人從自己所投入的努力，從分析生活中的事件，從評估他們在合作性治療情境中的經驗等得到回饋，因此拓展了對重要事件反思的潛能。汀士雷和雷巴克（Tinsley & Lebak, 2009）強調信任的合作性情境與分享了解是有必要的，這會增進理解的進展，當事人因之延伸其思考，想像力馳騁。當當事人的理解不斷增加，他們採取必要行動的信心也隨之增加。

當當事人獲得新的理解和技能，治療師減少協助，直到停止，大多數的建築團隊在完成工程之後會移除鷹架，所以，治療師最後也會在治療會談中移除其影響力。治療師將治療假設為成年儀式，決定應該涉入的範圍，竭盡心力為當事人準備好處理自己複雜的人生。在治療結束後的生活中，一旦遇上某些議題，即使治療師不在身邊了，當事人仍可以運用早期與治療師的合作經驗，獨立面對這些議題。

搭建治療會談的鷹架時，治療師邀請當事人描述故事的細節，保持好奇和解構式傾聽，治療師的提問引領當事人進入全新的思考領域；解構式問話打開了可能性的空間，超越過去生活的習慣思維和熟悉方式。創意、選擇和理解紛紛冒出來，從回應這些解構式提問，和深入到存在於問題故事的諸多縫隙中，這些新的理解會結合在一起成為關連鍊（chains of association），開始形成替代故事情節。這些萌生出來的替代故事，提供當事人一個基礎，以左右未來事件和發展嶄新個人主導性。

下面的對話摘錄，說明替代故事如何在治療會談中產生。

治療師：山姆，我一直在想，你能不能跟我多說一些這個跟了你許久的麻煩習慣？

山　姆：嗯！有時候我麻煩不少人，你知道，有點像糾纏他們。

治療師：你麻煩別人或糾纏他們，這是什麼意思？你能不能描述一下，那些時候你在做什麼？或許你可以舉個例子？

山　姆：嗯！我會變得十分惱火，有時候我把自己弄得緊張兮兮，搞不清楚狀況的時候，我會問一堆問題，尤其是我不同意某人意見的時候。譬如有時我就會纏著我大姐玲達不放。

治療師：好，所以你問了一堆問題，意思是說你是一個「好奇寶寶」？（解構式問話）

山　姆：喔！我應該是。

治療師：你是不是一直都像你說的那樣好奇？

山　姆：我記憶所及似乎都是這樣。

治療師和山姆之間的對話已經開始轉向雙重故事，而且指出一個跟山姆的自我認同不一樣的面向，把山姆的狀況理解成他是一個好奇的人，山姆也證實他一直都是好奇的人：「我記憶所及似乎都是這樣。」

日常生活是問題故事的土壤，凌駕在大多數其他可能的故事之上，歷久不衰地占據視線，卻又黯淡無光。蘊生在日常生活中規律而反覆的事件，經常使當事人看不到故事內在的歧異之處而深感挫折。誠如莫森（Morson）回顧米哈伊爾．巴赫汀（Mikhail Bakhtin）的文章時指出：「人們的行為模式或於法有據的行徑，他們的行動所及的範疇，從未逾越規範或既定的法條。即使可能有各種想像空間，人們的所作所為卻不是出自真誠的選擇。」（1994, p.21）就像魚在水中卻看不見水，我們也視而不見地侷限在看不見、普遍存在的主流論述裡，屈服於主要敘事無所不在的影響。

儘管如此，問題重重故事之間的分歧性，其實是處處可見的。當我們追蹤當事人的價值和認同所在，或是細膩地追問他們想要的更好生活時，就像淘金一樣，可以找出不一致之處。這些蹤跡通常散布在各次治療會談當中，提供了替代故事的線索。它們可能在許多縫隙中出現不一致性，諸如述說故事的不同版本、採取行動時的細節、不一致的元素，或隱含的陳述等等。治療師要指認出這些線索或軌跡，提出來討論，並且搬到檯面上。注意這些軌跡、線索和不一致，留意它們並做成反思彙整，以反駁主流敘事，提出替代性的理解。這些分歧性和軌跡總是隱匿在生活事件中，等著被發現，組成個人生活的全面性主題，可是之前卻完全沒注意到。這些經驗和事件是位居於**行動全景**（landscape of action）中，也是旅行階段中的**行頭**（stuff）。

治療師：所以，好奇是你很強烈的特色。

山　姆：是啊！當它有效的時候。就像最近我對學校功課比較感興趣，在一次考試得到B+，很久以來，這是我第一次為了考試認真讀書，真的奏效了，感覺很棒！但是大多數時候我好奇的結果都是惹惱別人；其實我只是想要做自己而已。就像上禮拜玲達跟我說我不可以凌晨三點之後還在外面。那天是有個搖滾音樂會，我問她時就把她惹火了：為什麼不行？我朋友一直在那兒待到結束！（雖然這裡出現了一個故事情節，山姆對學校功課比較有興趣了，但仍然有點冒險，他的惹惱習慣的主流故事，可能會因此蒙上陰影而使之失去光彩）

治療師：其他家人也很有好奇心嗎？

山　姆：大多數時候只有我。

治療師：所以，你雖然曾經因為對學校功課好奇而有了新的進展，你還是擔心自己惹惱別人的習慣？

山　姆：是的，事實上我很關心我這個習慣對玲達造成的影響，她是個不錯的大姐，讓她生氣之後我很懊惱，她可能不知道我的感受，我也在想這真的不是值得讚許的行為，我只是開始了解到這些，玲達說我那樣惹惱她，我的行為不成熟，我必須像實際年齡一樣成熟，我想她是對的。只是那真的是積累已久的習慣，我的意思是說我並不想要長大了還這樣。

治療師：這樣會怎樣，山姆？如果你長大了還這樣，會造成什麼影響？

山　姆：嗯！你知道，如果我已經是三十六歲的成人，老闆交待我辦事，我必須要跟他合作，他一定不會喜歡我，假如我激怒或惹惱他……我真的很想要甩掉這個習慣。

治療師：你什麼時候開始關心這個惹惱人的習慣會對你的將來造成影響？（追蹤雙重故事，討論山姆的價值觀和他自己想要什麼）

山　姆：嗯！最近我經常想到這個問題，這個習慣使我和身邊的每個人變得有點緊張，尤其是玲達，她很挫折，甚至有時會躲著我，我們以前會一起做點什麼，她會帶著我去購物或是一起拜訪她男朋友，她男友真是酷，會跟我一起玩線上遊戲，但是最近她都沒有邀我一起出去，也許她覺得跟我在一起很受不了，她可能對我忍無可忍了。我這樣對待她，開始覺得有一點罪惡感。

治療師：你覺得你這樣說，對你產生了什麼變化？（雙重故事）

山　姆：嗯！我想我開始想得比較清楚了，我想我更了解玲達一直是個好大姐，很負責，當她跟我說我不能做什麼事情的時候，像是不能凌晨三點了還留在搖滾音樂會場，我現在比較能夠接受也比較了解，過去我只是認為玲達和我父母就是要控制我，而且很嚴厲，現在我想他們並不是那樣，我認真想，玲達真的是一個好大姐，只要我不惹惱她，她向來很公平而且很風趣。

治療師：嗯！你說你認為玲達很公平很風趣，你指的是什麼？

山　姆：嗯！當她說不可以時都是有道理的，她一直很負責任又很保護我，我現在看得更清楚，她比我年長一點，我們一起成長的過程中，她總是處處留神、時時刻刻照顧我，我想我認為她想控制我又太嚴厲，當我不能按照自己的方法行事時，我就用這種很不好的習慣去惹惱她或激怒她。但是當我停下來，並思考這一切時，她其實是個好大姐，而且跟她在一起很有趣。

治療師：你這樣說玲達，對玲達的意義是什麼？她代表什麼？你說你們一起成長的過程，她總是處處留神照顧你，而且跟她在一起很有趣，她是哪一種姐姐？

山　姆：嗯！我想她真的是一個好大姐，一個可靠的人，你知道，她其實不必照顧我，她大可以只做自己的事就好，但是她總是帶著我，好像從不在乎我跟在身邊，她真的蠻酷的，每個人都喜歡她，她有很多朋友，大家都覺得跟她在一起很有趣。

治療師（反思彙整）：山姆，到目前為止，你告訴我你惹惱別人的習慣，特別是對你姐姐，你真的很想獲得自由，你提到這個習慣已經很久了，也開始了解這樣做事不是好方法，你說你不要長大了還像這樣，讓這個惹惱別人的習慣影響你的未來，你也說就你記憶所及，你一直是個好奇的人，你說你最近對學校功課比較好奇，甚至用功讀書考試獲得 B+，看起來事情似乎有點改變，你也逐漸了解到長大之後你想變成什麼樣子，山姆，我了解的正確嗎？

山　姆：嗯！當你這樣陳述，事實上，我好像了解我們這樣討論是有些不一樣。

山姆的例子旨在闡述，如何從追蹤鑲嵌在治療會談裡問題重重的故事中，尋找出問題故事的歧異性。山姆表達出他想要的生活樣子，治療師的責任則是指認並標明跟替代故事有關的所有軌跡、歧異和線索；這些軌跡和線索經由治療師所提出的反思彙整，產生替代故事情節；緊跟著反思彙整，山姆繼續談到更多他想要的生活會有哪些不同。

## 關鍵事件（……然後，有一天）

從一般可被理解的素材構成一個故事，或是一個敘說，以便把那些由生活經驗所構成的事件歸因成意義，經過一段時間之後串連出主題、情節或故事。然而，就像所有的故事都不均等，所有的事件也都不均等，每一個事件都包含著獨特的個人行動，在特定的時間脈絡下，這並不只是單純地依照過往事件規格化複製的產生過程。莫森探討了巴赫汀的觀點，也梳理了這個特徵：「在本質上，這是關於在難以更動的、特定的、無法複製的時刻中所發生的行為。」（1994, p.22）這些特性，也就是獨特又細緻的行動所朝向的這些事情，使得事件如此這般呈現，也就是巴赫汀說的**事件性**（eventness）（Morson, 1994）：

> 事件性——巴赫汀的核心概念——是真正的創造力和選擇不可或缺的要項，巴赫汀強調一旦失去選擇就會導致倫理問題：「倫理的依據是，我此刻的所作所為是真的為我所欲。」缺乏這個，事件變成只是它本身的影子，而當下時刻就失去了屬於它的特定分量的所有特性。

這個事件性，這些存在於事件之中難以更動又無法複製的特定性，就是使得每一個人的故事與眾不同的原因，因為跟其他人的故事大不相同，所以值得述說。因為有這個事件性，所以有多元性覺察。這個多元性覺察，提供了無數的選項，允許發展替代故事的經驗發生，而避免組成問題故事情節的經驗。這些重要的可標記的生活事件，就可以全部善加利用（Morson, 1994）：

> 在時間縱橫交錯、可能性不斷增加的這個世界上，即使先前曾經排除的選項，每一個再次被理解的可能性選項，都能開啟新的選擇。不平凡事件（eventful）也必須是無法複製的，意思是，其意義和分量都是無法分割地，與形成事件的時刻緊密連結在一起。選擇就在「瞬息間」（momentous），它涉及「當下性」（presentness）。（p.22）

雖然事件隨著不同時間推移的安排，可能包含類似的經驗，但是事件本身並不是完全一樣。如果只是聚焦在相似性和共同性，就難以產生新的選項；是獨特的特殊性將不平凡事件分開來。這些由特殊性組成的不平凡事件，可以產生行動和新的選擇；這些事件包含主控、驚喜、個人抉擇等元素，它們無法複製，結果也無法預先得知。

當然，重要事件通常保有一種內在固有的事件性，可以作為主要基地，當事人可以一而再、再而三地重返基地，重複探索其中所包含的豐富內涵，重新解釋出更好的意義，將其應用到眼前的生活中。為數眾多生活經驗都掉落在某一次敘說的故事之外，反而被當作剩餘碎片丟棄在陰影之中。當當事人越來越強烈地與這些關鍵事件產生共鳴，當他們在探索替代故事情節時，就會越投注並涉入這些吉光片羽的經驗之中。

因此，某些比其他事件更為強勢和具有影響力的事件，很明顯地塑造了生活和自我認同的信念和理解，所以並非所有的事件都是不平凡事件，重大事件都是事關樞紐，在當時包含無法撤回的決定，因而改變了生活計畫的方向。這些事件典型地負載更多情感，更加充滿意義，也因此更適合就近重新評估與探索。

要更理解生活中的重要事件，當事人必須準備好隨時可以重新檢視、重新詮釋和重新思考。這時我們必須後退一步、反映和評估那些在我們生活中關鍵事件的經驗的影響力（關鍵事件會在第四章完整討論）。

## 評估影響（……因為發生了）

當自我認同的意義有所改變時，我們不得不評估問題和生活經驗的影響力，在這個階段，經由重新回顧和重新詮釋這些寓存於各種不同事件中的經驗，當事人受邀反思生活中的問題對他們造成的影響。

在治療過程中評估這個面向，為的是探索意義的相對性和多元性，經由搭建鷹架，治療師致力於在對話當中釐清意義。格根和凱（Gergen & Kaye, 1992）解釋道：

> 這裡牽涉的是：相對性意義的重新概念化、接受不確定性、多元意義的創生性、探索、理解到不必堅持一個不變的故事，或尋找一個明確的故事。（p.181）

這個反思、創生的會談成為重寫故事歷程的關鍵。治療師和來求助者關係的親近和分分秒秒的合作，在這個階段益加重要，在進行反思練習時，當事人持續與侷限他們的問題保持距離，同時越來越朝向增加處理生活能力的方向。

這個反思的行動讓當事人能夠從不同的觀點，評估他們與問題事件的關係，多元性觀點具有解放侷限信念的效果，它強調信念並不是不變的真理，而是可以適時改變的，「對於那些採納這個觀點的人而言，這個立場提供了靈活融入無限的、開放的生活意義的期盼。」（Gergen & Kaye, 1992, 183）

## 反思的練習

現在，當成練習範例，花一點時間體驗這個簡單的練習，在一張白紙上畫一個 S，假想這個 S 是你的生命地圖，在 S 底端寫下「出生」，頂端寫下「現在」，接下來，試著做某件不可能做到的事情，就是去做做看。從 S 的底端開始，依時間順序列出你生命中四件最重要的事件，在每件事情上寫下一個句子或幾個字，或描述一下你從中學到什麼。

現在，反思這些事件，它們都具有相同重量嗎？還是某些事情佔了上風，有比較大的影響力？它們都是正面的、負面的、兩者兼具？你從哪些事件學習最多：正面的、負面的，或是兩者之間？

現在，再試試，除了這四件事情之外，再挑出一件你有非常強烈情緒的事情，這件事情如何影響你的信念和你看世界的方式？想一下下列的問題：

- 這些信念是來自這個事件的影響嗎？還影響到你現在的生活嗎？
- 假如你可以重新回顧和重新思考這個事件中的經驗，那些在當時可能被忽視或被貶抑到陰影中的經驗，除了當初的反應，你可以重新找到不同的經驗嗎？
- 你會想保有最初的詮釋、假設和信念，或是你可能重新回顧這個事件，重新詮釋它，把它們改變成為更適合你現在的生活？
- 事件本身和所賦予事件的意義是否有所不同，假如你是：

  ▲年輕二十歲或年長二十歲來看這件事？

  ▲從另一個文化來看這件事？

  ▲從不同性別看這件事？
- 當你回想這個事件，是否有一些遺忘的經驗重新出現在回憶中？假如是這樣，這些經驗是否提供另類意義，而造成不一樣的自我認同結果？

這些對經驗的反思歷程，能與問題逐漸產生距離，也因此使經驗**相對化**（Gergen & Kaye, 1992），而把人與問題的關係放在適當位置。這些轉化的對話邀請當事人去思考，如果他們抱持不同的假設，有可能採取哪些不同的行動，有哪些能力、承諾和喜好，會跟之前隱藏未見的經驗相關，而變得更加明顯，讓它們蠢蠢欲動？

治療師（反思提問）：山姆，讓我問你另一個問題，假如你是那個先前你提到三十六歲的成年人，回顧你的人生，現在的你是十五歲，三十六歲的你會給十五歲的你怎樣的忠告，讓你的生活從「惹惱人」和「討人厭」解放出來？關於你和玲達的關係，你想你會給自己什麼忠告？

山　姆：哇！好問題，雖然是有點困難的問題。（凝視旁邊思考答案）嗯嗯，我想三十六歲的我會告訴我要學著更有耐心更專心，有點像空手道小子的老師跟他說要有耐心、要思考，當事情有點難搞的時候，他們就去釣魚，就不會跟我一樣總是一觸即發又心浮氣躁的。我想三十六歲的自己也會跟我說要對大姐好一點，她是對的，我一直都不夠成熟，我不希望人家覺得我不成熟，我不喜歡現在橫阻在我們之間的情況，我喜歡跟玲達一起做些事情，像以前一樣一起玩笑。

所有這些，是否意味著當事人經常理所當然地認為，他們的信念和環繞周圍的世界，既然都是真的，所以無法改變？或是，他們能夠退一步，反思他們的經驗和生活中的事件，重新評估、重新詮釋、重新思考，變得更精密地符合現在的生活？誠如福克和戈德納（Fook & Gardner）所言：「在這種觀點下，反思取向企圖聚焦在整體經驗，而且涉及許多特點：認知元素、情感元素、從不同觀點的意義和詮釋。」（2007, p.25）反思取向檢視位居重要事件中的多元經驗，而不是強調事件的主流面向。

文化、信念、故事和自我認同，都是從詮釋事件裡的經驗形成的，我們所擁有的理解，或是我們賦予事件的意義，都會受到環繞周圍的文化脈絡所侷限；同樣的，事情越重要就越可能強烈地塑造我們的自我認同與周遭世界的信念，也就強化了我們將這些信念信以為真，或視為真理；然而，這些過去事件都可以重新回顧和重新詮釋，使其更加適合當前的生活。

當我們和當事人一起反思他們的經驗時，觀照我們如何運用自己和在治療會談細節的影響力，變得越來越重要。福克和戈德納說：「我們負責解釋、選擇、優先考慮、有些看見有些沒看見，以特定方式運用知識，處理大量我們自己的、社會的、歷史情境的事情。」（2007, p.28）。當我們參與反思，透明度變成極有價值的運作原則，有助於讓別人了解我們觀點的來龍去脈與背景。我們不僅在行動中反思，而且是帶著反思行動，讓我們的觀點一目了然。

當我們探討治療和訓練的平行效果時，反思實務會在我們的訓練和研究計畫中整合到每一次治療會談中，學生治療者經常被鼓勵對他們的實務工作進行反思，強調透明度和持續的技巧發展。

反思性對治療師和來求助者具有雙重的價值，提供一個反思的、實務基礎的歷程，治療師能夠藉此延伸他們的知識和技巧，拓展理論取向的界限（Bird, 2006）。對於來尋求協助的家庭成員，他們的理解和喜好會受到認可和重視，使他們能夠延伸其學習，並朝向比較喜歡的行動。

接下來說明的定位地圖（地圖 1 和 2，White, 2007a），將提供麥克・懷特顯微地圖的例子，可以用在治療性對話的鷹架，鼓勵透過反思和重新評估的行動，包括我們與問題的關係，和技能、知識、承諾、希望、屬性等的關係。

定位地圖 **1** 的陳述：描繪問題的作用

1. **為問題命名**。在為問題命名的過程中，人將問題外化和客觀化。在治療情境中，當事人總是典型地被客觀化和病理化，外化過程可說是一種反向操作，如此才能全面檢視問題，並有效的保持距離看問題。
2. **探討問題的範疇與影響力，並且命名**。在這個項目中，主要是探究問題出現在何處（例如學校、家裡、職場、社區），一旦確定問題主要位居何處，問題所瀰漫的影響力會被解構，相關影響和作用確定了，當事人受到這個問題的相對影響也就確定下來並清晰可見。
3. **評估問題的作用與影響力**。在這個階段中，評估問題對這個人的影響，當問題對生活造成影響，當事人會被要求表明立場嗎？（例如：它是好事嗎？或不完全是件好事嗎？或介於兩者之間？他們喜歡讓問題以原來的狀態繼續留在生活中嗎？要完全將問題排除在生活之外，還是改變他們跟問題的關係？）
4. **調整對問題的作用與影響力所做的評估**。關於問題對當事人生活的影響，邀請他們調整立場，假如問題所造成的影響是負面的，追問怎麼會這樣？當事人在這個問題所持的立場，表達出這個人的什麼價值觀？何以對他們這麼重要？可以邀請他們思索，假如更熟悉這些價值觀，他們可能會有哪些不同的觀點？

定位地圖 2 的陳述：描繪技能的作用或主動

1. **針對技能、獨特的結果或主動面對問題來協商和命名**。問題故事總有縫隙，裡面可能包含著獨特的結果、技能和某些人自動發揮影響力的時刻。在治療師跟當事人探討定位地圖 1 的陳述之時，這些問題故事中的例外狀況就已清晰可見；當這些狀況發生的時候，治療師就可以轉移到定位地圖 2，繼續開啟當事人的技能、特質或創造力。
2. **對技能、獨特的結果或理解，描繪影響力和潛在的影響力**。在這個項目中，主要是探究當事人的技能、獨特的結果或理解等出現在何處（例如學校、家裡、職場、社區），詢問當事人這些已經發展的技能、獨特的結果或理解等，如何改變了問題所造成的影響，在個人生活中，問題還留有多少空間？
3. **對技能、獨特的結果或理解，評估影響力和潛在的影響力**。評估技能、獨特的結果或理解對當事人生活具體和潛在的影響力，要求當事人對技能、獨特的結果或理解，對生活所造成的影響，表達出當事人的立場，（例如：它是好事嗎？或不完全是件好事嗎？或介於兩者之間？他們喜歡讓技能或價值繼續留在他們的生活中嗎？）
4. **調整對技能或價值的作用與影響力所做的評估**。關於技能或價值對當事人生活的影響，邀請他們調整立場，假如問題所造成的影響是正面的，追問怎麼會這樣？當事人在技能或價值所在的立場，表達出這個人什麼樣的價值觀？何以對他們這麼重要？可以邀請他們思索，假如更進一步接觸這些價值觀，他們可能會出現哪些不同的觀點？

研究文獻和訓練計畫都乘載了過度簡化治療歷程的風險，任何有經驗的治療師都知道，治療歷程往往是混淆而複雜，無法像上述搭建鷹架所條列的順序，井然有序地線性呈現，治療師和來求助者在運用這些地圖時，都是以 Z 字形，有時前進有時又後退的前行。當治療會談有所進展時，就變成越來越強調朝向地圖 2，也越加重視當事人的技能和特質的發展。不同層次的探索，鼓勵反思和遞增，持續在這個轉化階段中運作。

反思造成豐富故事的發展，能經由理解而淨化（katharsis，第四章將說明何以以 k 開頭）、啊哈，我懂了時刻和靈光乍現。當這些理解出現，當事人會轉化到充滿可能性的新世界中，這些理解和偏好會串在一起形成關連鍊，再構成偏好的故事，與問題故事平行並列。

第二幕的轉化階段，並不是尋找確定性，或是以真理基礎來收集資訊，取而代之的是致力於衍生出豐富的意義，發展出生活的目的，與當事人偏好的自我認同感產生共鳴。當偏好的故事發展出來，當事人就準備好跨越第二個門檻進入第三幕，也就是三幕劇中最後的重新整合階段。

就像前面所說明的，反思彙整是反思實務的一個面向，貫穿全程的治療會談，治療師會定期且頻繁間歇地提供摘要給當事人，以關鍵字和句子反思，全程對話都要彙整。這個引導的姿態邀請當事人「退後一步」、暫停，回顧整個會談，立足在「談了什麼」的位置。反思彙整幫助當事人表達自己、說出來、對他們的生活產生洞察力。他們的洞察力經常與主流主題互相矛盾，因而照亮了問題故事的影響力和他們強烈帶著的價值、偏好之間的縫隙。

我們認為在這個時間點的反思彙整，當它趨近門檻、將要進入第三幕時，是故事情節的關鍵面向。就像即將進入第二幕的門口之前那時候所做的，包括第一幕和第二幕治療性會談的過程摘要一樣。順著豐富故事的發展和閾限階段的搭建鷹架，第二階段的重要反思彙整，邀請當事人在跨越門檻進入第三幕之前，回顧整個會談，重新整頓所收穫的理解、思考他們嶄新的立場。

在某些必要時刻，反思彙整讓當事人更能調整到治療師的軌道上。治療師提供摘要時會這樣說：「這是我的理解、今天你來談的重點、我們所討論的、你從會談結果所獲得的理解和思考，但是這是我的觀點，你的理解是什麼？」當事人現在可以說出他們對治療會談的反思，在進入未來探測和即將面對的脈絡之前，以降低雙方在理解上的任何潛在落差。

接下來是跟一位遭受創傷與虐待的婦女的反思彙整。

治療師：丹妮，今天會談開始的時候，妳很掙扎地說，妳想要擺脫這些混亂的情緒。這些年來妳一直覺得悲傷、絕望、自我厭惡，妳說妳經常發現自己甚至很難起床去面對生活，妳也說到妳再也無法從過去曾經樂在其中的日常活動裡，獲得一樣的滿足感，妳已經放棄彈吉他，也很少跟朋友聚會。妳很清楚地表明立場，說妳再也不想過這樣的生活，妳想要再度投入生活。當我們聊著妳說，是該面對這些絕望情緒的時候了，妳決定不要想著克服它們，取而代之的是，就讓這些情緒留在那裡。丹妮，然後，妳繼續說到妳如何想讓自己感覺好過一點，妳想要對自己真實一點，拿回自己生活的主控權。妳發現有一次妳這樣做的時候「剎那間情況完全改觀」，從那次之後，妳的過去、妳的侵入性記憶不再強烈控制妳，從那之後，妳開始能掌握自己的生活。當我問妳，妳想要帶著過去生活中的什麼繼續往前走，在受虐之前的生活，妳說妳想要帶著妳強烈的「決心和創意」。妳繼續描述妳學到拿回掌握自己的方法，例如，妳學會定期拜訪妳父母，而不是只有在妳父親喝醉時才去見他們。妳學到散步讓妳感覺比較好，然後，妳學到和朋友珮蒂一起散步也很不錯，妳甚至發現自己一個人散步也很好，有時間可以沉思。然後，當我們還在討論的時候，妳發現妳早就已經開始掌握自己的生活，比妳之前以為的掌握得更多。然後，妳描述一個「啊哈，我懂了」的時刻，妳發現你可以「放手讓它去吧！」停止不斷試著讓害怕和壞情緒消失，取而代之的是，妳學到聚焦於妳感興趣或其他的事情。妳說說不定這個週末妳會帶著吉他去頂樓玩一下。丹妮，這是我對我們會談的說法和記得的，我們談的實在很多，我想我一定遺漏不少。這也是妳對我們談話所了解到的嗎？我說的對嗎？對於我剛剛說的，有沒有什麼是妳要更正或補充的？（這些彙整允許當事人修正治療師，並調整出雙方相互的理解）

丹　妮（微笑）：嗯！你說的頗完整，但是還有更多，我也說了我開始掌握自己的生活，是來自我跟我丈夫約翰，開始分攤某些家務支出，最重要的是他同意負責家裡的財務。我了解這一直是個大問題，我扛起太多責任，一直都過度負擔，我實在承受不住了。我要做好每件事情來照顧別人，而這讓我更焦慮。

治療師：很好，這個很重要，所以，補充我所說的，似乎妳已經獲得兩個主要的理解或「啊哈，我懂了」的時刻，其中之一是，妳不一定要讓記憶和壞心情消失，而是放手讓它去！聚焦在自己的興趣和專注於其他事情；另一個是，妳已經了解或新的學習是，妳一直過度承擔去照顧別人，妳學到妳可以讓別人一起分擔責任，所以，妳開始讓約翰來分擔責任，他現在負責家務支出的財務。

丹　妮：是的！是這樣，現在你知道了，家務支出的責任由我自己獨自承擔，對我是極大的

包袱，就像我說的，它真的讓我好焦慮，
還好現在已經有所改善了。

丹妮表達了她將帶著以前就擁有的決心和創意繼續前行的渴望，並且要將這兩個特質運用到現在和將來。此外，她標註諸多理解和新學習，也可以放進目前重整生活的計畫中實行，朝向她偏好的自我認同，重新獲致個人主導性。

由於在治療會談過程，當事人重新認識他們強烈持有的價值，治療師會邀請當事人重新考量自我認同結論。某部分的重新整合歷程，會浮現出存在於個人過往中所偏好的自我認同面向，更多時候，這些偏好的自我認同面向，一直都讓問題故事遮蔽在陰影中，所以從來沒有列入考慮。在治療會談中，搭建鷹架是治療師的責任，可以幫助當事人重訪這些存在於過去、他們所偏好的自我認同面向，邀請他們重新思考，如果將它們帶入當前的生活，可能會產生的潛在作用。當當事人重新回顧、思考這些自我認同的面向，經由運用在治療會談中所獲得的新學習和發展，重新接觸，就能夠更加整合這些面向。當事人帶著從治療會談產生的新學習和觀點，將偏好的自我認同面向再次整合，從過去朝向未來，構成了重新整合自我認同的開始。

## 第三幕：重新整合自我認同

三幕劇的第三幕，如今來到重新整合的自我認同（van Gennep, 1960; White, 1999），並思索當事人邁向偏好的生活時可能會採取的未來步驟。當當事人發現到達生命中的另一個位置時，就會感受到重新整合的自我認同，他們在那個位置感到舒適，提供再一次與自己在一起的連結感和更喜歡的生活方式。

三幕劇的第三階段將治療會談帶進當下。在這個階段，當事人被鼓勵同時回顧過去和瞻望未來，他們經由彙整的摘要，回顧過去到第三幕的門檻，重新檢視新的理解和偏好的自我認同面向，這些是以前在過往生活中摒棄的。他們向前瞻望，思索新理解的效能，將之前偏好的自我認同面向重新結合到將至的未來，在個人和社會生活之間產生連結。

治療師：丹妮，現在妳往回看，妳可以想一下那些妳決定要從過去帶到現在生活的特性嗎？妳回憶妳的強烈決心和創意，也就是當妳統整那些來自妳以前的自己的技能、價值，和妳剛才所說的新的理解，像是放手讓它去，聚焦在其他事情，讓別人一起分擔責任，以及其他所有妳提到的學習，妳想像這些將帶給妳哪些不同？妳知道，假如妳想像三或四個月之後的將來，妳認為這些會帶來哪些改變？妳會怎麼看自己？

丹　妮（睜大眼睛向右看，想像著）：嗯……（暫停）我想，我會對自己更真誠，我想當我從窗戶看出去，我會看到美景而不再只是陰影，我想我也會跟我丈夫和女兒建立比較緊密的關係，跟我丈夫有些像以前那樣的親密感，我想我應該會樂於花時間跟他們在一起，我會做些事，也樂於跟他們一起做些事，而不是只是表面敷衍而已。我想假如我真的能夠「讓它去」，我應該會更加怡然自處，更喜歡自己一點；自我厭惡真的很傷神。是啊！當我想到這些，我想我會更喜歡自己一點，而這會帶來很大的不同，我可以跟其他人一樣經歷正常的生活起伏，而不是像過去幾年那樣極端的高低變化（她看著治療師，暫停，微笑）……我從來不知道我有這種本事，或許還有希望，這是一個好問題。

## 接納的情境

在三幕劇和治療會談接近結束的階段，治療師加強幫助當事人跟舊故事保持距離，強調發展未來和接納的情境，以確保當事人更喜歡的新故事的目標。

自會談一開始，就進行會員重新整合和背景故事，治療師和家庭成員合作，招攬更多的觀眾來鼓舞新的更喜好的故事。

新故事往往脆弱且飽受舊故事干擾，狡猾的習性會從陰影中溜出來，帶來自我懷疑、誘惑，無情地將當事人帶回原來習以為常的看事情、做事情的方式，孤立也會讓故事更脆弱；接納的情境（receiving context）是指看見生活中周遭他人肯定且支持當事人實現他們的新故事，使他們遠離被舊問題影響而陷入混亂中。

從中間階段也就是第二幕，當事人已經有了新理解的經驗，也對自己的旅程更加了解，現在，進入重新整合階段，就能以不同的新角度來看生命，感受生命是開放的過程，「我此刻所作所為，具有舉足輕重之感。」（Morson, 1994, p.21）看到這個特性使得當事人重視個人的選擇和創意，在發展未來新脈絡時，也有助於產生希望。

整理新故事的主題是很重要的工作，這時，當事人可以將接納的情境視為一個計畫，並且為它命名。命名有助於建立包羅萬象的新框架，意義在此落地生根，而且持續更新。

治療師：嗯！我想要問妳另外一個問題，妳剛剛說「說不定還有希望」，我有點好奇，如果妳繼續凝視未來，要怎樣才能創造出空間，讓這個希望繼續生根和發展？誰會讚賞妳的新生活，並且繼續發展這個希望？誰是妳最看重的人，是妳想要邀請跟妳的關係更加親近？妳會把誰放進最內圈？相反的，哪一個關係是妳想要保持距離的？妳會做些什麼是妳現在沒做，但是這些作為會有助於妳「更喜歡自己」？妳能描繪出圖像嗎？

丹　妮：這可是個大問題！我得花點時間思考一下怎麼好好回答你。

治療師：我知道！妳盡量回答，好嗎？不管要花多少時間都可以。

丹　妮：你知道，我真的很開心能夠再次跟約翰親近，虐待和創傷其實也重創了他。很長一段時間裡，它造成我們之間很怪異的距離感，我們好幾年沒有親密行為，不過即使如此，在那段時間裡他仍支持著我，他總是對我說：「你一定會撐過去的，我一直都在你身邊，只要你準備好了。」他是我最要好的朋友，值得老婆重回懷抱，約翰肯定是在最內圈。

治療師：所以，虐待拉遠了妳和約翰的距離，以至於妳和約翰好幾年都沒有親密行為，但那段時間他還是全力支持妳。丹妮，對於約翰身為妳的伴侶和妳「最好的朋友」這件事，妳會怎樣描述「這件事」？

丹　妮：「這件事」說明了我們的關係對他而言非常重要，我在他心中很有分量，「這件事」也可以看出他不是一個自我中心的人，他能夠自己消融痛苦和挫折，並且同理我的心情，他能了解我正經歷的一切，他沒有讓我的害怕和自我厭惡摧毀我們的關係。

治療師：妳說「真的很開心」能夠重新跟約翰親近，假如害怕和自我厭惡感製造出你們之間的距離，妳覺得什麼是有助於重新讓妳獲得關係親密感？什麼是妳害怕和自我厭惡感的解藥？

丹　妮（暫停，看著地板）：嗯……我想是勇氣吧！在那段時間和疏離之後，想要靠近和親密的勇氣，讓我們面對它。剛開始的時候真的很彆扭，因為他一直都很有耐心很體諒，也許應該由我帶頭，你知道，我在想，也許我會跟約翰約會，像是一起出去吃個晚餐，再去看場電影或是聽音樂，那會是個不錯的開始，我想這樣會蠻有趣的，有趣應該是害怕的解藥。

丹妮繼續表達想法，如何重拾跟約翰的親密關係，描述了許多她想試試看的做法，她越說就越將注意力聚焦在讓她跟約翰關係復甦的方法上，越加遠離害怕跟自我厭惡。

治療師：妳還會邀請誰進來最內圈？

丹　妮：嗯！當然是我女兒，潔西卡，她一定會很高興媽媽回來了。我的意思是說，我們以前都一起做些事，我帶她去上音樂課，帶她上下學等等，但是現在，我不只是完成這些事情的動作而已，就像我跟約翰的關係，我很開心跟潔西卡有真正的連結，我想要花更多時間陪她，跟她一起做些事。

治療師：潔西卡幾歲了？

丹　妮：她九歲，這幾年是重要階段，我不想錯過。

丹妮繼續討論她的想法，對她而言身為媽媽代表什麼，她怎樣從過去受虐的經驗中學習到，讓潔西卡體驗到媽媽是可以依賴的，而跟媽媽建立強烈、穩定的連結關係，對潔西卡而言有多麼重要。

治療師：當妳建立妳的新生活時，還有哪些人是妳想要邀請進來親密關係中的嗎？

丹　妮：是的，我已經開始重整我跟朋友的關係，珮蒂是一個很好的例子，我想繼續跟她維持比較親近的關係，我們一起去散步其實已經很不得了了，我們一起走路的時候，幾乎什麼都聊。上週她邀我加入創意寫作俱樂部，她是成員之一，那是一個五位女性的團體，一個月聚會一次，討論自己的寫作，和在創意寫作過程的體驗，我很喜歡，我已經準備好讓創意重新甦醒起來，我也認為認識其他對創意寫作有興趣的女性，是很不錯的。

治療對話越來越豐富，當丹妮重整她和朋友的關係，以及朋友對她的意義時，她描述了所有可能的助益，她也描述了，經由創意寫作俱樂部，讓她的創意「回來生活中」的好處。她接著也說上吉他課程的企圖。

治療師：丹妮，我們已經討論了許多妳肯定而且想要保持親近的關係，我真的很高興聽到妳說當妳開始改變之後的各種可能性；然而，我很好奇，有沒有哪個關係是妳想要保持比較遠的距離？

丹　妮（向前傾，看著地板）：我跟我父親的關係，我可以接受他是我媽媽的丈夫，但是過去他曾施加於我的恐怖虐待行徑，我無法一筆勾銷。我花了很長一段時間才學到，我要掌握我跟他的關係，他想要試著友善，但我還是無法相信他，我只要稍稍讓步，他就食髓知味、得寸進尺，我這樣說，只不過是事實使然，我想要跟我母親更親近，但是，這有點兒複雜，我很難原諒她，因為我發現她知道我父親虐待我，卻沒有挺身出來保護我，她做了選擇，也許這是為什麼長久以來我無法回顧這件事的原因。不過我已經浪費太多精力和太多時間想要搞清楚她是怎麼回事，現在，我要讓自己的生活繼續向前走，其他重要的人需要我、也愛我，我應該試著把注意力聚焦在這些關係上了。

治療師：丹妮，當妳邁向未來生活、重新整合妳的未來生活，妳真的已經描繪出細緻的圖像，這看起來像是一個計畫，充滿無數的新的可能性，妳會說這像是一個計畫，而妳會開始實踐它？

丹　妮：是的，這很像一個計畫。

治療師：嗯！計畫如果有個名字，好像比較容易思考並投入其中，妳覺得呢？妳願意給這個計畫取個名字嗎？例如「空白的計畫」，或是妳能挑一個對妳有特殊意義的名字。

丹　妮：嗯！有個名字浮現出來，「放手讓它去計畫」如何？我想這是最近我最強而有力的體驗，我要停止對抗它、征服它，而是放手讓它去！

丹妮以非常強而有力的方式描述她接納的情境，這鼓舞了她更想要的生活的希望和可能性，她以親近和有價值的關係填補自己的生活，她也描述了可能採取的行動，鼓舞和維持那些關係以便建立新生活，這些觀點和行動是關於個人主導性的細節。

## 結論

我們在這章介紹了兩個新的概念：一是，故事治療是三幕劇，另一個是對話地圖，包括六個探索點。關於將故事應用在治療歷程中，讓這些概念一起運作，拓展出這兩個兼具先驅性和基礎性的概念。

第一個概念是，故事治療是三幕劇，擴充成年儀式的類比（Campbell, 1968; Turner, 1977; van Gennep, 1960），同時進一步擴展普遍故事形式，這些普遍故事形式已歷經數個世代，並流傳在許多文化中。成年儀式的比喻成為治療過程的基礎概念，這個先驅想法是由麥克．懷特和大衛．艾普斯頓（1990）所提出的。麥克．懷特（1999）繼續發展成年儀式的比喻，強調自我認同地圖的移動，當初它對敘事治療產生了巨大的影響，至今已經褪色。我們想藉由介紹三幕劇，再推出、再活化、再催生成年儀式的比喻和普遍的故事形式。三幕劇的隱喻具有創新性，它進一步發展這些基本的概念，帶來更加清晰、更具目的和更富文化意涵的整體治療歷程。經由三幕劇各個獨立的架構，每一個階段的目的都更加清楚界定和突顯重點，清楚地標記出成年儀式的每一個階段。

三幕劇為當事人創造出空間，讓他們可以即興創作新的方式去看待或做事情，充滿創意和彈性選擇，並且探索喜歡的意義。這麼做提供了生活和自我認同，一種多元和流動的取向，所有這些行動都有助於產生個人主導性。

整體形式跟詩詞、音樂非常類似，它創造出一種排列或結構，無止盡的行動和創造力都可能發生。如果缺乏形式，詩詞、音樂和治療過程，將欠缺連貫性和目的性。三幕劇提供空間，在歷經時間測試模式的普遍故事形式與成年儀式比喻中，謹慎地向前行。

第二個革新概念是我們所介紹的對話地圖，它是成年儀式三階段不可或缺的必要元素。對話地圖之所以是革新的創舉，因為它以下列方式，將故事的擴大框架運用到治療過程：

1. 故事重點
2. 背景故事
3. 關鍵事件
4. 評估
5. 反思彙整
6. 接納的情境

三幕劇與對話地圖的整合架構，提供清晰、具體又堅實有力的方法，將治療過程概念化，不管治療師是要進行一次會談，或是完成全程的諮商療程都適用。這個架構對於新手治療師非常有用，方便他們發展自己獨特的學習和實務。有經驗的資深治療師，在這個歷經時代考驗的故事情節架構下實驗，也能拓展他們的理論和實務的智慧。

一個發展完成的豐富故事，有賴於治療師持續、密切地注意語言的流轉和特殊的關鍵時刻。接下來兩章將會完整說明如何將這些概念應用到故事治療對話的方法。

## 反思提問

1. 當開始治療會談（第一幕）之始，在你自己的實務經驗中，邀請當事人發展出他們故事的意義和目的時，你會運用哪些獨特的技巧？
2. 在引導當事人的背景故事、釐清他們所處的文化論述和主要敘事（例如種族、家世、性別、靈性、性傾向）時，你如何運用關鍵反思？
3. 作為一個治療師，你是否能坦率地置身所處的文化背景？
4. 你如何在實務工作中保持反思的（是一種運用「自我」的覺察性）姿態？如此你才可以坦率地，並且定期跟當事人反思你的所思、所為，以便持續地更新理論學習和繼續發展治療技巧？

5. 當你邀請當事人進入治療會談的中間（旅程）階段（第二幕），進行豐富故事的發展時，你會運用哪些特別的去中心化原則或技巧，來營造不明確意義空間並不斷嘗試？
6. 你如何將反思態度，精準地回應當事人的理解與頓悟，以便當事人有所體悟並且繼續前行（第二幕）？
7. 為了使當事人注意到行動和改變（第三幕），你會如何邀請當事人反思治療會談？
8. 你會如何將治療會談和／或整體治療歷程概念化？

【第三章】

# 語言傳佈

在這一章，我們要說明田野調查如何啟發我們開始反思治療會談中使用語言的重要性。哲學家德勒茲（Deleuze, 1994）、德勒茲和帕內特（Deleuze & Parnet, 2002）、德希達（Derrida, 1974, 1978, 1991）和傅科（Foucault, 1965, 1973, 1980, 1997）的著作，大大幫助了我們使用字詞來理解意義的社會建構之複雜性和流動性。我們會說明他們的某些觀點，尤其是跟治療對話最有趣又最相關的想法。既然當事人使用語言來陳述故事，我們的反思也會因此自然而然涉及兩個面向：述說者的故事和**聲音**（voice）議題。這個新議題涉及倫理本質，因此對於我們在專業機構的紀錄中，是如何討論、書寫當事人和他們的故事，必須非常謹慎。

當研究團隊回顧會談錄影帶時，引言中提到田野調查階段，我們開始注意、討論訓練師和受訓者雙方在這些會談所使用的特定語言。為了鼓勵來尋求諮詢的人，受訓者被提醒注意語言的使用，什麼才是以外化來命名問題的最洽當字眼，什麼才是支持和協助當事人在說故事過程中為替代故事命名的適當字眼（詳見第二章外化對話的第一步驟）。我們了解，治療師，不管訓練者或受訓者，即使只是描述自己的觀點，仍會被視為是要提供試探性的建議。

懷特（1995a, 2007a）認為使用語言必須謹慎又精確，確保我們精心選擇了前來尋求諮詢者所使用的詞與句，而不是去詮釋他們說的話。總之，帶著深思熟慮和評估效果的態度，關注遣詞用字、語言形式及觀點類型是很重要的。其中一個受訓者因而明白，雖然他致力於聚焦會談中一個小女孩的語言，特別重視她的觀點和想法，可是他花了許多時間討論她使用「黑暗」這個字時，還是不小心強化了她的問題，因為「黑暗」這個字正是她的不安所在。另一個例子，是使用語言的方法卻打開了可能性，一個受訓的治療師跟小男孩的父母會談，傑米早上經常拖延很久才出門上學，他的父母說他有時候似乎搞不清楚要準備什麼，問他為什麼可以「聚精會神又專注地玩樂高積木，卻不能夠專心準備出門上學」？他說因為他進入了「樂高區域」（Lego zone）。受訓治療師寫下一份治療文件／信函（請看引言）給這個家庭，詢問關於樂高區域的資訊，很好奇是否還有其他類似的成功區域（值得提醒的是這個治療文件的重要性，它可以在治療情境外，支持運用和發展語言）。當這個家庭出席下一次會談時，他們說開始在溝通中運用「區域」這個字和概念；在接下來的會談中，他們說這個方法讓他們之間的溝通更順暢了，跟傑米討論他進一步可能創造的新「區域」，他說他可以創造出「準備好出門上學區域」。

媽　媽：收到你的信真是太好了！我們讀給傑米聽，嗯，事實上是，他幾乎每天晚上都要求我們讀給他聽。當他早晨又拖拖拉拉地出門時，我們可以，也喜歡提醒他「區域」，我們會說：「記得你說過你要創造新的『準備好出門上學區域』嗎？」

治療師：傑米，進行得怎麼樣啊？

傑　米：安啦！我有各式各樣的「區域」，所以，我隨時都可以製造出來。

我們有機會在工作坊或研討會上，觀察麥克・懷特現場或錄影帶的會談過程，也可以觀察他在這些會談中所強調的態度。他明確的強調不只是在使用當事人的語言時必須謹慎且多方考量，事實上他在描繪這些向他諮詢的人時也十分謹慎。他會確實筆記，讓會談速度慢下來，詢問當事人「你介意我把這些記下來嗎？我覺得這些話很重要」的做法，使他特別重視並專注前來諮詢者的語言和知識。此外，他是從協助當事人做出周延的決定性位置，來判斷哪個字詞和句子有優先權；這個決定是奠基於他們自己的價值和夢想，而不僅是對社會壓力的回應而做出的生活規劃，換言之，是政治性位置（White, 1995a.）。

在研究過程中檢視會談錄影帶時，我們明白將不同的新字詞和句子帶入會談也很重要，前提是它是以一種試探的、尊重的態度，共同去發現意義，而不是強加的理解或詮釋。當然，並不是只能夠使用當事人的語言，才能聚焦他們生命中的喜好和希望（引用一個新字詞進入治療對話中，我們會宣稱這是我們用的字眼，並且請教當事人是否有共鳴，或是他們要建議另一個字詞）。

我們曾經看過一個例子，是治療師嘗試將新的字詞帶入會談中，那是訓練師跟一個年輕男孩的對話會談錄影帶，這個男孩置身他媽媽描述的問題當中：低自尊和壞脾氣。父母親都出席會談，而且是他們提議來的。湯米，九歲，當治療師開始請教要討論什麼時，他在房間裡徘徊。

治療師：所以，你有一些關注的事項，今天我們在一起的一個小時裡，可能不會只挑一件來談，但是假如我們必須先挑一件，你會挑哪一件事情？

媽　媽：低自尊

爸　爸：低自尊和威脅自殺的傾向

媽　媽（對湯米）：坐下來！小伙子

治療師：你媽媽和爸爸說他們想要討論自尊，那是你想談的事嗎？或許？

湯　米：可以啦！

經過第一步外化的對話，治療師試著鼓勵湯米先描述感覺和特徵，再進一步請他描述這些感覺對他的生活造成哪些後果（這兩個步驟搭建起外化對話的鷹架）。很明顯地，這些步驟所使用的語言類型，會根據當事人的年齡和他們概念發展程度而有所調整。許多兒童很喜歡這種以外化的態度來描述自己問題的遊戲感（White, 2007a），也很喜歡將問題畫出來，或使用布偶，或遊戲治療的器材（Ball, Piercy, & Bischoff, 1993; Freeman, Epston, & Lobovits, 1997）。這個特別的小男孩比其他孩子安靜，似乎有點難找到描述感覺的字眼，因此，治療師邀請媽媽和爸爸多描述一下他們說的自尊指的是什麼。隨著討論他們所觀察到的影響，治療師引進某些觀點的初步概念似乎有點接近「令人不舒服」

（sticky），因此他也把這個字和概念帶入會談。

治療師：你說自尊的意思是什麼？

媽　媽：他說沒有人喜歡他，好像每個人都討厭他，他說他沒有朋友，而且老是說大家都討厭他，接著他又說「現在，你也在生我的氣」，我回答「不，我愛你」，我一直這樣跟他講，但是他總是往反方向想，看他這樣貶低自己，我難過得掉淚。

治療師：當妳這樣說的時候，妳是不是想再一次跟他證明，告訴他有人愛著他？

媽　媽：是啊！我想試著讓他感覺好一點。

治療師：妳很受傷，也很難過，妳希望他變成怎樣？

媽　媽：我只是希望他能有自信，我問他：「他們有說不喜歡你嗎？」他說：「沒有，但你就是知道。」

治療師：所以，好像是他猜的？

媽　媽：對啊！我跟他說那不是真的。

治療師：保羅，對於辛蒂說的，你想要補充什麼嗎？他的，嗯，問題？你也認為是自尊的問題？還是擔心別人不喜歡他，或是別人不喜歡他這個想法？

爸　爸：兩者都是，他說自己是笨蛋，其實他在學校表現得很不錯，我跟他說並不是每個人在每個方面都表現得很好。

治療師：所以，你的回應是要告訴他他表現不錯的地方？有效嗎？

爸　爸：他比較平靜。

治療師：嗯，湯米，你媽媽和爸爸說你有時候看起來像是，總是認為別人不喜歡你？

湯　米：嗯哼。

治療師：我們這樣討論這個問題，可以嗎？還是你想要用別的方式討論這個問題？一開始的時候我們說這是自尊問題，現在我們說的是，這是一種別人不喜歡你的想法。你能為這個想法取個名字嗎？

湯　米：我一直說我是笨蛋，別人都不喜歡我，因為每次我在學校問同學可不可以跟他們一起玩，他們都說不要，好像我身上有什麼他們不喜歡的東西，我的朋友不想跟我玩，讓我很難受。

治療師：你有朋友……

湯　米：他們開我玩笑說不要跟我玩，他們給我取外號。

治療師：聽起來很不好受，你會怎麼稱呼這件他們在做的事？

湯　米：找樂子。

治療師：聽起來並不好玩，對嗎？好像有點惡意。

湯　米：所以我說我很笨

治療師：所以，當他們這麼說的時候，你就冒出一個想法，一定跟你的什麼有關？跟你這個人？

湯　米：對啊！

治療師：對，好，像是一種很令人不舒服的想法，這個念頭纏繞著你嗎？

湯　米：對啊！我想要交朋友，但是他們沒有一個是我的朋友。

治療師：所以，我猜，因為那些人，朋友，對你說了那些話，取笑你，不懷好意，這個令人不舒服的想法就一直纏著你，其他小孩可能不喜歡你。

湯　米：嗯哼。

治療師：當你卡在這種想法裡……會怎樣？

湯　米：那會讓我想到，也會跟自己說，我是笨蛋、豬頭，或許我該把自己殺掉，全是這類的想法……當朋友不友善的時候。

治療師：所以，真的是有一大堆念頭跑出來，對你說一些狠話，也對你媽媽和爸爸說。

湯　米：我真的很挫折，就覺得真是受夠了。

治療師：對啊，當你覺得很挫折，也就是這些極端的念頭出現，你就想要傷害自己，我說的對嗎？

湯　米：是的，我受夠了他們取笑我，我真的受夠了，我可能會真的去做，然後，他們可能會很開心，因為我再也不會出現了。

治療師：這是令人不舒服念頭跟你說的其中一件事，你最好消失不見，沒你更好？

湯　米：嗯哼。

這些字詞似乎對他產生意義，他的父母雖然不是自己想到這個字，但假如他們沒有開始使用這個字，沒有開始討論這些令人不舒服的想法，和這些想法對湯米的生活造成真實又巨大的影響，他們可能會尋找或嘗試其他字詞。假如這樣，湯米就能開始想像，他可以反其道而行，以便保護自己而不要被卡住。在會談的中間點，治療師問家庭成員是否有些時刻這些令人不舒服的念頭沒有卡得那麼嚴重。

媽　媽：上週是完美的一週，今天早上他發了點小脾氣，所以，一定是這些令人不舒服的念頭造成的。

治療師：所以，今天早上令人不舒服的念頭出現了，可是妳說整個禮拜都很好，完美？

接下來的討論是，父母描述他們的觀察，是什麼使得上週運作良好，分享一些為什麼運作得不錯的猜測，湯米也分享一些他的猜測，何以上一週會過得比較好。特別的是，他說那真是太有用了，他跟大哥決定重新成為對方的朋友。

湯　米：我不必擔心了，我可能把它丟到腦後了，我把我大哥當作朋友了。

治療師：我可能把它丟到腦後了？

湯　米：對啊！我們以前總是吵架。

治療師：所以，你已經改變了那些念頭，你跟自己說了幾次不必擔心了？或是把它丟到腦後了？

湯　米：很多，每天。

治療師：有用嗎，這樣說的時候？

湯　米：還真有用，現在，我可以好好聆聽。

治療師：是關於把它丟到腦後？

湯　米：對啊！全部都是。

治療師：上個禮拜真的發生很多事，教人不舒服的念頭不再緊抓著不放了。

湯　米：我只是把它們撕碎了。（示範，把想像的東西從衣服拉出來）

治療師：你撕碎它們了。

湯　米：對啊！就好像我讓我的生活變成全新的樣子。

治療師：真的？把這些令人不舒服的念頭拿掉，就能夠造成很大的改變，對嗎？我很開心。

湯　米（打斷，語氣更高昂）：好像我是磁鐵，所有的東西都黏過來，但是現在我是一個人，所以它們全都掉下去了。（再一次用手臂來形容）

治療師：像是你能夠去磁化？真是不可思議！（湯米，微笑）

會談中，有時候年輕小男孩會難以描述他經驗到的情況，治療師可以經由水平鷹架的對話（水平鷹架是在治療對話中，發展觀點所運用的一種特殊步驟，適用在進入到下一個步驟之前），邀請父母進入。以這種類型的語言將擔心外化，這種做法使父母振奮起來，選擇「令人不舒服的想法」、「卡住的念頭」這種字眼、語言，讓父母能夠從兒子是「低自尊」、「壞脾氣」等這類概括的潛在病理思維中跳出來，引發進一步概念，湯米的認同因此得以更自由地開展。剛開始的時候，我們開研究會議時還在擔心，就這樣把新字詞介紹到實務工作裡，可能讓治療師成為主導者，而不是以當事人的語言為核心。後來，我們發現這個方式對年輕小男孩和他父母來說，反而是能找到希望的有效對話。因為是用試探的方式介紹，所以這個家庭還有調整的空間，而且可以以他們的期待來使用。

另一個例子是，這個時候局外見證人（outsider witness）也試著建議一個詞，她注意到媽媽的力量。當媽媽回到治療室時，她說她想到「力量」（strength），但其實是更接近「堅忍不拔」（perseverance）。訓練師用耳機，建議受訓治療師詢問媽媽娘家家庭關於「堅忍不拔」的歷史，意外牽引出一個堅忍不拔的家庭移民到加拿大的漫長故事。一個字詞／觀點／概念（力量）觸發另一個（堅忍不拔），出乎意料打造出得以探索什麼是有意義的、有幫助的討論空間。

麥克・懷特（1995b, 2005, 2006b, 2007b, 2007c）經常引用哲學家傅科、德希達、德勒茲等人對敘事治療的貢獻。我們跟麥克最後一次交談是在他於二〇〇八年過世之前，他計畫繼續研讀德希達和德勒茲，他們的特殊貢獻讓他更深刻地思考「不在場，但隱含的事物」這個概念。二〇〇七年十二月，我（蘿拉）在接受懷特訓練的最後階段，他（2007c）描述關於「不在場，但隱含的事物」的對話步驟，通常是在當事人帶來抱怨問題時開始。只要會談這樣開始，他認為對當事人的抱怨經驗命名是有用的，這是外化對話的第一步。他試著把每一個情緒或思考都當作是一個行動或反應，他會問當事人的反應（甚至只是一種感受），是會使他們挺身對抗所抱怨的，還是繼續與這些抱怨站在同一邊。例如，你可能抱怨某個朋友老是在約會時遲到，讓人覺得不受尊重或被輕視，因此很生氣，這時你有機會了解，感覺生氣和抱怨朋友總是遲到的行為，事實上是採取了一種姿態來對抗不被尊重或被輕視。接著，我們就可以請當事人說個故事，他們會如何理解並抗拒遲到這個行為，也會明白生活中這些對抗是很重要的事。重點在於，假如人們抱怨不被尊重，是因為他們先前就經歷過（至少一次）尊重，知道受到尊重的感覺，所以很清楚不被尊重的感覺。在一開始的抱怨中，會談中的尊重是「不在」的，但又隱微地「存在」（一個更直接又簡單的例子，一個小孩嚐了一口新食物後說很酸，她會說酸是因為之前嚐過甜的食物，知道兩者的差別）。

懷特說他希望他充分說明了「不在場，但隱含的事物」在治療會談中的重要性，他還計畫寫更多關於德希達、德勒茲對這些觀點的重要性。瑪姬・凱瑞（Maggie Carey）、莎拉・瓦瑟（Sarah Walther）和索納・盧梭（Shona Russell）繼續懷特的計畫。這些哲學家的觀點有助於處理「不在場，但隱含的事物」時，拓展我們理解和催化會談的技巧（Carey, Walther, & Russell, 2009）。侯姆格倫和侯姆格倫（Holmgren and Holmgren, 2009）和溫思雷特（Winslade, 2009）也曾經強調過德希達、德勒茲和傅科等學者對敘事治療的重要性。很有趣但也不令人意外的，德希達、德勒茲可以協助我們進一步了解語言的複雜性，並且在語言的侷限之下，以符合倫理的工作方式面對挑戰。

## 語言的脆弱與不確定性

語言中的用字，不管說或寫，不管在治療會談裡或外，都只呈現出其中一小部分而已（Dooley & Kavanagh, 2007）。這裡所說的並不是脫離我們理解之外獨立存在的物體，也不是指稱完全在我們之外的真理，更不是一個物體的觀察者或開創的觀點。語言，總是有所不足，有所缺失，或有些不同的意涵，或存在著其他相對的概念（就像「不在場，但隱含的事物」中關於不尊重和尊重的對話）。在德希達之前的哲學家運用了圓圈的意象，想要在真理周圍封存、捕捉或設立一個界線，德希達早就離開這樣的位置（Dooley & Kavanagh, 2007），他認為語言具有脆弱性。我們喜歡脆弱性這個字，因為它本身就是一系列反應。脆弱性有時候可以視為軟弱，有些人則認為脆弱是美麗的表徵，如纖細之物，既開放又有彈性，而不是僵固或侷限。

德希達認為文字有如「餘燼」（Derrida, 1991; Dooley & Kavanagh, 2007），來自某物，來自火所焚燒，但又不同於火，保有溫度，能夠重新燃燒如火；脆弱，遲早都會成灰。餘燼無法明確指出火裡有什麼；同樣的，文字可能存在於跟某物的關係裡，但是無法捕捉一切。杜立和凱維納（Dooley & Kavanagh）以貓為例。貓存在於說貓的人之外，「貓」這個字無法捕捉我們所說有關貓的一切，文字在不同人的心中可能引發出不同的貓之意象，喜歡貓的人和不喜歡貓的人，或害怕貓的人，可能是完全不同的反應。即使，不談這些引發出來的意象，德希達認為文字本身就包含了差異（difference），人們聽到也需要思考什麼不是貓，例如貓跟狗不一樣。概念和用來說明概念的文字，並非獨立進行，只能在差異之下才得以理解……也就是文字所匱缺的。當德希達談論「差異」時，說明的是文字（作為「能指」〔a signifier〕，他也在《論文字學》〔*Of Grammatology*, 1974〕引用之）不只是與它所指涉之物（「所指」，the signified）不同，也說明所指涉之物不是什麼。就好像當我們說或寫一個字，這個字猶如鏡子裡的一個意象。然而，我們也會將那個字的觀點和其他觀點比較，這並非獨立運作，比較像是在一個範疇裡比較，也許好像是我們站在一間鏡室裡。

因此，治療對話中謹慎至為重要，一定要警戒切記不能在一聽到某些少數字眼時，就立刻跳出結論；反而要認真進一步詢問當事人，這些字眼是什麼意思，或是多點思索、多點創意，以不同方式、不同字眼來了解其意，如此才能為當事人提供機會，完整地描述他們的意思，幫助他們找到方法將經驗構思完整、通透，找到合適的語言說出來，成為故事情節的結構。博德（Bird, 2008, p.7）認為這是「話入存在」（languaging into existence）。既然故事情節是由認同全景（landscape of identity）和行動全景所構成，最好是直接詢問前來諮詢的人，對他們而言，哪些特定行動或事件是重要或有價值，因而成為故事情節。這樣做也會幫助我們脫離文字或故事的侷限，鼓勵雙重傾聽，打開空間來豐富描述。

例如，接下來的文本中，約翰前來向治療師諮詢。治療師聽說他們的教士過去二十五年來一直涉嫌性侵牧區中的兒童，他能不能多說一點，針對他媽媽對他回饋的反應。

約　翰：所以，我去拜訪我媽媽那天，她跟我說，她無法相信那個教士被告性侵那些兒童，她說：「我的天啊！那時候你也是這個年紀，我的天啊！別告訴我你也被性侵，我的天啊！如果他碰過你，我不如死了算了。」

治療師：當她這樣說的時候，你是怎樣反應的？有哪些念頭浮上？

約　翰：嗯！我覺得我沒辦法跟她說，她會痛不欲生，我還是沒有告訴她，因為她生病了，而且她可能承受不住。

治療師：關於媽媽對這件事的說法，你有自己的反應，你會怎麼命名或描述這些反應？早一點你說你有點生氣和沮喪，嗯，這些情緒是針對你媽媽的反應，或是針對教士或教會的反應？

約　翰：我知道其他很好的教士，所以，我不覺得自己對教會生氣，嗯，也許我會生氣教會處置這件事的方法，但我不是那麼生我媽媽的氣。嗯，但是不能跟她說實話，因為她清楚地跟我表明不要跟她說，這真的真的非常難受。

治療師：所以，當她說「別告訴我你也被他性侵」，你如何受到影響？假如不是讓你生氣，但是卻很難受，那比較像是什麼？你可以多說一點，或許我能夠更理解？

約　翰：比較像是保持緘默，就像是要我安靜閉嘴。

治療師：你可以多說一點它像什麼……緘默或是閉嘴？你想的時候有畫面嗎？有某個畫面浮現心頭嗎？或是你可以多說一下身體的生理感受嗎？

約　翰：感覺好像是胸口被綁得緊緊的，同時要閉嘴、停擺。

治療師：你覺得，除了緘默之外，你會怎麼說？你決定什麼都不跟她說，好像這會有點挫折？

約　翰：你知道嗎？我可能有一點生氣，或許我寧願有其他反應，但是，事實上我很愛她，也很關心她的健康和平安，意思是我很在乎她，對我來說這是目前最重要的事情。如果情況有所轉變，我可能以後告訴她，但是現在沒有必要，你沒有跟我說我必須告訴她，真是讓我鬆了一口氣，我有點擔心你會這樣跟我說。

根據以上的對話，治療師表示這段對話完全出乎她的預料之外，她以為約翰會表達出對教會的憤怒。以前的訓練使她假設她會理解這些憤怒，並鼓勵約翰打破沉默，而不是用這種方式保護他媽媽。

治療師將對話速度慢下來，不去假設約翰一定會對教會和他媽媽生氣，因為這樣會直接跳到結論，討論生氣的成分和內涵。這個做法創造出空間和時間，圍繞在約翰的想法周遭，營造出對話氛圍，約翰得以細細描述他在所處的情境中運用的這些字詞的意思。治療師提供約翰機會去說明什麼對他是重要的，那就是他內心的決定：不要跟媽媽說自己遭到性侵的事情。

就像前文說明，德希達無意在圓圈裡捕捉意義或真理，他認為螺旋（spiral）過程比較能貼切說明現象。我們持續圍繞、盤旋在一個字上，保持開放，直到得到完整的理解和描述。這跟麥克・懷特（2007a）的見解一致，他認為在重寫故事的對話地圖中，要不斷以 Z 字型來回穿梭在認同全景和行動全景之間；引言和第一章所談的故事情節便提到，這些內容強調要注意尋找細節，並增厚故事的意義。德希達了解字詞與語言的暫時與脆弱本質，語言經常是非常不完整，充滿各種可能性，例如，我們注意到跟麥克・懷特諮詢過無數次、被診斷為注意力不足過動症的家庭和兒童，麥克・懷特的童心和創意，總是能夠超越診斷標籤所用的字詞，有時候他會問：「喔！你的 ADHD 是什麼顏色？」他將問題外化與命名，接著轉移到討論「淘氣先生」在兒童生活中所產生的作用。麥克・懷特不需要跟診斷大打一仗，他認知字詞的不完整性，就是能夠用其他可能性的字詞來替代。

我們要如何進一步覺知到語言的暫時與脆弱本質，並將之視為機會，而非限制？如何記住多元可能的意義，保持開放之心的必要？有哪些隱喻可以幫助我們，不會受限於工作壓力，用現有標籤快速評估和診斷？

## 「草」之於「樹」的隱喻

德勒茲和帕內特（Deleuze & Parnet, 2002）曾寫到，地下莖的意象如何幫助他們了解把思考與書寫串連起來的方法。地下莖是一種根系像「草」或草莓的植物（Holmgren & Holmgren, 2009），根廣佈於泥土下，然後在泥土上四處冒出來。每一個纖細的草莓株，看起來四散各處、各不相干，但表面底下其實全連結在一起；你永遠不知道哪裡又會冒出一棵草莓株，跟一棵「樹」的成長印象大不相同。翻譯德勒茲和帕內特作品的譯者說：

> 因此，這不是「訪談」或「對話」，雖然都具有這兩種元素，它朝許多方向生長，不需要整體的次序原則。引用德勒茲在書中的說法……就像是「地下莖」，根系沒有階層、主幹、分支，只有互連的芽苗從不同方向冒出來、長出來的多元性。這是德勒茲多元性的解釋，也是其範例。（p.XI）

他們對於線性和常見的階層結構的訪談方式，抱持關切和保留態度，這也提醒我們，當我們進行治療性訪談或對話，必須十分敏感這種結構的干擾。將德勒茲和帕內特（2002）所提到的地下莖的概念謹記在心大有助益，如此一來我們就能避開只是前後移動的慣性，甚且能辨識到語言和思考的複雜性、概念的創造性，以及認同的遷移性。

接下來的簡要文本提供的是跟莎莉的會談，她是一個成功的專業人士，因為患有憂鬱症而被轉介來諮商。她對於先前的治療表達出高度的聰慧和體驗，熟知治療語言和診斷術語。從敘事的觀點出發，我們企圖外化或是超越這些標籤，有些當事人在開始的過程非常重視這些標籤術語，這時候跟他們爭論或是說服他們放棄，是徒勞無功的。無論如何，此時能夠超越表面的理解還是很重要，深入了解「憂鬱」這個字的意思，而不只是詢問更多的症狀描述。

治療師：你曾經提及，當你獲知診斷為憂鬱症和焦慮症對你極為重要，可不可以多說一點，為什麼會這麼重要？妳知道，嗯，憂鬱症跟焦慮症對不同的人可能會產生完全不一樣的意義，所以，如果我可以多了解它們是怎麼影響妳，以及這個診斷怎樣影響妳，我會更清楚一些。

莎　莉：它提供一種了解我自己的途徑，就像為什麼有時候我無法專心，有時又可以，只是我的腦袋像在賽跑似的，我似乎無法抓住恰到好處的字詞。發現有人跟我一樣，而我是他們的其中一份子，感覺也很好，他們會分享有些藥物似乎有效。但是這種揮之不去的不安總是來來回回，所以我真的想要跟你好好談談。

治療師：不安？這會帶來什麼？它像什麼？

莎　莉：這是我個人的惡魔，總是纏繞不休，事情似乎進行順利，突然之間它背後、醜陋的一面，又總讓我想到生存的意義。真的有上帝嗎？如果真的有上帝，為什麼生命中有這麼多不可理解的事情？我希望事情公正、理性，一切都在有次序的宇宙裡，我對抗無常，我害怕虛無感，憂鬱像個惡魔，非常難纏。

治療師：妳曾經談過妳的專業工作非常有條不紊，這是用來對抗無常的另一種方式嗎？也許，妳能夠多說一些，妳指的無常是什麼意思？它是怎樣干擾妳？

莎　莉：我很沉醉在智能遊戲裡，但是有時候我寧願活在不知不覺中，那是一種福分。最大的無常是死亡，不可知又不得知之的死亡。所以，我總是抱怨工作上不測的變動，我對工作很投入，卻又陷入自己怪異狀態的掙扎中。

很清楚的，莎莉的描述非常獨特，也不是大多數憂鬱症的診斷內容，假如治療師和莎莉雙方一開始就爭論診斷是否有用，便無法發展出莎莉企圖掌握生命意義的豐富描述。

德勒茲和帕內特（2002）後來繼續闡述，雖然他們認為二元論對語言的設定大有問題，他們清楚有必要設定出二元論的相反概念，就像「根莖」之於「樹」，作為描述、考量「思考」和「創造」的相互關聯性的途徑。他們之所以喜歡「草」的隱喻，因為草能夠長在鋪路石的縫隙中，提示了**飛行航線**（line of flight）的重要性。航線會出現在空間的中央，航線也會打開存在和思考的縫隙，打開創造力、移動和成長的空間。這提供了絕佳的隱喻，使得前來諮詢的人，也可以在主流壓力和期待的縫隙或邊緣中成長、繁榮。本書第七章討論跟有成癮困擾的當事人會談的語言時，貝琪的故事是，多年來她一直對於自己是個酒鬼備感壓力，後來她是如何發現敘事對話解放了她，她不必受困於標籤之苦，只需要成長、跨越過去就好。

我們曾經仔細思考，把在治療對話裡觀察到的現象視為語言的循環，但不可否認，這個地下莖的隱喻或許是更加傳神的描述。在治療對話所使用的每一個語言或概念，不管是出自治療師或前來尋求諮詢的當事人，都不是孤立存在的字詞（像一棵樹）從話者的口中單獨流洩出來；當我們試著追蹤字詞或觀點的源頭，可能會看到縱橫交錯、網狀糾結的航線，連接成多元網絡，治療師試探的用詞也會造成多元的影響和路徑。治療性對話並不是以單一方向或線性特徵開展，而是混合摻雜了許多聲音、許多觀點而開創出來的。在治療性對話中謹記此點是很重要的，如此才可以保持探索這些觀點的空間，避免過度聚焦在評估，或是緊盯著特定的字詞，當作是抓住了當事人的某種真理。關於這個觀點，遠離事件與慣用（與概念共鳴的）字詞之間的線性因果關係，將會在下一章繼續討論，我們會仔細討論拋開時間的線性圖像，以便開啟當事人對未來的想像。真實生活和治療過程，都比我們經常賴以說明自己經驗的線性圖像更加混亂、複雜。

## 識別相異性的倫理

魏柯奎德（Wyschogrod, 1989）在討論列維納斯（Levinas）和德希達的影響力時曾說，列維納斯以兩種方式描述暴力，他不只是談論人在喪失自我或遭總體吞噬時，暴力如何施作個人身上，他覺得更重要的，或許是當自我將他者視為**盟友**（sameness）時，暴力如何具有破壞力。

懷特（1995a, 2007a）很關心如何不概括或用病理角度看待當事人，他寓意深遠地指出，當我們只用一種面向來看某人的生活或某個特質，就會產生只看到這個人的這個特質或這個面向的危險（試著回想他對於那些被診斷為過動兒的孩子們的回應，他很關切這個標籤會使兒童被概括化，兒童被框在這個說法裡接受評估，而不是把他們視為只是對精力過剩、麻煩上身有所回應的個體。）

總之，魏柯奎德（1989）的意思是，列維納斯擔心的是迷失在集體性時自我所面臨的暴力，因為當一個人只是被當作和所有人一樣的了解，就沒有留下個別差異的任何空間。舉例來說，假如我（蘿拉）基於成癮的一般知識或是對其他成癮者的過去經驗來看貝琪這個人，就會侷限她的可能性。即使有些相似性，但是我們必須確信保留必須的空間和時間，來尋找、辨識差異。魏柯奎德繼續提到，列維納斯關切的是，不去辨識個別差異時，暴力會以團體的方式現身；假設其他人都跟治療師一樣，暴力也可能出現在個人行為中（也許是治療師），這種狀況經常發生在我們培訓學生的時候。我們相信超越同理心是很重要的（Duvall & Béres, 2007），因為，或許基於相似的經驗，或只是企圖為別人設身處地的著想，我們以為自己可以因為同理而理解別人的經驗，這是很危險的假設。之所以有風險，是因為其他人跟自己是不一樣的，正因為是**其他人**（other），跟我們的作為可能大不相同。

魏柯奎德又說到：「當表徵揭露時，也正在隱藏，存在是狂暴的湍流。」這非常重要，我們可能都認為在治療中討論觀點和議題，我們所用的字詞能表達出我們的意思，但是，由於字詞本身的限制和脆弱，它們所隱藏的可能正如所揭露的一樣多。如前文所述，對前來尋求諮詢的人說出的字詞，根據我們一剛開始對字詞的表面了解就直接跳到結論，非常危險：

> 對德希達而言……每一個元素的意義都是來自差異。元素欠缺自我表徵的特性，而是彼此之間具有互表意義的關係。每一個元素都跟其他元素交織混雜，只由在連鎖或系統中其他軌跡的元素相互構成。沒有獨立意義，只有痕跡中的痕跡。（p.192）

這意思是說語言意義的形成，是不斷以循環、螺旋、Z字形，前後交織在不同的論述之間。我們怎麼避免對不同個體的片面理解、對討論概念所知表淺的危險？我們該如何謹記在心——如我們在第一章、第二章所論及的，認同隱喻的成年儀式和移動的關係——語言是支持甚至鼓勵從一個疆域轉移到另一個國度的存在方式？

## 飛行航線和遷移

梅（May, 2005）討論德勒茲時，說道：

> 我們所認為「我們的世界」和「我們生活的世界」是交纏在一起的，我們的本體論（我們的存在哲學）和我們實際所思所為是交織在一起的。這不只是哲學家的真理，也是適用在每一個人身上的真理。一個由具有嚴格邊界的特定事物所構成的世界，跟另一個特定事物（也有嚴格的邊界），遵循著特定的自然法則而產生互動，將導致我們過著特定方式的生活。例如，假如某特定事物就是那件事物，不是別的，我們就不會浪費力氣去想像這個事物的其他可能性，或可能會變成怎樣。（p.72）

這就像是梅和德勒茲直接對著治療師說話，假如當事人的問題和問題故事是事物唯一的樣貌，我們為什麼不厭其煩的跟當事人一說再說他們的問題，或傾聽他們的故事？梅（May, 2005）寫道：

> 如果我們放棄這種思考世界的方式，替代的生活方式就可能出現，假如事物沒有嚴格的認同邊界，假如事物之間的關係不能以自然法則來化約，我們就不再能確定身體的底限，或許，我們所知之世界的可能性，將遠遠超過它本來的面貌。（p.72）

德勒茲和帕內特提出三種不同的航線，就是梅所說的邊界。他們認為第一個航線就是我們用來產生諸多切割並訂定二元論，包括男—女、黑—白、幼—老、在家—工作等等；

第二種更為流動或分子狀態的航線，比較不是那麼線性切割，比較少限制，比較能跨越類別之間前後移動；最後，他們建議第三種飛行航線，能夠橫跨類別，促進移動和創意。他們運用地理隱喻來說明旅行和移動，也用遊民、移民和定居者為例說明。定居者很明顯是長住某地，遊民經常四處遊蕩，仍然是停留在某些特定的地理區塊，只有移民是離開某個地域去另一個地域。在討論這個航線時，他們也說：真正路徑上的重點、航線上的重點，都是中間，不是開始，也不是終點；我們總是在路徑的中間，在某某事情的中間（2002, p.28）。這跟成年儀式中閾限階段的認同隱喻很類似。究竟有多少對話，事實上只是定居者或遊民似的對話？我們會不會只是像遊民這樣遊蕩，其實仍然留在早已熟知的領域中？假如治療對話可以更小心地運用語言的概念，我們是不是可以為人們的自由貢獻更多？真正從某一領域轉到另一領域的飛行航線，是從前分離階段，經過閾限階段，最後進入重新整合階段（van Gennep, 1960）

舉例說明，如何脫離黑一白、對一錯的思維，下列段落是由十次會談中節錄而來，主角是一位年輕男士，他說他一直受困於性耽溺，因此前來求助。

菲利普：幾週前我經歷了很悲慘的一星期，我可以維持一兩星期覺得一切都不錯，好像我已經戰勝一切，然後，突然之間，我又身在按摩院大廳，我說服我自己，沒關係啦！他們在做生意嘛！我實在很受不了我自己，我不是這樣被教養長大的。

治療師：關於愛、性和親密有很多種說法，哪一種說法最有助於你的了解？

菲利普：我是在一個有宗教信仰的家庭中長大的，我的教養告訴我性是很自然、很好的事情，但是性應該要發生在婚姻關係裡，不是像我過去那樣，但是，我相信的跟我做的似乎背道而馳，我仍然相信它，但是當它跟一般常規不一致又很難相信它，我不是聖人就是罪人，當我活得像個聖人的時候，我其實是個騙子，當我去買春的時候，我假裝這是第一次，假裝無辜。

治療師：你能夠卸下假裝自己是無辜的、解除假裝這是你的第一次嗎？

菲利普：會很興奮，百分之十的時間我認為還好，這只是要消除慾望，不會太嚴重。

治療師：所以，有百分之十的時間你認為還好，這是不是意味著那個時候超越了非黑即白？

菲利普：是啊！這個學校裡的老朋友告訴我，他認為這樣頂不錯的，我想要改變自己的狀況，我可以像是一個還算正常的酒鬼，也可以充滿愉悅的享受性愛，不是只有一條路。

治療師：然後，你從非聖即罪、非黑即白的思維脫離出去，有什麼不同？

菲利普：嗯！就像我說的，更多門打開來了，我可以選擇。過去我總是把性跟親密混在一

> 起，害怕親密關係，所以，我在親密關係中避免性行為，想讓別人對我有好印象，但是我希望別人認識我，不想這樣躲躲藏藏的，人們並不會只根據行為來界定他，我希望我能夠對這個事實更加敏銳。

這段對話很清楚地說明，論述和字詞、觀念的影響力，會塑造我們的認同和可能的認同。菲利普過去被卡在聖人與罪人之間，他想要成為他所認識的聖人，但是當他無法把持在聖人的標準，發現自己的所作所為之後，他就把自己貶為罪人。治療師不預設立場，不對菲利普的行為做出價值判斷，是非常重要的，而是繼續協助他、反饋他設下二元論對他的影響，然後打開其他的可能性，幫助他轉移到他比較偏好的自我認同領域。對菲利普而言，這是時間分支，是另一個選項和開啟。關於時間分支的概念，將會在下一章中討論關鍵時刻（pivotal moment）這個主題時，加以仔細說明。



## 語言中刻意、創意的結巴

儘管德勒茲和帕內特（2002）將二元論視為問題化概念，他們也知道要將二元論從語言中剷除並不容易，甚至要完全根除二元論是不可能的事情，所以，他們建議在二元論之間創造「結巴」來打開空間，用以對抗主流使用語言的慣性。他們繼續論述：

> 多元性並非都是由其語詞的數目多寡來定義，我們可以在第二個後面加第三個，在第三個後面加

> 第四個，但這樣仍無法使我們脫離二元論，因為任何集合的元素，只要涉及到連續的選擇，都是它自己的孿生數。多元性並不是由元素或是元素的集合來界定的。能夠定義多元性的是「和」，是某種在元素之間，或是元素集合之間佔有一席之地的東西。「和」、「和」、「和」……結巴。即使只有兩個字，也有一個「和」在兩字之間，意思是既不是這個，也不是那個，更不是這個變成那個；正是這種不相屬才構成多元性。這是為什麼有可能從內部撤銷二元論，經由追蹤這兩個語詞之間所行經的飛行航線……這窄窄的細流既不屬於這個，也不屬於那個，而是將兩者都納入……一種成為的過程。（pp.34-35）

德勒茲和帕內特（2002）運用這個窄窄細流的意象，在他們的寫作裡開啟新路徑。跟隨著不同飛行航線或是不同的路徑，我們可以改變，對抗習以為常的慣性。雷傑曼（Rajchman）用了法文「洩漏」（fuites）來討論德勒茲的觀點，意思是「裂縫」（leaks），也是「飛行航線」（2000, p.12）。這些飛行航線的概念，也與水流縫隙的概念巧妙吻合，一條水流慢慢磨蝕出一條路徑，或是我們說的界線、邊界，這種滲流可以造成「穿透」或是「跨越」界線。費雪和奧古斯塔-史考特（Fisher and Augusta-Scott, 2003）是第一個提醒我（蘿拉）在治療介入中二元論長久固存的問題，尤其是跟在親密關係中受虐者的工作關係。在早期的取向中，跟有虐待史的男人工作，評估他有無虐待傾向，只能依賴二元論的有虐待—沒有虐待，非常有壓力，尤其是跟受虐的女伴的經驗很不吻合，因為她們很少認為她們的男人是個虐待狂。事實上，專業的諮商師評估一個人為「施虐者」，其實是冒很大的風險——概括化，除了虐待者之外，無法為他們鑿出其他空間。我們認同多元是極為重要的，它在二元論裡頭創造出空間，唯有如此才能為找我們諮詢的人提供更多的選擇。這些在二元論之間的空間，從先前侷限的標籤中，創造出多於兩種以上的選擇，開啟了飛行航線的可能性。前述菲利普就是一個超越二元論的例子，他為自己打開空間，除了聖人或罪人之外，提供了進一步的選擇，同時他的例子也討論到多元網絡和論述，在這個極端的連續體中，有助於我們的思考。

德勒茲和帕內特（2002）認為，最大的創造和轉變是發生在「之間」，我們才得以逃離二元論的脅迫，或是單一元素、既定線路的限制。假如我們在治療對話中所使用的文字和語言無法逃脫二元論的框架、差異（difference，德希達的 différance）、對比，就算誤差在所難免，我們無法確信每個人在對話中的遣詞用字都是以同樣方式獲得理解，那麼，猶如德希達所言，將語言的脆弱本質謹記在心就十分重要。因此，採用德勒茲和帕內特的某些意見或許是很實用的，也就是使用語言要多注重異質與創意的風格。這種風格是一種認識到語言的困難與限制的態度，並且能夠在建構一個朝向理解與認同的空間時，更有趣、且具創意。德勒茲和帕內特說：

這種風格是在自己的語言中產生結巴，這十分

> 困難，因為得先生產出這種結巴的需求；這不是要一個人在演說時結結巴巴，而是語言本身，就好像在自己的母語中當個外國人，建構一條飛行航線……甚至在單一語系中創造出雙重語系，在自己的母語系中有一種子語系……普魯斯特（Proust）說：「文學創意有如某種外語書寫，每一個句子都觸及某個意義，或某種心理意象，它們經常是一種錯解誤譯。但是所有偉大的文學作品中的錯解誤譯，都產生美感經驗。」（pp.4-5）

錯誤理解可能會在治療對話中為我們帶來更多的問題、更多的反思、更多的可能性，也會帶來更多的美感。我們實在不必擔心要完全做對。

這些有關結巴的想法使我（蘿拉）想起我兒子小時候。他很小開始發展語言，兩歲之前就能說出完整的句子，但是他四歲的時候開始結巴，大概持續了一年，我這段期間記憶深刻，他想要描述一件他經歷到的事情，突然之間卻很挫折地停下來說：「啊！我找不到字來說！」他的字彙不足以因應他的思考和經驗，我懷疑這是造成他當時結巴的原因。結巴或許更在表明我們的思考歷程，我們思考跳躍的狀態。但是敘說順暢時，經常是我們企圖將混亂的想法用說的或寫的描述下來的時候。我們已經了解持續打開空間的重要性，這樣才能夠探索思考、想法和感覺，而不是急著要把結巴、打結、停頓等理出條理。

人們在描述疾病經驗時採用各種不同的故事結構型態，法蘭克（Frank, 1995, p.97）討論這個現象時，提出**混沌敘**

**說**（chaos narrative）。他指出，聆聽一個人以「斷續零星的字語」的方式來描述故事，是何等的困難和惴惴不安，總會出現一些條列式事件，似乎沒有任何通順的敘述模式。他引用楠西經常使用「然後」（and）為例：「然後，假如我要把晚飯做好，然後，我已經覺得狀況很糟……然後，她站在微波爐前面，然後，她又擋在放餐具的抽屜前面，然後——然後假如我叫她出去……然後……」（p.99）。法蘭克繼續說道：「混沌敘說總是超越言語，以致於言語中總是**匱缺**（他強調）。（p.101）這又再一次與德希達對語言的匱乏及差異的概念一致。我們並無意鼓勵大家發展混沌敘說，因為正如法蘭克所說的，它同時使得身處混沌經驗之中的人和聆聽者雙方都覺惴惴不安。然而，對某些人來說是可以超越混沌經驗，然後回頭反思，並且以一種敘事次序來討論。法蘭克提到吉達．蕊德娜已經拿出她所有的力量，寫出癌症對她的生活造成的干擾，即便當時是一團混沌，但是當她打定主意要書寫的時候，她能夠把這些經驗寫成一個連貫的故事。

我們很好奇是否有一種方法，能夠只有結巴卻沒有混沌？當當事人來尋求諮商時，確實是要打斷原本的生活模式，發展出新的生活方式，想當然是令人不安又具破壞力。我們回想這幾年已經看過很多遍麥克．懷特的錄影諮商片段，他有時會明顯的吞吞吐吐（即使他是一個聰慧又專業的治療師），他是刻意讓自己不要太快使得敘事順暢，以免關閉了進一步的反思機會和潛藏想法。當他離開家鄉澳洲去別的國家做諮詢時，總是刻意帶著口音，和對於對方口音的陌生感，他把這當作一個理由／藉口，然後說可能錯聽某個字而會錯意，有時候很有趣，當雙方努力尋找互相了解之道時，某個字詞因此將整個對話推進嶄新的領域。

我們經常告訴學生，在學習如何以治療性對話來工作時，時時反思「理所當然」和省思某人用某個「常用字詞」的真正意涵，是非常重要的。當兩個人溝通的時候用相同的語言、相同的口音，很容易就假設彼此知之甚深而直接跳入結論，顯而易見的是他們認為彼此都非常清楚明瞭「悲傷」是什麼意思。我們發現以第二外語來學習諮商對話工作的人，有些時候反而蒙受其利，因為他們比較會進一步邀請對方澄清意思，而不是假設自己完全理解。所以，我們讀到德勒茲和帕內特（2002）的觀點時很感興趣，他們說即使我們只說一種語言，當我們說或寫時，如果像在使用第二外語那樣，結巴、釐清每個字、類別、概念的意思，將會打開更大的對話的可能性。柏德（Bird）也指出：「對於說英語的人更難重新審思以英語進行的對話文本資料，在這種理所當然的用語習慣之下，必須確定關注的聚焦，才可以重新整理出語意關連。」（2008, p.4）她在實務工作裡發展自己的想法和方法，受到麥克．懷特和大衛．艾普斯頓的家族治療、女性主義治療、敘事治療之影響，建立和運用她所謂的「關連-語意-創造法」（relational-language-making）來取代傳統語言結構（conventional language structures）。我（蘿拉）最近在研究所教的敘事治療課程中，有一個學生來自波蘭，英語不是她的母語，她在課堂中和線上都非常積極參與討論，此外她也在實習如何會談，當她詢問使用的某些字的定義時，也適時驅使我們更加審慎地選用字詞，而不僅僅是這些字詞在日常生活溝通時的意思和用法。這些都是對我們很重要也很必要的提醒，在治療對話過程中要謹記在心。

香邦（Chambon）寫到關於牽動人心的探究和「傅科作品中不穩定又具創意的語言」（1999, p.71），她自己使用的語言極為清新，我（蘿拉）讀到下面這段時總是備受震撼，她提出傅科變革性知識的立場：「它攪亂普遍接受的方法，擾亂人之慣常作為，掀動我們習慣的平順感，搖撼我們的確定性，分解和重組我們的理解，動搖我們的自滿，崩解我們的安全停駐地。」（p.53）這裡所說到的轉變和動盪、崩解、搖撼等，在當事人從熟悉的狀態轉換來到未知的嶄新領域時，都可能是治療對話中的一部分。關於傅科，香邦注意到他經常在寫作中使用詩意的語言，將我們帶離開舒適的理性分析之境。他融合了多樣的文體風格，她說他：「趣味性風格被視為一種嚴肅行為，這也意味著對語言賦予異樣關注，他使我們敏察到語言形塑了我們所看到的現實。」（p.77）香邦提醒我們要小心使用學術和專業語言，這些語言都是以完全客觀、中立和透明來陳述，我們所使用的語言都會對別人產生作用，所以就更提醒我們細心且人道的使用語言。在我們執業的機構中，難免要撰寫病例報告，這時就更加明顯，大多數的機構和專業證照學會要求我們撰寫會談紀錄，可能包括評估工具的結果，並列出治療目標，此外我們也被要求整理會談進度報告，結案時要列出會談結果摘要。我們強烈相信這些要求並不中立，而是對外界和求助者的特定思考方式。雖然專業證照學會也許會要求我們依據倫理法規撰寫會談紀錄，但是我們相信考量我們跟要撰寫對象的倫理關係是一樣重要。法蘭克（1995）的想法對我們這些在諮商和治療世界的人來說是很重要的。任何專業都需要警覺語言和知識的力量的衝擊性（Foucault, 1980），以及談論或撰述他人及其故事的作用力，這種方式可能使得專業特權凌駕在前來會談者之上。法蘭克連結到後現代的責任，提醒了列維那斯對「他者」的倫理概念，鼓勵我們超越僵化狹隘的專業倫理，畢竟它限制了我們完整與他者相融的倫理範疇。

我們需要思考長久以來我們是如何描述當事人和他們的處境，以及其所造成的具體影響，清楚我們從來就無法客觀真實的聲明，我們只是觀察、描述意見罷了。

## 偏好治療對話中的聲音、意義和故事

德勒茲和帕內特（2002）也指出他們的關切，因為他們看到精神分析裡的暴力形式：

> 假如你接受精神分析，你以為你可以說話……其實你甚少有機會說話。精神分析的整體設計是要阻止人說話，而且去除所有狀況下的真實發聲。我們組成了一個小型工作小組來實驗：閱讀精神分析師的報告，尤其是針對兒童的報告，我們特地針對這些報告，並將之分成兩個欄位，根據報告的內容所載，左邊是小孩說的話，右邊是精神分析師聽到和保留下來的……真是嚇人……驚人的壓迫感，左右兩欄就像一場不公平的拳擊賽。

德勒茲和帕內特最感驚嚇的是，多次聽到梅蘭妮・克萊恩（Melanie Klein）說「詮釋，詮釋，**詮釋**」（*interpreted,*

*interpreted*, INTERPRETED）（他們原始的強調）。他們說：「意義取代了詮釋，能指取代了所指，分析師的沉默取代了評論……我們看不出有什麼重大改變。」（2002, p.81）我們這些正在進行治療的人，務必謹記在心，警戒著別一不留神就掉入那些讓德勒茲和帕內特覺得可怕的對話方式，或是在書寫評估紀錄時複製這種詮釋形式。

## 撰寫評估報告的範例

在各式各樣的諮商情境中工作，治療師很難自外於撰寫評估、進展和結案摘要等各式報告。在此，我們提供簡明的範例，撰寫報告時很重要的是必須精確地描述當事人所言；這是為了確保我們不會落入一種撰寫方式，避免報告彷彿是我們的詮釋與論斷。當我們要加入自己的意見時，必須釐清這是我們的意見，而不是什麼專家評述的絕對真理。貫徹這種型態的撰寫方式，是奠基於我們與那些前來諮詢的當事人的倫理關係；此外，假若該報告遭法院傳喚佐證時，對於所有人都是最有利的證詞（與每一組當事人開始第一次會談時理當告訴當事人，即便所有的紀錄都受到保密，但仍有受到法院傳喚的可能性）。

### *初步評估摘要*

#### 初次聯繫

喬安娜．史密斯來電為她自己與羅伯特．瓊斯預約會談。她表示，他們已經結婚二十多年，但目前正在辦理離婚手續。她說她想要討論與丈夫離婚過程的相關協助，並且協商該如何扶養十六歲與十八歲的孩子。

## 背景資料

在第一次共同諮商中，喬安娜說她與羅伯特結婚已有二十年，並育有兩名十幾歲的孩子。她指出自己想要離婚已經將近兩年了，然而她很挫折，因為她不認為羅伯特把她說的話當一回事。羅伯特說，他把她的提議當真，但他仍然希望說服她不要離開他和孩子們，十八歲的瑞奇和十六歲的梅莉莎。

他們一致認同兩人在經濟上算是穩定的。如此看來，根據他們的描述，即便兩人可能會因為離婚這段期間收入減少，但經濟依然充裕。喬安娜在與羅伯特一同會談時提起，他太控制她和孩子們，她並未描述他有任何虐待的行為，但她現在就是期盼更多的自由。她也指出，她很擔心他對孩子過度掌控，她舉例說明，瑞奇已經夠大，足以決定自己想要讀哪一所大學了。

## 初步評估

羅伯特回應喬安娜對於他過度控制的說法，他說明自己由於工作關係，經常在家庭事務上缺席，他試圖幫上一點忙以填補那個空缺，舉例來說，他替瑞奇與梅莉莎安排了工作，以及青少年擔任志工的機會。他們兩人在諮商中能夠開啟對話的機會，討論羅伯特可能沒有意圖要控制，但喬安娜仍將他這些行為視為控制。他們兩人對於何為對孩子最合適的安排，顯然都非常投入。

依據他們對於兩人關係的描述，加上他們在會談過程中的互動，我的印象是羅伯特依舊堅持不放棄這段關係。我擔心在他試圖說服喬安娜改變心意時，或許又是一個「控制」

的重演。我私下與喬安娜確認過她是否有任何人身安全之虞，她回答目前並沒有這個疑慮。

我們認為，納入治療師的意見是合宜的，但是要很清楚它們就只是我們的意見，並不是擁有特權的說法，這點是很重要的。為了釐清這個部分，我們可以指出這些意見是基於什麼理由而來，並且確保我們在進度報告中的意見會因循當事人的生命變化而改變。

法蘭克（1995）也關切他對於醫師與當事人之間的互動，現今常聽聞心理醫師忽視病人的故事，然而他也提到，改變發生於後現代時期，當事人們開始重拾自己的聲音，醫師們也更加看重當事人的故事。他繼續說道：

> 在現代時期，有關病症的敘說勝過所有其他故事，即所謂醫學（或專家——由我們加註）敘說。由醫師說的故事推翻其他說法，最終成為斷定真偽與利弊的唯一依據……。與此相關的是……當一個人罹病時的核心社會期待，是將自己託付給醫師照護。我將這個尋求醫療照護的義務理解為一種敘說臣服（narrative surrender）（他強調），並將其標記為現代時期醫病經驗的重要時刻……她同意將自己的故事以醫學名詞來描述。如此一來，「你好嗎？」這個問句的答案，就得將個人感受透過轉了一手的醫療報告進行脈絡分析才能獲得，於是，醫師成為病症的代言人；然而病患的故事在很大程度上取決於複誦醫師所說的內容。（pp.5-6）

當一個人必須將自己敘說的權利託付給專業，聽起來與列維納斯的倫理主張並不相符。法蘭克（1995）認為，從前現代的世界一直到現代，以至於後現代，這段歷史涉及發聲論點的轉變。法蘭克表明，後現代時期之所以不同於過去，在於態度，當事人感覺需要重新找回發聲權，找回那些顯然是屬於自己的聲音。

> 後現代時期是重新賦予人們自己說故事的能力的一個時期（他強調）……。用聲音說故事。故事在前現代……。在現代時期，醫學敘說有著舉足輕重的地位……。當人們不再讓自己的故事轉了一手由他人述說，並開始重視由自己述說的重要性，後現代的分水嶺於此生成。（p.7）

## 結論

在本章節中，我們闡述了對於語言傳佈產生興趣的緣由，始於我們的研究項目，以及在我們觀看了無以計數的治療對話之後，很多事情在我們眼前變得更為清晰。首先，我們了解，語言無法充分地描述當事人的經驗和故事；另一方面，我們也理解，每一個字詞都極其複雜，並且充滿多重影響力和可能性。花些時間向當事人提出問題，與他們一同討論他們所使用的特定字詞是什麼意思，畢竟語言只能部分傳達我們所指稱的事物，同時，語言也可能包含一些說出或未說出的隱含的意涵（例如一個人抱怨「沒禮貌」，可能當下沒有意識到其實代表自己對於「有禮貌」有著過去經驗和理解）。

此外，我們也說明治療師的倫理責任，有時應試探性地使用語言，這可以幫助當事人進一步理解置身當下處境時有其他選擇。這也涉及支持概念的發展，就如同有人正伸出手需要援助，而我們暫時給出我們的手，直到他們更明白自己的下一步該何去何從。

謹慎思量該如何書寫當事人及他們的故事，是很重要的。雖然組織和學會要求我們持續紀錄與當事人的諮商工作，我們必須牢記我們對於當事人的倫理承諾，必須特別留意我們在這些情境脈絡下對當事人的描述可能帶來的長期影響。這些紀錄清晰地紀錄下我們與當事人的對話，我們必須特別留心要與當事人之間維持奠基於倫理的對話，包含與每個人共在對談的時刻，每一個與我們或任何他人都不一樣的個體，而我們也要求自己要明白對話的目的。我們不希望因為疏忽而使得當事人受限在一個範圍之內（就像只是在土地上游牧、流浪，卻不曾有機會透過航線逃脫到另一個國境）。我們必須運用語言尋找一些創新、有趣的方式，反思那些總是被視為理所當然的事情，為那些前來向我們諮商的當事人開啟全新的、可能的理解方式。

舉一個麥克．懷特很棒的例子，他的提問超越了原先理所當然的假設。當他問一個正在哭泣的人，不是問她的感受，而是問：「假如你可以接住你的淚水，然後打開它，你會看見裡面有什麼呢？」若要求她回答感受狀態，可能會引導她回答「傷心」，但接下來去拆解「傷心」這個詞彙也是很重要的，因為我們口語表達的每一個字詞，都包裹著滿滿的過去經驗與影響的痕跡。為了更符合倫理，與當事人建立起有益的、能激起希望的對話，我們必須謹記這一點，培養能夠檢視這些語言影響的能力，並且依照當事人的偏好、價值觀與承諾，做出屬於他們自己的決定。

## 反思提問

1. 我們該如何使自己面對「理所當然」的語言，變得更能夠反思與察覺？
2. 我們該如何確保自己不會妄下論斷，並結束討論空間？我們該如何使自己在使用語言時更加風趣並帶有詩意，以幫助前來諮商的當事人開啟更多可能性？
3. 你會運用什麼樣的技巧，試探性地將新的語言帶入治療對話當中？
4. 你如何看待語言的使用所涉及的倫理議題？
5. 你如何看待列維納斯對於倫理規範的描述中，關於個人意見與專業倫理術語的差異？
6. 是否有可能以一種方式來書寫專業的紀錄（評估報告、進展報告、結案摘要報告），它能突顯出語言暫定的特質，並且能在治療過程中，讓每一個人的發言空間都是開放的？

【第四章】

# 關鍵時刻

本章，我們介紹關鍵時刻（Pivotal Moments）、淨化（katharsis）和移轉（transport）的概念。我們會探討關鍵時刻如何鼓舞當事人，使他們能夠再次與自己的希望重新連結，並且重建和自己、和他人的親密感。我們也會討論治療師姿態如何在這個關鍵時刻發揮作用，同時燃起當事人與治療師的希望。此外，我們將介紹一些哲學概念，幫助我們理解，並且改變我們對於治療對話當中的時間與關鍵時刻的重要看法。當治療對話的關鍵時刻浮現，那個當下，也許就是當事人改變最有利的時機。即便在不同故事裡，關鍵時刻出現的樣貌各不相同，卻是相似的現象，它也稱作當下時刻（present moments）或者此時此刻（now moments）。如同丹尼爾．斯特恩（Daniel Stern）所述：「那個最原始的屬於個人主觀真實與非凡經歷的時刻，就是當下時刻。」（2004, p.3）過去一百多年來的心理治療都關注過去與未來的事，很少考慮到這些關鍵時刻與當下時刻。諷刺的是，治療對話都是發生在當下啊。「倘若當下時刻能夠成為舞台焦點，那麼心理治療與治療成效將會呈現什麼樣的新面貌呢？」（p.3）

雖然我們大多受過訓練而能參與當事人的治療過程，我們在每一個當下與當事人建立起關係，然而很多時候，我們將時間精力投注於一種治療模式上，而且我們過度強調過去（那些已經過去的當下時刻）與未來（那些想像出來的當下時刻）。無疑地，過去確實透過記憶存在於當下，但是我們當下的狀態會強烈地影響我們如何記憶，以及回憶起什麼。儘管我們可以對未來懷抱著期望中與想像中的那些當下時刻，事實上，這個暫時的狀態也只能在這個當下經歷。透過與當事人共度一個又一個的時刻，以及主體之間的對話，心理治療只發生在每個當下。「雖然記憶是關乎過去，希望是關乎未來，然而兩者卻都存在於當下；比起過去與未來，記憶與希望告訴我們更多關於當下的訊息。」（Duvall & Béres, 2007, p.232）。

在莫森所提出的四種對於「當下」的病態描述，或者說是「以不明智的方式去理解一個人的當下時刻」的描述（1994, pp.12-13），也提供了一些方法，告訴我們如何理解當下，以下是他所提供的兩種說法：

> 第一種病態，是藉著將價值定義在過去與未來之中，因而使當下變得索然無味。如此所感受到的當下，幾乎如同只是一個完整序列（過去）的延續，或者相對於一個真正重要的時刻而言，當下只是被視為一個沒必要再延長時間的過渡期……已發生的關鍵事件既成過往，當下變成了一種死寂的生活……。第二種病態（隔絕的當下），是第一種病態的相反。這種感受，有如當下是唯一重要的時刻，並且認為只有當下是唯一真實存在的現實。（pp.12-13）

莫森指出，這是心理治療首要關注的議題。一方面，在治療對話裡，徘徊並駐足於互為主體之間的當下時刻是至關重要的。於此同時，我們以達成當下治療改善為目標，協助當事人為行動起步做準備，並增強當事人個人主導性，這些努力將能幫助當事人展望未來。

雖然在治療對話當中，聚焦於當下是至關重要的，然而理解到所有的當下時刻各不相同，也是很重要的。事實上，在這些短暫的時刻當中，有些就是關鍵時刻，當事人在此經歷了領悟、淨化與移轉的過程（White, 2007a），因為他們被引導朝向自己所堅信的價值，以及於此世界中自己偏好的存在方式。這些關鍵時刻為他們帶來能夠產生共鳴的重要意義，和向前邁進的潛在動力。

## 在關鍵時刻發揮好奇心

一九九〇年代初期，欣克斯-德爾克斯特中心旗下，名為蓋爾阿佩爾的短期治療國際訓練中心的專業人士漸漸意識到，我們一直以來的治療模式，事實上分散了心力，使我們無法專注於投入那些能帶來更多影響的可能性，進而幫助當事人達成有意義的改變。我們經驗到這樣的治療模式造成局限與束縛。諷刺的是，當當事人在我們面前明白地述說著自己時，我們付出許多努力忠於這個治療模式，卻反而變得過分著重於將當事人套入這個模式裡，而不是對當事人的故事保持敏感。很多時候，我們注意到那些在我們諮商當事人時所激發的強勁反應，並不一定與原先的治療方向一致。最終我們得到一個結論，我們一直以來堅持的治療模式的程序與實務，不僅阻礙我們盡可能地投入與當事人的對話，也使當事人所訴說的故事失色了。一旦我們開始看重回應當事人故事的重要性時，我們意識到必須更投入每個時刻與當事人的對話。貝爾與立薩克（Paré and Lysak）提到有關這個議題的想法：「這不是治療師的專業問題，但若無法以一種有連結的回應方式投入對話，將會局限治療對話的可能性。」（2004, p.60）因著對於回應方式的關切，我們決定暫時從一直以來全心投入的治療模式裡抬起頭來，向後退一步，以免自己成了所謂的「學院派」（schoolism），並且更有目的地反思我們的實務。我們有興趣以現象學的觀點來探討與當事人的諮商工作，同時忠於後現代治療法的指導假設。這部分的歷史演變過程，已在第一章詳細說明。

由於已知的多數治療模式都傾向於偏重過去與未來的方向，我們決定由參與諮商的當事人來決定對話方向，由他們來決定想談過去、現在或是未來。

為了解答這個疑惑，我們接著組織、展開進階訓練，並開始執行研究計畫。該計畫同時結合訓練、研究與臨床實務，使我們有機會發展出具有啟發性的治療取向。我們採用試誤方法，在過程中不斷評估、調整我們與當事人共同經歷的諮商過程。

該計畫在反思實務的大前提下進行，如同引言的完整介紹。在反思脈絡中，麥克・懷特談到，我們要成為自己實務工作中的疑心者，對我們所做的任何事提出疑問。（Duvall & Young, 2009）

過去，我們從單面透視鏡後面，觀察了無數諮商治療的現場，兩組人馬，上午和下午同時進行。此外，我們也回顧了無數的諮商錄影帶，摘記下特別值得關注的進展，以及哪些部分可能會使治療達到更理想的成果。我們將諮商錄影帶放慢速度，觀看研究諮商過程裡的微小細節，盡可能針對對話過程進行微觀分析。這般注重對話中微小細節的研究，使我們能夠把我們的行動與當事人回應的品質連結起來。我們可以一步一步地追蹤對話當中的每一個進展，描繪出前來尋求諮商的當事人與諮商師之間的對談過程，以便將特別的地方提取說明並加以整合。發生在對話過程中的這些進展，「只有一個人是絕對不可能達成的，然而……兩個人一起便成就了真實。」（Vygotsky, 1986, p.256）

在我們所觀察的對話現象中，有許多次當事人似乎被感動了（例如，他們會將視線轉向一旁，或是短暫沉默），這是很讓人感到鼓舞的。很多時候，這些可察覺的變化伴隨著口語上的表達，證實了改變的發生。

治療師：佩琪，從妳告訴我的那些事，聽起來妳一直很沮喪，而且有好幾年的時間感覺像是「跌落谷底」了。妳能不能告訴我，曾經有過什麼時候，妳感覺事情不像這樣糟糕？有過什麼時候，妳感覺人生不是跌落谷底的，那個時候的妳，是妳真心想要成為的樣子？

佩　琪：你知道嗎？（停頓，轉而凝視著右方）你現在提起，我是不是曾經有過很不一樣的時候（再次停頓），呼！這讓我回想起十七歲時。就是那些日子！那時的我其實非常有自信，而且很清楚自己當時要的是什麼

> 樣的生活。當時，我有很多好朋友，身材很棒，而且有目標。突然間，我好像一切都明白了，就好像一塊硬幣掉在地上似的（隱喻的使用，使得陌生和相異的都能變得熟悉）。我覺得我需要重新找回自己。我怎麼會忘記了呢？那是我人生最棒的一段日子之一啊！現在回想的時候，我依然可以清晰地看見那個畫面。從前我們一票朋友總是在週五晚上，相約在免下車漢堡店相聚。那實在是我們人生最輝煌的時期，我們就像是在賽程中最亮眼的時刻（豐富地使用意象與隱喻），你知道嗎？就好像沒有什麼可以阻擋得了我們。我們會一起在外閒逛，談論我們最想要的人生，還有等我們到了三十五歲的時候，我們可能在做些什麼。

這個回憶挑戰了佩琪原先對於眼前生活經驗的看法，而且轉換了她的觀點，使她有機會向前進展。

麥克·懷特如此形容這樣的向前進展：「這些頓悟正好就是當事人所珍視的美好，以及他們迫不及待想要追求的。這並不是一件苦差事。」（Duvall & Young, 2009, p.18）當事人能夠產生這些理解與頓悟，部分原因是由於我們努力為他們提供一個緩慢步調的對話空間，並且尊重他們沉默的時刻。當關鍵時刻出現時，治療師要能夠回應並且同理那個頓悟，同時讓自己成為好聽眾，這是至關重要的部分。麥克·

懷特談到頓悟的持續性如下：

> 就是那些他們所堅持的事物，決定了他們如何回應外在世界，這些是我們需要去談的部分。也許有個方法能幫助我們成為這些話題的聽眾，就是去同理那些時刻的頓悟。這樣的認同使他們的頓悟變得真實，同時幫助他們堅持在這個情境裡面。對於這個堅持的能力，需要我們幫點忙。（Duvall & Young, 2009, p.18）

治療師（很明顯地放慢步調）：佩琪，這個時刻似乎很重要，我們多談一點這個部分，妳覺得會不會有些幫助？

佩　琪：嗯，會……（較長時間的停頓）……我想，就是剛才，我發覺我「上軌道」了。我已經是那個我想成為的自己。剛剛回想了過去的那些日子，它們激勵了我。我想要再一次成為那樣的自己！

治療師：我必須說，看著妳重新與過去的回憶中充滿力量的自己產生連結，讓我很激動。我也感到好奇，當妳重溫過去的回憶，重新找回以前的自己，妳的感受如何？

佩　琪：今天開始談話的時候，我感覺自己完全迷失在大海中。我真的覺得「這到底有什麼用？」我覺得自己過著漫無目標的生活，我甚至不知道自己想要什麼。然後，突然間我好像就想起來了，曾經有過一段很不一樣的時光，那時候的我，感覺人生充滿生命力和雄心壯志。

無論對治療師或當事人家庭成員而言，這些交互影響的經驗，經常都很激勵和鼓舞人心。當當事人正在描述他們的理解、「啊哈」的時刻，以及他們的頓悟，治療師同理這些反應，並且表現出好奇心，仔細地詢問當事人在這些關鍵時刻的過程中經驗到什麼。更多時候，對話會轉向，並重新聚焦於當事人在這個時刻當中，對於自身處境的看法是否有所不同，以及關鍵時刻的經歷最終引領他們前往什麼方向。

剛開始執行這項計畫時，我們將這些時刻所出現的「進展」看作是深具力量、很罕見的現象。我們以為，這些引起關注的關鍵時刻是異常的，只發生在少數的諮商對話中。接著，我們繼續回顧無以計數的諮商錄影帶，試圖確認治療師與當事人家庭成員之間的哪些對話，能引導出這些關鍵時刻。藉由這個嘗試，我們希望創造出相似的條件，讓更多頓悟得以發生。

為了更了解對話品質如何引發關鍵時刻，我們觀察回顧諮商的過程，在研究早期的時候，我們注意到以下特點可能會使關鍵時刻更容易發生：

- 當對話步調較緩慢時。
- 當治療師經常「留心」當事人沉默的那個當下時刻。
- 當治療師與當事人家庭的關係是協調的，治療師對於當事人的各個面向能夠表現出興趣與好奇。

- 特殊形態的提問與隱喻語言的使用，似乎能引起移轉的現象。

於是，我們意識到，當我們越是致力於關注這些時刻，這些時刻越會發生，在我們後續的治療會談裡面幾乎都發生過，我（吉姆）暫且將它命名為「關鍵時刻」，它隱含向前邁進的元素，以及改變的本質。約莫在同個時期，霍伊特（Hoyt, 1995）也寫下在單次治療會談中創造關鍵時刻的相關內容。

很有意思的是，這其實就是我（吉姆）個人很重要的關鍵時刻。當我們捨棄其他治療取向所帶來的影響，以便更清晰地注意與觀察治療會談中所發生的事，我們得以察覺諮商工作中的轉變。我們開始思考，如何在某個程度上讓當事人自主發揮，同時又能使治療對話向前推進，以爭取到讓關鍵時刻發生的空間。

當事人很樂意針對他們所接受的治療內容，提供反饋意見。無論在治療過程當中或結束之後，我們都會邀請他們針對療程的不同階段提出想法。在每一節會談當中，我們都會請當事人分享，哪個部分是過程當中他們印象最深刻的？什麼部分最有幫助？以及，我們可以如何改進，以提升他們在治療過程中的感受經驗？

當事人的反饋意見一致認為，讓他們有足夠時間從不同角度去思考事情是很有幫助的（轉變的發生）。他們樂於被問及比較不一樣，甚至有點難回答的問題，因為這些提問能幫助他們換個立場思考事情。此外，當治療師更常將對話焦點放在當事人認為重要的話題上，他們表現出倍增的自信與樂觀。即便當事人也許仍未「解決他們的難題」，然而卻經常在報告自己的狀況時提到，感覺自己上了軌道，並朝向滿意的方向前進。整體而言，當當事人更容易觸及那些對他們而言是重要的事物所帶來的深刻感受，平均治療會談次數就會明顯下降。當事人的反饋意見與積極參與是重要因素，在我們重塑治療取向的過程當中，為我們指引方向。

巧合的是，這正是我（吉姆）主辦麥克・懷特在多倫多一個為期兩天工作坊的第一年。經過多年的家庭治療與系統訓練，他對於當事人的觀點，以及如何形成改變的觀點既新穎又激勵人心，往後這些觀點給我們的思維帶來非常重大的影響。他所描述的敘事治療取向，恰好與我們當時正著手進行的研究理念和實務不謀而合。我們大受啟發，開始轉向敘事實務工作。我們興致勃勃，對於麥克・懷特的敘事觀點，以及我們在自己的研究項目中所建立起的新觀點，也包含我們對關鍵時刻的研究。麥克很支持我們，使這個部分的創新成果能夠收錄於眾所知悉的敘事實務中。

## 關鍵時刻是什麼？

關鍵時刻好比是存在於當下治療對話當中一個測量單位。斯特恩（2004）描述關鍵時刻是體驗原初的生命感（experiences originally lived）。關鍵時刻是在互為主體之間交流的對話中產生，透過對話來反思治療會談內或會談外的言行而產生的結果。這些時刻被形容為「關鍵」，因為當事人在這個歷程中獲得了有意義的轉變。多數時候，因為走過這些歷程，當事人能夠換個角度看待自己、他人或他們的處境，一系列全新的可能的選項於焉展開。

關鍵時刻是很短暫的，只有幾秒鐘。當下時刻持續的時間是一至十秒之間，平均而言，大約是三、四秒鐘（Stern, 2004, p.41）。即便強而有力的表達與頓悟可能包含其中，然而，若是忽略了沒有即時辨認出來的話，它便一閃而過了。有趣的是，斯特恩形容「當下時刻」時，說「它們就隱身在眾目睽睽之下」（p.32）。關鍵時刻以線性時間（它主要關切的是未來的方向）存在於治療會談當中時，大多只是隱而未顯、尚未成形的狀態。然而，為了更精確地回應關鍵時刻，我們需要以主觀時間取代線性的（鐘錶）時間。線性時間，是對時間理所當然的理解方式，然而卻只留下微乎其微的空間能讓主觀徘徊、駐足其中；只留下微乎其微的空間讓我們直接經驗到關鍵時刻（時間的概念，以及如何運用此概念以維持關鍵時刻的生命力，將在稍後詳細介紹）。若治療師能特別留心的處理，也能幫助當事人在諮商時建立起一個在主觀時間裡漫步的舒適環境，並且能充分停留在此刻當下。（Béres, 2009）

在某種程度上，關鍵時刻有如「微故事」，我們所感受到的它們是活生生的，它們帶來呼喚、一段充滿不確定性的旅程，並邀請我們重新建構自我認同。主觀時間，它挪出一個空間給當事人，讓他們在此述說自己的微故事或者敘事，因為它是活生生的存在，人們見證並參與其中。這些有如微故事的關鍵時刻，並非如同敘事或其他故事一般，以傳統、線性的理解來架構（線性的理解方式：在一個序列當中的事件，隨著時間的推移會形成一個主題或情節）。這些故事是相互連結的，並且是當事人主觀的、內在經驗的呈現，威廉・詹姆斯（William James, 1981）稱之為內在生命與意識流的語言。他形容這種意識有如一隻鳥，時而飛行、時而棲息。當事人在關鍵時刻中體驗到激發的聯想，代表著棲息。在這段時間裡，當當事人變得更能接觸與感知自己——那個也許已經丟失或者被遺落在陰暗角落的自己——他們可能會經驗到個人熟悉感與親近感的增加。這些時刻也提供一個基礎，當他們不時地受到吸引、走回與重要他人一同編織而成的背景故事中（那些能引起高度共鳴的時空），使當事人與他人互動時更加親密。

治療師：佩琪，能不能請妳多告訴我一些關於那一段時光？可以跟我介紹那個以前的妳嗎？

佩　琪：嗯，我覺得那時候的我比較貼近自己。比起現在，那時候的我，真的知道自己想成為什麼樣子。那個我很有自信，但不是很高傲那種；過去那個我，和朋友們有很深的情感連結。我想是因為以前的我比較有自信，而且很肯定自己，讓我更容易和其他人建立關係。年紀越大，我就對關係變得有點保守，我想是因為我對自己不夠自信，所以就會有點和朋友們保持距離。

另一個與關鍵時刻有關的，值得我們思考的重要現象，是淨化的經驗。麥克・懷特（2007a）指出，理解淨化的概念是很重要的，因為它和移轉有關，此外，淨化也和我們普遍理解的宣洩（catharsis）有所區別：

> 我選用 k 來拼淨化（katharsis）這個字，是為了與當代的宣洩概念有所區別；宣洩與排出、釋放和情緒洩洪等相關。然而，我所指的淨化，我將其理解為一個古典的核心概念——淨化是一個人因為見證了有如戲劇般的人生，強烈而充滿力道的呈現，所體驗到的現象，特別是指一個人在觀賞希臘悲劇表演後所受到的影響。依據該古典定義，一個經驗能稱之為淨化，是由於打動人心，不僅止於感動人，甚至能夠讓生命移轉至不同境地……淨化的現象關乎於生命特有的呈現，那是會激起我們的共鳴，吸引我們的，它很能夠激發我們的想像力，點燃我們的好奇心，並且使我們著迷。（pp.194-195）

如同麥克．懷特所言，淨化為關鍵時刻提供了最深層的能量，鼓舞當事人聯想到充滿力量的共鳴主題、回憶與社群。隨著當事人開始體驗到關鍵時刻，意義便會隱約地、有點神祕地「逐漸成形」。

治療師：請妳多告訴我一些，當時妳是如何比較貼近自己的呢？還有，這件事如何使妳跟朋友之間有更深的連結呢？

佩　琪（再次停頓，並凝視著右方）：嗯……我只是意識到，以前的我們更知道要如何活在當下。當時，我很享受那些所擁有的時光。我根本沒有去想，或者去規劃未來的生活。現在回想起這些，如今的我已經很久沒那樣做了。我就只是計畫、準備明天要過的日子；就只是坐在電腦前，或者坐在令人感到麻木的無聊會議裡一整天，就是每天行程滿檔。（看著地板，且面帶微笑）……你知道嗎，我曾經有一個很棒的朋友，她叫芙蘭。我們曾經是死黨，總是互相輕推著對方肩膀，一起去做一些冒險的事情，而那使得我們的每一天都像是大探險。現在，我們還是每年會聊個一兩次。她還是以前那個芙蘭，她現在是個人類學家，會去世界各地旅行。當我回想到這些時光，這確實讓我更貼近那個我真正想要成為的自己。

治療師：佩琪，雖然妳只是在向我描述過去的這段時光，但這似乎使妳更貼近自己，而且充滿活力。當妳回想起過去一段時間裡妳和芙蘭之間的友誼，你有沒有從過去的經驗裡面察覺到一些什麼線索，能夠帶進妳目前與朋友之間的關係之中呢？在妳回顧這些妳很珍惜的時光的時候，妳讓自己持續不斷地探索，妳認為這樣會不會有幫助呢？

佩　琪：的確，這是好長一段時間以來，最激勵也最充滿希望的了。我很享受這段走回記憶之鄉的旅程。太好了，讓我們繼續談論這個部分吧。嘿，你知道我還發現了什麼嗎？

治療師：妳發現了什麼呢？

佩　琪：我發現我回家後應該打電話給芙蘭，我覺得這真的是好點子。我知道她永遠都能推我一把。

## 如何善用治療師姿態觸發關鍵時刻

治療師扮演了重要的角色，不但能夠創造出使關鍵時刻更容易發生的諮商環境，並且能在關鍵時刻發生時，幫助它們停留在對話之中。當治療師決定要採取什麼治療姿態時，眼前會出現許多選擇。然而，對於那些希望在治療對話中激勵當事人，並促使關鍵時刻產生的治療師們，我們在此提出一些想法與技巧以供參考。

### 歡迎和邀請的態度

治療師宜採取歡迎的態度，以開放的態度聆聽當事人帶進治療對話裡的心事。「承諾自己在與當事人的對話當中，不僅要認同他們與生俱來的尊嚴和捍衛他們的權利，也要願意接受他們的心聲和我們的一樣重要。」（Frank, 2004, p.44）如此一來，那些前來向我們諮詢的當事人，他們的想法、論點、表達和聲音便能受到特別的關注。治療師邀請當事人進入對話，並且建立起共同的目標與期望，這有一種「讓我們一起面對」的意味，多為對方設想。然而，正如法蘭克所言：「不需要禮尚往來，因為實際上並不可能如此。」他形容這是「寬厚的行為……一個給予慰藉的承諾……。寬厚意味著給予者相信付出具有可延續的特性；一個寬厚的人，不會去計較付出與回饋。」（p.2）這個概念與前面章節提到關於倫理的部分相類似，治療師讓自己走出舞台的中心，同理當事人正經受的苦難，並給予支持的承諾。在邀請當事人訴說故事時，治療師能夠清晰地表達支持是關鍵的第一步。

## 駐足於當下時刻

在當下時刻停駐，有其重要價值。當治療師投入越多時間駐足於當下時刻探索，便會浮現越多可供選擇的路徑。我們與當事人的當下時刻共在時（Morson, 1994），必須要對他們獨特的信念、偏好和語言擁有如調音師一般的敏銳度。治療師並沒有辦法預測治療對話會朝哪一個方向前進，但是可以從談話內容的不同面向，逐步為故事搭建鷹架，以掌握故事的焦點。在對話過程中搭建鷹架，就可能促使當事人與他們偏好的自我認同產生連結。依據當事人的表達，將他們所使用的詞彙和語句精確地記錄下來，並以反思彙整的方式定期地呈現給當事人（關於精確地記錄下當事人所使用的詞彙和語句，詳見第三章）。如同第二章所述，我們運用解構式聆聽與解構式提問方法，引導出當事人的故事，「建構較喜歡的故事的過程，幾乎總是與解構的過程同步進展。」（Freedman & Combs, 1996, p.89）

## 治療對話中的歧義度、試探性與好奇心

在這樣縝密的搭建鷹架中，一旦展開對話，治療師表現出好奇心和興趣，並且隨時準備迎接對話中的驚喜。當治療

師採用這樣的姿態時，就會建立起對歧義的容忍度，對不可思議事物的尊重，以及願意抱持著提出疑問、勇於探險與謙卑的精神。治療師會癡迷地聆聽故事，悉心關注當事人正在說什麼，同時避免主觀地推論與詮釋。治療師會試探性地回應，也許只是把話說了一半，停頓，然後留下空間給當事人反思各種湧上心頭的想法。好奇心、對歧異的容忍度，以及試探性回應，這些並不是治療師與生俱來的能力，而是透過學習建立起這些技能。我們在第三章建議，治療師需要更有創意地使用語言。這些技能使治療師能聚焦於當事人的願景、期望與生命意義，而不是僅止於談論已發生的事實和資訊。假設性語氣的對話經驗，帶來參與感、喚起共鳴，並且創造出迎接關鍵時刻發生的氛圍。

## 協助展開關鍵時刻與營造接納的情境

治療師有如調音師般的敏銳度，不僅能營造出一個易於關鍵時刻發生的氛圍，也能在關鍵時刻發生時，讓治療師專注、察覺、確認，並協助關鍵時刻展開。當當事人敘說時，關鍵時刻便從故事細節中浮現。對於頓悟與理解的述說與重複述說，將使得它們成為當下的直接經驗。我們協助當事人說出自己的理解，同時也幫助他們面對過去舊有的思維，那些覺得自己只能被動承受生活事件的舊想法。我們藉由提問引導出當事人的經驗，這些提問邀請他們推敲自身的理解與想法。一旦當事人的理解獲得了支持，接納的情境（receiving context）醞釀而生，他們便能開始著手安排新的計畫，或採取可行的行動。於是，理解或頓悟的內容變成一個概念、主題，貫穿治療對話，並朝向豐富的故事發展。

## 時間觀與治療中關鍵時刻的關聯

由於關鍵時刻就發生在一瞬之間，我們意識到談論關鍵時刻時，無法不去反思過去我們對於時間理所當然的假設。這是反思實務一個至關重要的環節，必須審慎思量主流觀點（在本章節中，我們談論關於時間的主流觀點）可能如何影響我們對於治療對話可能性的思考。

莫森（Morson, 1994）指出：

> 不論優劣，人們傾向於自空間的角度來思考時間。我們會說，穿越它（時間）、時間之流，或是浩瀚無垠的時間長河。事件總被認為發生於此當中特定的點上。這些隱喻這般自然，如此司空見慣，以至於我們廣泛地使用這些語言，卻沒有反思它們事實上只是一個比喻。（p.17）

霍夫曼（Hoffman, 2009）評論到，她注意到不同的文化（在第二次世界大戰之後的東歐國家，以及近代美國和英國）在談論與體驗時間的方式上，各有不同。她說，對美國人來說「時間就是金錢」，當他們感受到必須充分利用每分每秒的壓力時，他們所體驗到的時間是快速變動的。反之，英國的員工試圖向雇主證明，他們並不需要如此奮力地工作，因為他們自然能夠相當有效率地完成任務，無須匆促忙亂。莫森（1994）也認同不同的文化可能會對時間有不同的認知：

> 時間可以視為一個循環，如同季節般重複著，

> 因此，過去可能如儀式般重演，或者說，人們也可能捲入命運之輪的重演；這樣的畫面，往往和單向的時間概念互相衝突。另一種情況是，時間在兩個方向軸上都是無限延伸的。時間從來不重複，遺憾也無可追回。關於時間的理論模式，有些是線性的——時間軸——且不允許替代路徑發生；而有的理論模式，其時間是分支的，每個時刻都可能發展為不同方向的未來，一切取決於不可預期的突發事件和無數的個人選擇。儘管在這樣的模式裡，最終也只有一種可能在未來的某個時刻實現，但它卻潛藏著無限的可能性（我們特別強調）。（p.18）

莫森所要強調的是，過去我們視為理所當然的時間概念與時間比喻，會影響我們如何思考人生，然而我們對於人生的信念也會影響我們如何思考時間。比方，他談到了時間的線性模式與人生的決定論（determinism）、預先決定（predetermination）之間的關聯，甚至也與充滿創造力的不同構想有關。如果我們更願意採用時間的分支模式，相信每個當下都存在多種可能性，那麼，選擇的重要意義，以及在每個時刻明確地抉擇，便會成為一個開放的、能夠思考的選項。治療對話中的關鍵時刻，在我們談論的時間的第二種概念（時間分支）裡最具意義，當一個時刻在覺知中轉變，會帶來對於選擇的認同，而且個人主導性也會更加彰顯出來。

舉例，寶拉接受轉介來諮商，原因是過去六個月以來，她經歷喪母之痛，再加上承諾要「留在父親身邊」所帶來的壓力。她剛結婚一年。第一次會談結束時，她說她感到鬆了一口氣，因為治療師並沒有告訴她應該停止把時間花在父親身上，但她仍覺得壓力很大，因為生活中需要她處理的事物多到讓她分身乏術。

寶　拉：上個禮拜，我幾乎每天晚上都夢見我的母親。我醒來之後很想念她，然後想到她留下這麼重大的任務給我。我爸他意志很消沉，我覺得我應該盡我所能地陪伴他。

治療師：當妳說到妳的母親留下這麼重大的任務給妳，妳指的是什麼呢？

寶　拉：以前她一直都在，當我們需要她的時候，她總是在。她是一個很棒的母親，雖然有工作，但是當我和我的姊妹需要她的時候，她總是會出現。她會烤糕點，還會自己做玩具陪我們一起玩。她也照顧爸爸，但爸爸現在變得無法照顧自己了。

治療師：妳有沒有想過，妳就是這樣被養育成人的呢？好像要和她一樣，去照顧其他人？

寶　拉：確實，她也在臨終前要求我，希望我照顧爸爸，所以我必須扛起這份責任。

治療師：所以，聽起來，盡可能地完成妳的母親託付給妳的重要任務，對妳來說是非常重要的，我這樣說正確嗎？

寶　拉：嗯嗯。

治療師：那結果呢？這件事如何影響你，還有妳和賈許的關係呢？

寶　拉：嗯，我們幾乎沒有獨處的時間，也幾乎都不在家裡。我爸打電話來，聽起來很孤單，我們就趕過去了。我似乎無法拒絕……對任何人都是。

治療師：這樣好嗎？或不太好？還是說，有好有壞？

寶　拉：嗯，感覺上這樣做是對的，但我快累死了，不久之前，我覺得我累到生病了，那一個禮拜我完全無法為任何人做任何事情。

治療師：因為妳生病了，所以無法再強迫自己去照顧任何人，只能照顧妳自己。後來怎麼了呢？

寶　拉：我想我發現到，我無法顧及每一個人。事實上，這個發現讓我如釋重負。我的母親，她過去總是為所有人的所有事情忙碌，或許她是喜歡自己被需要的，或許我也是，但你知道嗎，當我們不在時，世界並沒有毀滅，地球還是照常運轉。

治療師：所以，如果能抱持這個理解，妳覺得會帶來什麼改變？

寶　拉：我可以開始專注於自己的夢想，我和賈許可以有更多單獨相處的時間，我會找到一點平衡。

寶拉形容自己的處境，有如她身處特定的故事情節中，然而這個故事以線性的方式展開，發展到一個程度，她忽然發覺自己不需要再以過去認定的方式生活。她經歷了思維上的轉變，並且意識到她可以用不同方式和他人互動，她是有選擇的。

莫森借鑒巴赫汀的論點，提到他關切的是主流文化的時間模式如何封閉了時間，「因為它們不思考時間『過程』的本質。如此一來，創造力或選擇機會便失去了發揮空間。」（1994, p.21）巴赫汀稱這種思維方式為「理論主義」（theoretism），冷漠得有如過去許多治療師被教導用以評估當事人的方式。在理論主義中的各個學派有什麼共通點？巴赫汀認為，共通點是無論任何現象或問題，都能歸結於因果定律的解釋。因此，理論主義者會檢視人類的行為，並試圖找尋所有可歸納的，從而創造出定律或法則。莫森指出，這些也許是善意的，然而問題在於「本質上將時間封閉了」（p.21）的觀點。他接著解釋這種思考型態的問題所在：

> 沒有任何替代的可能，因為一切都已劃歸於定律，或者因果鏈。人們演出了那些模式，或是表現出法則規定內的行為……。人們唯一沒有做的就是真正地選擇，即便他們也許有過一些想像……。這在巴赫汀眼中是很明確的。他看見，當選擇消失了，道德倫理依然讓人受苦，因為道德標準取決於「此刻我該怎麼做才是真正重要的」抉擇。（p.21）

在治療對話中留心並運用關鍵時刻時，我們注意到，確實能在事件中出現意義的轉變；過去可能認為會自然地發展成某個預先設定的結局，然而同一條路徑似乎因此開啟了一系列可能性，因為此刻有些變化正在當事人身上發生（思維、感受、獨有的價值觀）。這是一個莫森形容時間有如分支的實例，各式各樣可能的路徑就此展開，選擇變得有可能了。假如存在著各式各樣可能的路徑和結局，那麼人們如何行動與選擇就是很重要的一件事。然而，如同我們已經描述過的，並不是治療對話中的每個時刻都是關鍵的；我們試著描述哪些是我們所注意到、特別突出的經驗，以協助我們將一個時刻定義為「關鍵的」。這或許和巴赫汀所稱的**事件性**（eventness）有些共同點。有關巴赫汀對於事件性的觀點，我們在第二章說明重要事件對故事情節發展影響的篇幅中，已經完整介紹。當我們考慮到時間對於關鍵時刻這個概念的影響時，他的觀點同樣很有幫助：「時間分支與它帶來的可能性加成，每一個被清楚看見的可能性都開啟了新的選項，然而一旦選定一條路徑便排除其他……選擇在**瞬息間**（momentous），涉及**當下性**（presentness）。」（1994, p.22）

巴赫汀的見解，聽起來確實與我們所關注的關鍵時刻有些共通點。其中也有些超凡的事情，有一種真實地活在「當下」，或者「身在此刻」的感覺，而對於那些前來尋求治療對話的當事人，因不再受困於以線性方式展開的問題故事，或許有一種如釋重負的感受，而且擁有了選擇權與主導性。這對寶拉而言的確是事實，如同我們前面所敘述的。我（蘿拉）還記得與薇薇安一起進行的諮商工作，她曾描述自己經歷童年時期的性虐待，也指出曾經受到兩位前任伴侶毆打。

有一次，她很挫敗地問說：「到底是怎麼回事？我額頭上有刻著虐待的『虐』這個字嗎？為什麼這些人就是會挑上我？」我們一同努力了許多年，直到她走出「受虐者」的故事情節。對於不再受困於受虐者的故事情節，她必定感受到極大的解脫，因為那個受害者故事情節會不斷重複演出她是受害者的戲碼。但是她選擇了另一條道路：提出申請，爭取到受害者補償，因而得以離開城市，在郊區買一間小屋，重新開始全新的生活。我們相信時間分支與選擇機會的展開，將會給當事人的人生帶來很真實的改變。

懷特（1994）談到關於填補主導感落差（agentive gap）的重要性，有時候，這似乎是當事人故事的一部分。隨著不同時間，當事人對於事件的描述顯示出他們並未經歷過自我主導，而是經歷更多成為受害者的處境。即便一個情況被評斷是好的，當事人可能難以承認自己碰到的好運氣。一個故事會訴說出來，也許是正好在對的地點、對的時間，或是因為幸運。懷特建議我們詢問當事人，是什麼機緣使他們意識到自己可以開始訴說，並利用這些帶來起步的優勢，進一步協助他們開始認識自己的主導性。這樣的提問是有幫助的，在治療環境設置中，主導性和選擇權是絕對重要的，若非如此，對話就沒有意義了。假如沒有主導性，也沒有選擇性，人們受困於既定的或預定的情節當中，那我們還能幫上什麼忙呢？

由於莫森（1994）的努力，使我們對於時間批判性的反思有很大的進展，為我們帶來了一個關鍵時刻；我們經歷了一次對於時間思維的轉向。過去，我們未曾思考過，我們對於時間的思維方式是否深刻地影響我們如何看待自己、他人，以及更多的可能。莫森所描述的伏筆預言（foreshadowing）、倒敘溯源（backshadowing）和旁支側寫（sideshadowing），是特別引用自俄羅斯小說家對於時間觀點的寫作手法，以及觀察他們筆下人物，依此時間觀點的特定思維推演而得的結論。

莫森（1994）藉由從多個角度來描述伏筆的時間概念，開啟了以各種不同方式思考時間的討論。儘管它們之間仍有分歧之處，但都存在一個共通點，是主導性與選擇的缺乏或嚴重限制，並隱含決定論的本質。正如我們所說，普遍用來代表時間的方式，就如同末端帶著單向箭矢的直線，意味著時間是朝著直線展開；一個事件引發另一個事件（決定論）。莫森評論這種時間概念的問題所在，就在於缺乏創造力。假若我們眼前只有一條路可選，而且未來就照著它發展，那意味著，我們只是在發現，並不是創造。

> 決定論者和宿命論者往往認為，儘管人們可能感覺自己是自由的，然而這些自我的感受卻完全受控於未知的力量；無論人們有過多少對於自己可能擁有的其他選擇的想像，最終他們的選擇，原則上，都有如在對數表上輸入數字便可查詢一般落在預料之中。（p.43）

有些來諮商的當事人相信自己正在經歷童年時期所帶來的負面影響，好像眼前這些影響都是過去經驗的必然結果。以這種方式來思考問題的根源，是相信未來會朝著已決定的樣貌展開的時間概念。諷刺的是，這種時間概念同時限制了一個人的主導性與各種可能性的未來發展，當事人將會因此受困於預定展開的故事裡；反之，旁支側寫與時間分支的概念，則會為我們開啟眾多故事情節與選擇的可能性。

莫森接著說，時間軸的箭頭可以指向單一方向，事件以一個已決定的樣貌展開，沒有替代路徑可選擇，或是繪製在一條直線上，但朝向另一個方向。所有即將發生的事，都是注定要發生的，那些事件能夠觸發警報訊號，或者成為即將發生事件的伏筆。而後，他又增添了另一個圖像，他稱之為「宿命或命運的漩渦」（fate or destiny as a vortex）（1994, p.65）。在這個圖像中，仍然是從時間軸上的一個時刻移動到另一個注定的結局點上，但卻有不同的路徑抵達相同的終點。「宿命或命運指定了終點，而不是中繼站。」（p.65）然而，這兩種表象都會降低當事人負責任與選擇的能力，此時，若給予多條路徑供其選擇，他仍會被拖進那個預定結局的漩渦裡。我們以伊底帕斯王的經典希臘悲劇故事來解釋。故事中的一個預兆被視為伏筆，預言了伊底帕斯注定要殺死父親，並且和母親結婚，於是決定應該在他還是孩童時將他殺死，以確保這樣的演變不會在未來發生。然而，這樣是騙不過宿命的，最終伊底帕斯逃過死劫，未曾見過父母，但是長大成人之後，他無意中殺死了他的父親，但他不曉得那是自己的父親，還娶了母親為妻，他也不曉得那是自己的母親。

無論如何，幫助我們理解關鍵時刻的經驗，以及我們對於道德規範的興趣，如我們在第三章談到語言傳佈，最有趣且最有用的便是莫森（1994）對於旁支側寫的描述。

莫森開始描述旁支側寫，是對伏筆預言的重譯：「它剝奪了當下時刻的當下性。正如我們所見，預言揭開了未來世界的面紗，那個已決定並且刻劃好的未來……在這樣一個世界中，智慧包含了對必然性的讚賞。」（1994, p.117）假如你信仰預言，時間就會在你面前封閉起來。莫森又接著說，反過來看，像杜斯妥也夫斯基和托爾斯泰這樣的作家，他們相信時間是實實在在開放的，因而必須創造出有別於預言式文學敘說與寫作故事的方法。莫森說，為了試圖以開放的方式來呈現時間，他們運用了旁支側寫的寫作手法：

> 旁支側寫所傳達的意念是，那些實際事件索性還是別發生比較好。在一個開放的宇宙，必然性本身就是幻象。替代選項永遠不缺乏，而且往往如此，世上所存在的事物，未必是過去曾經存在過的。其他事物也是有可能發生的……不同於從未來打造一個預言，它是從「側面」捕捉影子，能看見其他可能性。隨著一個事件發展，我們看見了替代選項，在每個當下、另一個角度的當下；旁支側寫像在變戲法似的，將當下轉成「可能曾經是」，或「可能是」。（p.118）

在接任這個全職的學術職務之前，有許多年的時間，我（蘿拉）與兒童時期遭受性虐待的成年倖存者一同工作。人們經常問，在那段全職服務性侵害倖存者的時期裡，我是如何一次又一次地面對那麼多痛苦的創傷故事。在我投入這個工作的早期，我就已經受到敘事思考方式的直接影響，所以我想，在每一位當事人與每一則故事當中必定存在更多價值，而不僅僅是相關虐待的傷痛事件。這不僅保護我避免經受次級或替代性創傷，同時也使我保持希望，相信每個人都能找到，並且串起那些受虐故事以外的其他事件，也許是更多關於生存的故事，或者可能是完全不相干的故事情節。在我的經驗中，我見證了當事人從與虐待相關的問題故事情節移轉進入替代故事，若不是如此，我想我可能很容易就身心俱乏，更難勝任這份工作（麥克・懷特〔2006a〕也如此認為，他相信以敘事觀點進行諮商工作能保護他自己與他人，避免各種創傷的侵擾）。當我閱讀莫森時，我理解並相信每個人都擁有一個充滿可能性的舞台，而不是去相信他們的未來已經被過去決定了，或者命中注定要以某種方式展開，這表示我仍然能夠對時間保持開放的態度。「旁支側寫所仰賴的時間概念，有如一個**充滿可能性的舞台**（field of possibilities）。」（1994, p.119）

開放的時間概念，接受時間分支，但不接受時間僅被拉成一條直線，因為在每個時刻裡都存在各種可能的選擇，此外，行動可能會使我們朝著許多不同的方向前進。於是，開放的時間概念為當下與未來開啟了可能性，但非常有趣的是，它也開啟了以不同方式回顧過往的可能，這方面與敘事實務確實如出一轍。莫森（1994）說道：

> 因此，現況被理解為只是沒來由的就來到眼前的一個可能性。它或許也不完全是個意外，但它是否出現是無法保證的……因此，旁支側寫傾向於反對我們將眼前事件視為過去事件的必然產物；相反的，它邀請我們探查另一種可能的當下，以及想像

> 一個屬於完全不同軌道上的事情。若只是這樣的機會碰巧沒有發生，若只是做出了不同的選擇……那麼，結果又會如何呢？旁支側寫持續不斷地引發這類提問……旁支側寫使我們瞥見尚未實現但能夠實現的可能性，它顯示出，我們其實都傾向於依循因果關係的直線……過分簡化事件，那些事件原本應該蘊含更多可能的故事……那些已發生的事，也可能不曾發生；那些已存在的，包含我們，也可能不存在。因此，旁支側寫歸納出一種立基於時間的謙遜。（pp.118-119）

有趣的是，上述節錄自莫森的文章其實與下列描述密切吻合：將一個人過去生命中尚未編寫進故事裡的事件（或者能夠想像的事件）置入一個故事情節的結構當中。替代故事情節一旦順利發展出來，人們便能夠開始想像許多可能性在未來展開。這可能會帶來我們所說的關鍵時刻。另外也很有趣的一點是，莫森形容未來的方式——時間開放與旁支側寫——也與德希達的相異概念相符。莫森說：「就如同眾多可能性當中的其中一個最後成真了，但卻攜帶著另一個可能性，有如隱性基因……一個當下就這樣發展起來，而其中一部分是源自於過去未成真的部分，如同一個已成真的過去一般。」（1994, p.120）這再次說明，我們必須很謹慎於語言的使用、事件的訴說，使空間保持開放，以容納那些隱含卻未完全呈現於當下的影子與餘燼（如同前面章節所述）。

以下實例節錄自一名當事人的第三次會談內容。這個實例讓我看見，即使只是一個簡短的、對於過去可能的故事情節（側寫）的認同，都能使時間開始分支，也使選擇變得有可能了。

安妮因感到極度焦慮而接受轉介來諮商，她最近剛結束了一個工作合約，目前待業中。她告訴諮商師，她在年幼的時候曾被診斷為注意力不足過動症，但是她的父母一直到她十幾歲的時候才告訴她這個診斷結果。作為一名年輕女性，發現自己失業了，她開始懷疑是否眼前的困境與過動症的診斷有關係。

治療師：妳認為，妳的爸媽當時為什麼選擇不告訴妳這個過動症的診斷結果呢？

安　妮：嗯，我們有談過這件事，他們確實覺得這個診斷可能會給我帶來負面效應，因為校園的環境，可能會有一些人把我當作笨蛋看待，或者覺得我很遲鈍。但爸媽後來在我十多歲時告訴我了，他們幫助我，我們把它看作是一個禮物。我擁有這樣的能量與創造力。

治療師：所以，這有點像是，有一些不同的路徑，它們可能帶給妳不一樣的結局。妳會不會覺得，如果他們早點告訴妳，嗯，假如所有的老師都知道妳這個情況，會不會讓妳覺得自己不太一樣呢？或者，會不會因此讓妳在學校裡遇到更多困難呢？

安　妮：確實是。就像我剛剛說的，我把我的能量看作是一種天賦，我很擅長體育活動，也很有創意。原本這些可能都會被扼殺了，我可能會因此休學。你知道的，這是為什麼我覺得自己真的很擅長跟小孩打交道，因為我可以幫助那些覺得自己很笨的孩子們。

治療師：所以說，如果妳覺得自己擁有這樣的能量是一種天賦，而不是困境，這會為妳帶來什麼不同嗎？有這樣的想法，會激勵妳做些什麼呢？

安　妮：與其因為現在沒有工作而覺得自己是個失敗者，我會把現在看作是一個機會。下禮拜，我會把我的履歷投到很多地方。我並沒有被困住，而且，這樣一來，我還可以花更多時間和家人一起出遊。這些遭遇並不一定就是壞事吧！

## 結論

本章節描述了我們從與當事人一同進行的治療對話中反思，進而燃起對於關鍵時刻的興趣。我們形容關鍵時刻是對話當中的一小段時間，理解的轉變從此出發，以一種令人吃驚且讓當事人感到驚喜的方式發生，就像是一個讓人發出「啊哈」的時刻。當一個關鍵時刻使當事人經歷移轉的過程，透過與另一個時空的「自己」（一個更令自己滿意的自己）產生連結，便能夠激起淨化的感受。對於如何回應當下的處境，以及面對未來、採取行動，關鍵時刻為我們展開許多的可能性與選擇。

緊接著，我們討論到一項治療師能夠用來實踐的技巧，有助於提升關鍵時刻發生的可能性，並且增進治療師察覺到關鍵時刻正在發生的機率。當關鍵時刻正發生時，必須去辨認它，並提供充裕的時間去拆解它們，確保它們在治療對話中的持續性，以使得它們的重要性獲得彰顯與支持。

最後，我們討論到一些有關時間的哲學概念，它對於我們該如何處理與回應當事人的故事與治療對話是影響深遠的。我們強調了避免使用主流時間概念，這是很重要的，因為主流時間概念將時間展開在一條直線上，這會限制當事人的主導性與選擇權。我們建議，為了依循倫理投入一段有意義的對話，為一個人打開可能性的對話，我們必須抱持時間的分支概念，因為這樣的時間概念，使得當事人在生命中的每個時刻都能選擇；人生不是預先設定好的，他們也不會被困在線性的因果關係所組成的故事情節裡。作為治療師，我們不只是幫助當事人處理生活中的事，更要協助他們遠離那些主流論述與束縛，並且在面對如何生活時做出忠於自我的選擇。

## 反思提問

1. 你是否記得任何一次「啊哈」時刻，出現在過去的人生經驗當中？你記不記得是什麼樣的情況？以及，它如何為你帶來思想上的轉變？

2. 回想一下，你會如何形容你過去看待時間的方式呢？你發現這個對於時間概念的回想，是困難的、容易的或讓人興奮的（或其他）呢？這是不是很像強迫你去思考如同呼吸空氣般習以為常的事呢？
3. 你對於預先決定論、決定論和宿命（fate）有什麼想法？這些會影響你與他人之間相處的方式嗎？
4. 你能夠多麼真實地將自己呈現在另一個人面前，而不讓自己的想法與反應（「我晚餐到底要吃什麼呢？」「我接下來該問什麼問題？」）造成你分心呢？你認為多練習「留心」這個技巧，會有助於發展活在當下的能力嗎？

第二部

# 延伸學習：從理論到實務

【第五章】

# 當你能擁有的只有現在：免預約門診的回顧諮商與敘事治療

（本章作者：凱倫・楊〔Karen Young〕）

本章節的宗旨在於介紹敘事治療的觀點和實務，以及如何應用在免預約門診（walk-in clinic）的環境中。免預約門診為兒童、青少年和他們的家人，提供了獨特的治療對話契機。這是一個客戶需求導向的服務，它就在那裡，等著有需要的人們走進去，不需要提前預約或做任何事情。除了簡單說明一下這個相對少見的服務方式如何運作之外，我也會綜述敘事治療實務的不同重要面向，並且詳細地闡述它們在免預約門診中的影響力。透過免預約門診中的故事和記錄，我會概述並且示範如何以敘事**姿態**的思維和實際操作，來串起一個不疾不徐、步調和緩又深具意義的治療對話。在這些範例中，也會再次強調在其他章節已經討論過的語言傳佈和關鍵時刻的重要性。而在本書前言中提到研究團隊所做的研究工作，有關當事人在免預約門診中會談時覺得有意義和有用的評論與意見，也會進一步詳述，提取這些訊息，以作為實務操作的反思。此外，本章也會介紹一位敘事治療師如何在免預約門診的情境中，建立起「短期敘事」（brief narrative）的方法。

## 免預約門診

在臨床服務上，免預約治療門診是一個相對新穎的現象（Bobele, Servin-Guerrero Lopez, Scamardo, & Solorzano, 2008; Harper-Jaques, McElheran, Slive, & Leahey, 2008; Miller & Slive, 2004; Slive, McElheran, & Lawson, 2008; Young, Dick, Herring, & Lee, 2008）。最早記載的免預約門診為一九六九年明尼亞波利斯（Minneapolis）的門診，直到東區家庭中心（Eastside Family Centre）在一九九〇年開始有免預約門診之前，明尼亞波利斯的門診一直是大家所知唯一的免預約門診（Slive et al., 2008）。從二〇〇一年開始，社區兒童援助中心（Reach Out Centre for Kids）新設三個免預約門診的據點（Young et al., 2008），這些據點在一週當中會有一天八小時設計為免預約，就在社區的人們最需要的時候，提供他們立即性的一次諮商治療。這個門診的功能是做為社區兒童援助中心服務的「前哨站」，省去傳統的電話服務，取而代之的是，直接邀請當事人走進門診來。即便人們可以多次利用門診資源，但是將近半數的人並不需要進一步的服務。這確實幫助了有需要的家庭，並省去轉診到其他門診服務的過程，也節省候診時間。

在免預約門診的各個據點，每週大約會有三至六個工作人員，通常還有幾位學生和實習治療師在一旁協助。每個據點都會有一名督導提供諮詢，也會有一位接待員。當人們來到門診，接待員會給他們一份特別設計過的問卷，問卷設計的方式反映出重要的短期治療概念（DeJong & Insoo, 1998; DeJong & Miller, 1995; Friedman, 1994; Rosenbaum, Hoyt, & Talmon, 1990; Walter & Peller, 1994）和敘事治療概念（Epston, 2003, 2009a）。這些會前諮商問卷（見 Young et al., 2008）為接下來的治療對話打好基礎，先行了解問題所在、尋找希望、新的想法，並且提供後續展開對話所需的資訊。問卷幫助人們將注意力轉移到自己的能力、技能和成就上，以及如何將這些應用在他們當前所面臨的問題上（Epston, 2003, 2009a）。完成問卷之後，接待人員會帶領當事人或家庭成員與治療師會面，通常會進行一段大約九十分鐘的會談。

治療師有時會獨立工作，但更多時候，會與共同治療師合作，或者加入局外見證人團體（White, 2000）。會談進行中，治療師會以公開透明的方式，在彙整報告表上記錄會談筆記，並在會談結束時複印一份給當事人或家庭。這個文件記錄方法的靈感來自於麥克．懷特式筆記，我們在第三章討論過，這種方式像是**扮演一個抄寫員**（acting like a scribe）。在離開免預約門診前，當事人會拿到一張評估表格，他們必須在離開前完成，並繳回給接待員【註】。

在免預約門診中，時間的限制和過多的當事人人數，都會造成對話太過倉促，或者治療對話過度單薄的風險。「單薄敘述」（thin description）和「豐富敘述」（thick description）這兩個辭彙，是借鑒於文化人類學家克利福德．葛茲（1973）。「豐富敘述是被刻畫上……意義的」，找出它與「人們的生命故事、他們所珍視的價值、信念、意志、慾望、承諾等等」之間的關聯（White, 1997, pp.15-16）。藉由（提問）鼓勵當事人用「雙重述說」（double-storied telling）的方式說故事，敘述於是建構而成，並達成懷特所稱的「雙重傾聽」（2004, p.53；參見第二章）。單薄的對話，缺乏細節和豐富的意涵，我發現，敘事的理念與實務是解除單薄對話危機的解藥，它協助我將當事人的故事帶至前景中，並以創造可能性的方式與他們合作。將敘事治療方法用於免預約門診的環境，是很獨特少見的（Young, 2006; Young, 2008; Young et al., 2008）。雖然懷特寫道：「從一個治療對話的起點出發……直到抵達目的地——一個全新的生命與自我的版圖——這過程所能夠移動的距離，經常是很讓人不可思議的。」（2007a, p.250）他也寫道：「我絕對相信敘事對話……能夠扮演達成這項成果的重要角色，即便這些對話經常受限於只有單次會談的機會。」（p.260）

敘事的工作方式使得它們本身「簡短而有深度」，這個深度並不是指深度的評論與資訊的積累，而是深度有意義的對話，這很有可能支撐起新的想法、結論、願景和希望。如同第二章的建議，這些對話以說故事的方式引導用於治療，不同於倚賴資訊的蒐集建立真相，而是著力於創造意義的練習。我一直想建立一個方法，以期能在時間非常有限的環境下進行敘事工作，這個方法是立足於思考與存在之中，本書稱為敘事姿態（Young, 2008），並且保有力求豐富對話的承諾。過了一段時間，我開始覺得，要放慢步調，才能夠更快前進到新的境界。如同第三章討論過的，我相信對於治療師來說，足夠慢到能夠聽出那條**飛行航線**是很重要的。那條線是看似不在場但隱含事物的線索，在各種可能的意涵中起落、來回編織。這個方式的聆聽，與它所引導出來的提問，幫助對話前進到新的版圖或境界，創造了如第二章所提及的旅程。

這個移動到新境界的觀點，涉及「淨化」的概念，麥克・懷特討論過這個概念（2004），我們也在第四章解釋過。懷特解釋傳統觀點對於淨化的理解：

> 觀賞表演能將觀眾推向生命的另一個境界……變成不同於演出開始前的他們……以不同的方式思考人生……以新的視角看待個人的生命歷程……重新填滿某些珍貴的價值與信念，或是獲得如何讓生命繼續前行的觀點。（p.52）

就是這樣的**前進新境界**或說移轉（懷特，2007a），即使在簡短的故事脈絡中，也使得敘事實務具有方向性。在免預約門診治療會談中，我聽取當事人當下向我述說的故事，而我必須針對故事給出一個富含多樣可能性的回應（見第一章）。我希望能為當事人創造一個經驗，我邀請他們進入一趟「從這裡移動到那裡」的感官之旅，而後能在這段旅程中蛻變。在免預約門診的單次會談當中，這是有可能發生的。

我一直都相信，治療對話和過程就是「能走多遠就走多遠」，而當我面臨的處境是，必須嘗試讓敘事實務在「預定的會談次數」下進行的時候，原先的想法便不可行。最終，「縮短時間」的想法成為新的達成目標。我們永遠不知道當事人會不會再回來，因此每一次的對話都是重要的——都是一次創造「淨化」和「旅程」的機會。這促使我探索，在時間有限的對話之中，敘事實務的哪些面向會是特別有效益的。

## 故事

本章節所分享的故事，都是前來免預約門診諮商的當事人所述說與實際對話的片段。藉由這些故事說明，並使得敘事治療的觀點與實務「變得生動」，可想而知這些故事對免預約門診的工作是如此重要。當事人熱情地同意自己成為本章節的一部分，因為他們相信這將對專業學習有所貢獻。

## 回顧實務工作

我參與了前言提及二〇〇五年的研究團隊。當當事人來找我們諮商時，我們對於敘事對話當中正發生的情況發展出一些理解，這個理解的聲音帶給我濃烈的興趣。過去我很喜歡讓當事人回顧會談的錄影帶，讓他們告訴我什麼部分是他們認為有益處和有意義的。如同本書前言所討論的，這樣的做法因匯集了那些前來諮詢者的知識和見解，而串聯起敘事治療中的偏好。將此過程帶入研究計畫的「實驗環境」中，藉由加入當事人的意見來協助我們回答一個問題：「什麼因素能夠構成有用的對話？」（見本書引言）研究團隊的成員為不同組受試者諮詢，建立起我們稱作「回顧」的過程。我和史考特．庫柏（Scot Cooper）一同分擔計畫數據收集、分析和研究結果撰寫的工作（Young & Cooper, 2008）。

敘事治療回顧計畫將敘事方法的觀點應用於治療對話中，以塑造一個力求聚焦於當事人意見的研究，走出僅以專業人員的理解去詮釋的舊路，並轉向與治療參與者共同建構的理解前行（Epston & White, 1992; Gaddis, 2004; Rennie, 1994; St. James O'Connor, Meakes, Pickering, & Schuman, 1997）。此方法以逐字記錄當事人精確用語的筆記法為概念依據，就像扮演一個抄寫員（如第三章所討論），並應用於該研究上。該研究計畫認為，應該將當事人的理解與觀點，提供作為當前實務與研究的參考訊息。

此研究的大部分參與者，之前都在免預約門診與我見過面，當時我曾為他們提供敘事治療的諮商，因此，本研究提供有關單次敘事治療會談的重要資訊。那些之前在免預約門診接受過治療會談的當事人再次回來，並且在研究助理的陪同下，觀看先前與我諮商時的錄影帶，我們稱作「回顧諮商」（re-visiting sessions）。為了確保我不會影響到參與者的評述，我沒有在這次的反饋會面現身。我們請參與者在任何時候，只要發覺重要片刻時就將錄影帶暫停，然後請他們回答一系列設定好的問題，用以激發他們對於自己挑選出來的片段的想法與理解。我們將這些有意義的時刻的描述錄音，而後抄寫下來，進一步檢閱，並且以不同議題進行分析，研究方法類似團隊的起始研究計畫，已於本書引言描述。

另一個研究計畫也採用同一批諮商錄影帶（Ramey, 2007; Ramey, Young, & Tarulli, in press），他們分析資料，並以懷特的搭建鷹架（White, 2007a）解碼。該研究使搭建鷹架在整個諮商過程中很明確地呈現出來，因而證實了敘事實務在免預約諮商中的存在。

## 治療師姿態

依據《梅里亞-韋伯斯特新大學辭典》（*Merriam-Webster's New Collegiate Dictionary*）第八版，姿態（posture）的定義是：「在一段特定期間內，特別是在與他人有關的狀態或情況……一個有意識的心理樣態……呈現或採用一種態度。」這個姿態的概念邀請我們反思，在治療對話中我們偏好「如何呈現」。如同第二章討論的，一個在敘事框架底下演練的治療師，他的治療姿態會受到後結構主義式的思想與存在主義所影響。在免預約門診中，我所呈現的姿態是尊重、合作與透明化。我本著後結構主義者的好奇心（Young, 2008），不讓自己步入理所當然，或者刻板的思維當中；我用好奇心尋找意義、當事人的意識目的（價值、承諾、偏好），以及那些也許藏匿在字裡行間未說出口的故事。此外我採用第二章「雙重傾聽」的方法，在對話中聽尋線索，亦即那些反映出當事人的希望、價值、偏好、知識與技能的軌跡。

源自於好奇心的提問，目的是在對話的場域（conversational territories）之中，發展出深厚的敘述與豐富的意涵，這是人們在日常生活中不會談論的部分。我們藉由提問，邀請當事人試著「想像自己是一個外國人，說他自己的語言」（Deleuze & Parnet, 2002, p.4；見第三章）。事實上，就好像是我們變成了一個陌生人，活在自己的生命故事，因而能以新的好奇心與新的眼光投入自己的故事裡。我試著在免預約門診這個特殊的對話場域中航行，這並不是一個技巧取向、快步調的治療對話，相反地，它是緩慢步調的呈現。在單次諮商的情境中，這似乎有悖常理，但它確實創造出一個「慢一點，比較快」的過程；換句話說，當我處在敘事實務的姿態當中，一個具有高度意義、「更加豐富」，以及潛在有效的對話，是能夠在單次諮商會談裡發生的。

## 支線故事情節的發展

在免預約門診中，我所希望創建的對話是能夠前進到新的境界，並且創造出「淨化」和「旅程」的感受。如第一章所討論，治療對話是激起當事人故事發展的媒介。當故事中與難題相關的部分開啟了，我會在整個治療過程裡採用「雙重傾聽」（White, 2004）的方法。當事人開始以「平常」的方式述說故事，我會非常仔細聆聽，並從中提出一些問題，這些提問是有關那些被忽略卻在他們生命中帶著潛在重要意義的事件，這些事件的意義是可以開發出來的。我提醒自己，那些故事是「在當事人身上建構，並且由當事人乘載著」（第一章），而我必須激發出新的敘說來協助「受困的說書人」，從眼前這個以「熟悉且充滿問題的敘說」所組成的現實裡逃脫出來。當我這麼做的時候，我正將當事人的注意力吸引到他們生命故事情節的岔口上。鑽研這些有問題的故事情節，故事當中必然存在的岔口，便開啟了理解、選擇和創新的空間（第一章）。這些分支的（或稱替代的，如先前章節所述）故事情節，在免預約門診中特別重要，因為這也許是我們唯一的一次見面。假若我一開頭就用提問來展開過多的故事「細節」，那麼，那些分支故事情節將無法展開，而會被當事人生命中再普遍不過的陳舊故事所取代。

我們可以訓練自己看見和聽見那些能進入分支故事情節的岔口。我在門診中，第一次有機會看見這些微光閃爍的故事情節，是在一份諮商前問卷上，而後在諮商會談中，我又進一步探詢相關的線索。另一個機會，是去思考什麼原因把當事人帶進門診，它反映出什麼意義，比如當事人對於自己的生活，以及他們與難題之間的關係，是帶著什麼樣的希望、心願、承諾。當會談開始於當事人表述一個他們所關心的話題軸（agenda），代表這些事情對他們而言是重要的，這裡再次提供了進入分支故事情節的岔口。後續進入治療對話的過程中，當我仔細聆聽當事人針對難題給出的命名與描述時，我是在讀取當事人的想法與作為，看這些想法與作為是如何使當事人遠離了真正需要他們採取的思考與行動。這代表當事人所採取（或考慮採取）的第一步，同樣也是進入分支故事的機會。分支故事是關於那些被納入考慮的行動，或者實際採取的嘗試性行動，試著解決、降低問題給他們生命造成的影響；然而，分支故事也代表當事人對於生命的喜好與渴望。藉由提問的運用，將當事人的自我認同與故事中的細節和意義連結起來，如此，我們便能使所有故事豐富地展開。透過匯集那些圍繞著事件的特點，給事件賦予「事件性」，因而使得這些事件更加「充滿意義」（如第二章和第四章所討論）。

## 設定話題軸

設定話題軸並不是敘事治療實務特有的。當人們走進免預約門診時，他們想要的是什麼呢？（Slive et al., 2008）由於建立起這樣的理解是重要的，於是我發展出一些符合敘事觀點的方法，這些以話題軸設定的對話，與「目標設定」並不相同，或許更偏向「後現代架構」。設定話題軸的目的並不只是「達成目標」，而是探究當事人期待、希望跟我們談些什麼，也就是辨認出對話範疇。這是行動的第一幕，故事的重點，它已經準備好開啟旅程（第二章）。我會問一些問題，比方說：「在接下來一個小時當中，我已經準備好和你一起努力，那麼，是什麼原因讓你來尋求諮商呢？我們今天的對話應該關注些什麼，才能讓你在離開的時候，感覺對你有幫助呢？」或者我會問：「在接下來的一小時裡面，你希望談些什麼？你覺得對你而言什麼是最重要的事呢？」很有可能當事人會以一種像是希望達成什麼目標的方式來表達，但事實上，當當事人來到門診時，常常不清楚自己所期盼的、最終的「成果」到底是什麼，所以如果能找到一個開啟對話的主題對他們而言是比較容易的。也因此我對後者更感興趣，連結第三章提及的概念，這反映出一個觀點，當當事人和我們對話時，當中的意涵與故事正在改變，甚至他們前來諮商的期盼與願望，也在他們探索和思量這些問題的同時開始改變。

馬修，十五歲，在和他與媽媽琳達的對話中，我們共同建立了會談的話題軸。根據他們的諮商前問卷，以及他們在對話之初表達我們應該在諮商對話中關注的部分，分支故事情節因而顯現，並且反映在話題軸上。琳達說她最關切的，是希望談談「馬修明明能夠分辨是非，但為何總是做出糟糕的決定？」馬修也關切這個部分。經過一番討論後，我們的話題軸改成：談談馬修對於做出「正確的」決定理解到什麼？有哪些他的價值觀和承諾，能幫助他做到這點？這個聚焦於分支故事情節的話題軸，為對話牽引出豐富而有意義的討論，對此，兒子和母親都認為十分有幫助。

## 文件化

免預約門診中的文書工作，是以後結構主義思維的方式設計而成。當當事人來到門診時，會先完成諮商前問卷，隨後展開的諮商對話將以此為基礎，力求理解問題所在與尋找希望、新的想法，並且了解這個會談該如何進行（見 Young et al., 2008，關於問卷的部分）。連同所有的治療相關文件，例如清單、聲明和草稿等彙整報告，都會在會談過程中與當事人一同完成。這個報告是透明化的，並且保存當事人述說的原始話語，以及他們在談話當中的理解。當我們回顧研究項目中的當事人評語，可以看出哪些評語是文件記錄實務重要性的最佳證明（見本章「發展新語言與新理解」部分和第三章）。

在諮商過程中，透過口語對話反思出會談的彙整，這個方式能夠使治療師確認自己是否確實了解當事人的狀態、想法和語言。這些彙整是從諮商對話的筆記中歸結而來的，諮商師會在會談過程裡讀給當事人聽；這就像是「舉起一面寫著他們所說的話的鏡子」（White, 2005），使他們能夠修正，當事人可以面對自己所說的話，「退一步，然後反思」（見第一章），並且可能會延伸他們的想法。這給當事人創造了一個機會，讓他們能夠步入意識全景，這部分也在第一章討論過。當語言在我們之間以合作的方式流轉，意義在此時空當中延伸，並且變得豐富（見第三章）。我能夠聽出進入分支故事情節的軌跡和線索，並且透過諮商彙整，將它呈現給當事人。當對話越是前進到第三幕，分支故事情節的特點與細節亦逐漸積累，此時的諮商彙整將會出現得更加規律且頻繁。

彙整的方式可以放慢對話的步調，並創造出一個空間，使得下一個提問也許能夠由此衍生，也讓治療師有足夠的時間，用心且仔細地思考當事人的下一個問題。在當事人所帶走的彙整報告和其他文件，提供當事人一份記錄和備忘錄，裡面記錄了他們在會談中所說過的話，以及他們對問題的認知與理解。這是建立治療文件實務工作的體現，如同概念地圖（concept map）第三部分所呈現的（見本書引言）。此外，當事人經常會把這份諮商文件分享給身旁沒有參與會談的其他人，例如家人、朋友、學校老師或主管。這樣的分享，使得潛在的聽眾和支持團體在當事人身邊形成，他們能扶助當事人堅持新的想法與承諾。這個部分的實務範例——凱蒂的故事——將會在後面章節介紹。

## 標定當事人爲見證人

與治療師對話時，讓當事人成為見證人，這對於分支故事情節的發展有很大的幫助。治療師接著會問當事人，見證這段對話對他們產生什麼樣的影響。舉例來說，當治療師在與兒童或青少年會談時，父母親可能在一旁聆聽，而後，治療師會邀請他們回應：剛才的對話裡面，什麼部分最引起他們的關注？他們所聽到的內容，哪些對他們而言是超乎預期的、重要的、有意義的、有用處的？為什麼呢？然後，問兒童或青少年：從父母的回應裡面，他們聽到什麼讓他們感到開心、有興趣，或者覺得訝異？理由是什麼？這個過程會發展成局外見證的觀點轉換，以及麥克．懷特（2007a）所描述的家庭成員重新定位（repositioning family members）。這是一個演練，能夠促成引言中所討論的「見證與認同的治療」的建立，也能夠回應實習生的疑慮，關於他們如何將局外見證實務（outsider witnessing practice）應用於日常工作中。這個方式打斷了平時人與人之間一來一往的對應關係，為他們營造出不同以往的聆聽的可能性。在免預約門診中，這種對話結構特別有用，因為常常人們來到門診時，是沉浸在誤解與衝突的氛圍中；他們互相怪罪對方，因而很難體會對方的感受，並且受困於無法如往常般互相聆聽與感受。然而，見證結構創造出一個機會，使治療師有充裕的時間對其中一名當事人提問，如此便能拓展人們對於眼前事件的理解，並且對於關係、事件、另一方，都能發展出新的體悟。

讓我們再回到與馬修和琳達的對話（Young, 2006），看見父母親作為見證者的案例。當馬修被問及「想一想，你有沒有曾經做過一個決定，然後那個決定是讓你感到驕傲的？說說看，就像說故事那樣。」在這段對話中，琳達被定位為見證者，因此有機會聽兒子敘說很精彩的故事，這個故事反映出一個明確而有力的價值觀，而且正引導馬修下決定。此外，琳達也聽見，在馬修做出讓自己引以為傲的決定的時刻，她曾經對他說過的話在此顯現，成為「他腦海中的聲音」。琳達對兒子教導的影響力，從這次馬修的敘說中得到有力的證明。

下一個故事，是凱蒂（十三歲）的故事，我們將從這個故事看見另一個引導當事人成為見證者的例子。

## 開始了解人與問題是分隔開的

這個實務練習來自一個信念，就是「有問題的並不是人本身」（White, 2007a; White & Epston, 1990）。許多我們對於人的理解，是不同於僅以狹義的觀點去看待人與問題之間的關係。大衛．艾普斯頓在這方面的工作特別鼓舞人心，當當事人來找他諮商的時候，他經常花大量的時間在這類型的對話當中（Epston, 2003; 2009a）。當事人在免預約門診諮商前所完成的問卷，有兩個問題便是來自他的影響：「在你的一生當中，你是否曾遭遇困難，但後來你以一種讓自己引以為傲的方式解決它了？你做了什麼，以至於對自己如此驕傲？」另一個問題是：「如果人們用幾個月或幾年的時間認識你，你覺得有哪些人會最尊重和最欣賞你？你可以憑猜想回答。」這兩個問題的答案經常滿載著當事人豐富的生命故事，並且提供了後續在諮商中能夠進一步發展分支故事情節的資訊。

這些對話能夠探索一個人的素質、技能、生活觀、價值觀、知識、專業技術（know-how）等等。並且引導我們發現，什麼才是當事人需要對抗的問題（Epston, 2009a），那些問題是當事人在會談之初不太可能會觸及的部分。這類型的調查能夠帶動一種連結，將當事人本身認同的故事與存在其問題（問題效應）中的其他可能性串連起來。事實上，許多次，當這樣的對話很順利展開時，當事人便可以找到新的對應關係去面對自己帶來諮商的問題。馬修與琳達的例子再真實不過，他們發覺一場對話就能帶來如此強而有力的影響，因而認為不需要再接受進一步的治療。在一種情況下，這樣的對話最有意義和最有效用，就是去探索當事人的技能、知識、價值觀等等，是如何出現在他們的生活中，並且觀察它們是從成長背景（包含過去和現在對當事人造成影響的人）中的何處而來。對話中匯集這些細節，就能發揮最大意義與效用（White, 1997, 2007）。

## 將當事人與問題分開來

凱蒂、養母瑪莉安和寄養社工雪倫，一起來到我的免預約門診（見 Young, 2006，完整記述）。在諮商一開始設定話題軸時，養母和寄養社工都表示她們希望能夠談談凱蒂最近的自殘行為，然而凱蒂表示「沒什麼好說的」。我邀請凱蒂作為見證者，聆聽我和兩個大人談論有關話題軸的設定，以及關於凱蒂的生命故事。瑪莉安和雪倫回應我的提問，她們猜測凱蒂的自殘是由於她和朋友發生爭執內心很痛苦，以及面對關係結束的恐懼。這連結到凱蒂生命中曾經歷失去的歷程。當凱蒂聽著瑪莉安和雪倫對她的揣測，猜想她在面對失去的恐懼時可能多麼令她驚恐與痛苦不堪，然後我向凱蒂確認她們說的內容是否準確。凱蒂回應「就像她們說的」，在發生爭執之後，她經歷到失去的恐懼非常強烈，而且「無法承受」。她承認是因為無法承受的恐懼，才會自殘。瑪莉安和雪倫認為，凱蒂其實是很喜歡與他人擁有親密連結的，事實上，她與寄養家庭的關係已經變得更親密了。

這個時候便能夠開始藉由一些提問嘗試「讓凱蒂與她的問題分隔開」，例如「我很好奇，是什麼因素使得凱蒂順利成為家庭的一份子？你有沒有看見凱蒂身上的什麼特質或事情，讓這個連結良好的關係可以建立起來？」接著，他們開始分享凱蒂的故事，說凱蒂對寄養家庭的姊姊很友善又很懂事，以及在那場與朋友的爭執過後，凱蒂承諾會以開放和深刻的方式與瑪莉安坦白地談論這個議題。然後，我再問雪倫一些問題，以進一步突顯出凱蒂本身與問題是兩回事：

凱倫：雪倫，我想請問妳，妳認為凱蒂身上有些什麼，像是知識、才能，或者一些她對人生的體悟，能夠在下一次她與朋友發生爭執又感到十分痛苦的時候幫助她？

雪倫：嗯，我曾經在一些時候見識過凱蒂無與倫比的同情心，像是這件事情。當我想著凱蒂曾經有過的失去，加上她待過好幾個寄養家庭，從某個角度來說，她失去了她的原生家庭……我在想，凱蒂能夠來到瑪莉安家，代表了什麼意義？她在歷經過所有這些經歷，多年後，她依然充滿希望，讓這裡成為能夠「待下來」的地方，所以我想到她的「樂觀」。其實，我和凱蒂有過一段往事。我是從另一位社工員蘇手上接過凱蒂的案子，當時她非常愛蘇，但是她並沒有因為我不是蘇而拒我於千里之外，妳知道的，這再次說明了她很樂觀。她並沒有「因為我失去了（蘇），所以我要對抗下一個（社工員）」，你們懂我說的意思嗎？

凱倫：懂啊，妳是在說，凱蒂大可以拒妳於千里之外，甚至無論如何都不跟妳產生連結，也不再建立任何關係，對嗎？

雪倫：是啊，而且她可以有很多方式，例如她可能對自己說：「你這次又能待多久？上一次只維持一年。這次也只能待一年是嗎？」……但我沒有感覺到她這樣想。

凱蒂：先是瓊離開了，接著是蘇……但我覺得有些事情是可以幫助我自己的，就是去回想那些和朋友們共度的快樂時光，就是多想想這些，然後不要讓自己去想可能會失去他們什麼的。還有去做一些可以讓自己感覺比較好的事情，而不是讓自己躲在失望裡面什麼都不去做，只是等待別人……停止這樣子，做點什麼，不要再去想「他們可能不會是我的朋友了」之類的事。

凱蒂在會談裡一直沉默聽著，直到此時，她不由自主地帶著想法進入對話，說明她能夠在一些情況下好好照顧自己。當凱蒂讓自己走入較豐富的故事中，此刻，這些都變得有可能了。之所以做得到，也是因為我們在對話裡面避免「解讀」與「評價」她，如第三章所介紹。我很仔細地記錄下所有她說過的話，連同大人們所描述的關於她的故事。我又問了一些問題，以展開更多關於這個充滿機會的開端的細節，以及希望發現更多屬於她的價值觀與承諾。凱蒂告訴我們，她相信在人的關係裡面「要去看美好的那一面」，也相信自己是個富有同情心且樂於付出的人。

凱倫（對著雪倫）：妳剛剛談到富有同情心這件事，（轉向凱蒂）這是幾分鐘前雪倫談到的話題。當她這樣說的時候，妳有沒有覺得驚訝？或者，妳其實也有點知道自己具備這樣的特質？

凱蒂：我大概知道。

凱倫：有哪些線索或原因，讓妳對自己有這樣的了解呢？

凱蒂：嗯，因為我總是毫不猶豫就去幫助其他人，不管是在家裡、學校或任何地方，我就是會去幫助別人。

凱倫：所以妳像是一個「付出者」？（暫訂一個相關名詞的例子）

凱蒂：是啊。

凱倫：一般來說，別人身上擁有的這種特質是妳喜歡的，而且是妳會去追求的，對嗎？成為一個願意付出的人，這是不是妳的人生想要的呢？

凱蒂：對，我很樂意幫助別人，這讓我感覺自己更好。

凱倫：我的意思是，很顯然這是妳的特質，但是為什麼呢？為什麼妳覺得這是妳希望擁有的特質呢？

凱蒂：我也不知道，我只是覺得幫助我的機構已經為我做了這麼多：把我安置在很棒的家，為我做了所有這些事情，那我也應該為其他人做點什麼，讓他們對自己感覺更好，這樣他們也能擁有更好的人生。有一個女孩，蜜雪兒，她真的有過一段很辛苦的日子……所以我就主動跟她說話，加上她有點喜歡洛麗，所以我就想讓她們認識。我就把她的電話號碼給洛麗，後來她們就很有話聊。我覺得這樣真的很棒，我幫她們搭上線，她們因此認識一個跟自己很像的人，如此一來就不會覺得自己那麼糟。我覺得，這真的對她們有幫助，而且她們看起來比以前更快樂。

凱倫：妳說，這是跟你想要回饋有關係？妳覺得妳接收到許多別人對妳的付出和給予，所以妳也想要回饋。是這樣嗎？

凱蒂：沒錯。

另一個豐富的故事開始了，這次是由凱蒂自己述說的，關於她所認同的價值與承諾。接下來，對話從許多方面展開，先是凱蒂和家人說過的一個故事。我想知道，當她面對恐懼的那些時刻，她能為自己做些什麼，她回答我「安心」（reassurance）。我們繼續討論凱蒂要如何讓自己感到安心的細部做法，以及生活中的哪些人能夠組成一個「安心小組」來幫助她感到安心。

後來，凱蒂同意加入我們的回顧研究。從她在回顧研究時與研究人員分享的意見中，她覺得這個面談對她最重要的部分，是她能夠從見證者的位置上聆聽大人們談論她的事情，還有那段「將問題分隔開」的對話。凱蒂告訴研究人員「在會談中，她（凱倫）問了許多問題，接著看看大家的想法是什麼」。我向在場的重要關係人提問，她們憑著自己想像、推敲，試著去同理當事人的感受，而這些內容很有可能是當事人根本還無法表達，或者還沒有理解到的。在這個實務演練中，將當事人放在見證者的位置上，聆聽重要關係人的推想，並述說有關她的故事，這樣的實務操作提供了一個水平鷹架（White, 2007a），使得當事人有機會理解到那些她原本不知道的事情（這部分的實例在第三章也有敘述）。凱蒂在見證者的位置上，聆聽她的重要關係人對問題的回應，她因而能夠退一步，反思她們所說的話，這讓她有「啊哈，我懂了！」的感覺，或者說，是一個關鍵時刻的顯現：發現失去與對抗的情緒和她的友誼問題之間有關聯，這個想法是她原本不知道的，因著這個體悟，她能夠採取行動來降低自己的痛苦和恐懼。

凱特也和研究人員說：「嗯，她（凱倫）不斷問我媽和雪倫事情，說一些她們覺得我有能力做到的事。」在會談中，那個「了解問題與人是分隔開」的實務是相當重要且思慮周詳的。我和凱蒂的重要關係人對談時，她們述說凱蒂所擁有的技能、天賦、問題解決等等。我相信難題困擾著凱蒂，使她遠離自己的技能與能力；然而，與之重新連結之後，她便能夠以不同於以往的方式去回應自己所遭遇到的痛苦。這部分可以從她對研究人員所說的話當中獲得確認，她說，這段諮商對話幫助她「找出解決的方法」。

## 發展新語言與新理解

如第三章充分討論了，語言不但是我們在詮釋過程中的投影與樣貌，也為生命中的事件增添意義。我在免預約會談中特別留意這個部分，並且試著與當事人共同發展出新的、有時是獨特的語言，替意義和行動開啟新的可能性。我希望建立起一個具有意義、貼身經驗（experience-near），並且將問題外化的描述（White, 2007a）。我想要與當事人合作，一起針對問題發展出對他們而言有意義的語言，我會從哲學立場或姿態，看見當事人與他們的問題是獨立分開來的，如同前言中所討論的。我依照第二章提及的定位地圖 1 的描述來展開問話。舉個例子，將「我感到焦慮」或者「我患有焦慮症」（遠距經驗〔experience-distance〕的醫學描述），轉變成「我的那些恐懼」或「我的那些憂慮」。當我們探索問題在當事人身上造成的影響，問題就從當事人身上離開了。我們用對話來替當事人解構與問題相連的自我認同，以便將問題從當事人身上分離開來。

我會向兒童提出像是這樣的問話：「如果我們一起去了解你煩惱的那些事情，你覺得這樣可以嗎？」「這些煩惱對你做了些什麼呢？」「它以前有沒有阻礙過你做一些事情呢？」「例如哪些事情呢？」「這些煩惱是不是給你帶來一些麻煩呢？」「是哪些麻煩呢？」「假如說這個煩惱／害怕看起來像是一種動物或生物，你覺得它像什麼樣子？」「它多大？什麼顏色？什麼形狀……？」「你覺得那個煩惱，它打算讓你的生活變成什麼樣子呢？」「它是不是和你希望的生活不一樣？」「那麼，哪些事情是你想要的呢？」（更多提問的細節，請見 Young, 2008）

在對話當中的一些時刻，父母親會處於見證的位置上，後來他們告訴我他們有多驚訝，聽見孩子對於自身問題竟然認識這麼多。先後有兩位母親來到我的免預約門診，她們後來都同意參與回顧研究。這兩位母親都有一個八歲大的男孩，其中一位母親告訴研究人員：「凱倫所做的事，從她的用字遣詞來看，『那個煩惱把一些想法放進你的腦袋裡』……他立刻就回應她的話，就像是凱倫說話的回聲一樣，這讓我感到充滿希望。」我的孩子說：『這個煩惱做了這個』和『這個煩惱給我的頭腦這個想法』，我開始覺得……這實在太棒了！」這一段與她兒子談論他的煩惱的外化對話，似乎給這位母親帶來希望。接著，她看著兒子逐漸進入對話，並且在回答我的提問時，從自己的理解中獲得了一些發現。

這位母親也告訴我，這個關於煩惱的外化對話「成為我的工具」。即使沒有規定諮商的回家作業，或者明確地說要在家裡像這樣說話，她了解到，在諮商室之外，這樣的說話方式也是很好的工具。透過見證我和她兒子一來一往的問答，她從中學習到新的東西。她成為一個「學習者」（learner），如我們於第二章討論過的。

另一位參與回顧研究的母親告訴我們，「她（凱倫）在問他（兒子）話……以蒐集一些訊息。她開始仔細地解析與劃分它……並不僅僅是停留在恐懼上面，而是去看它們看起來像什麼。……她一步一步地引導這個過程，使他能夠描述那些像是怪物的恐懼……給出一個空間和時間，讓他充分地描繪它們，直到他滿意為止。……她一直寫下他所說的話，他也為此感到很開心。」

這位母親的用詞很有趣，她將她所看見的描述為「解析它」（dissect it）與「劃分它」（compartmentalize it）。這似乎直接連結到「問題解構實務」和「外化實務」。她將恐懼稱作「它們」，再一次反映出問題與人是分隔開的這件事，她從對話中理解到了！此外她也注意到，對話是不倉促的，所以她說「空間和時間」是充足的。當進行外化對話的時候，她在某個時刻做出評論：「這是一個意義重大的時刻，因為他正在嘲笑自己的恐懼，這還真是頭一次……他是真心覺得它有趣。」（對她兒子而言，這很有可能就是那個關鍵時刻）。這位母親說，這是一個「充滿希望的時刻」。還有另一件事她說也很有成效，就是「建立信任。我猜我已經建立了足夠多的信任，我的確可以放手不管，並且如實地經歷它」。這個信任的進展，協助她讓自己確實處在見證的位置上，我相信，這對於她兒子和她本身的自我學習都相當有幫助。

回到有關文件化的重要性，這位母親還告訴我們：「她一直寫，並將重要的部分做成筆記，這使他成為過程的一部分……尊重他身為一個人這個事實，而不是說你只是個孩子。她給他平等的地位……讓他成為他自己……此刻我正在學習……這使我更加了解他……如此一來，我在家裡便能幫上更多忙，也更能夠同理……我從這裡學到的真是太重要了。」

在敘事實務中，將當事人的語言文件化，以開放的方式寫下當事人在對話過程中說了什麼，再朗讀出來與當事人核對準確性，在我看來，這一直是非常合作的、尊重的，並且引人入勝的過程。這位母親注意到合作這件事——她用「兩人之間的互動」來描述，並形容她的兒子為參與者（participant）。由於在我和她兒子的對話過程中，她處在見證者的位置，使她能夠從一段距離之外觀看，也為她自己創造出「學習」的契機，建立起她對新能力的「自信」，因而能將這些新習得的技能運用於諮商室以外的時候。

## 結論

我在免預約門診中的實務治療，忠於以敘事治療貫穿其中的方式；從這些對話所達成的效果來看，這個方法確實創造出「慢一點，比較快」的歷程。來到免預約門診的當事人中，有超過半數發覺光是一次對話就足夠（解決他們的問題），而沒有接受進一步的治療服務（Young et al., 2008）。由於免預約門診中「簡短卻意義深遠」的對話，使得這樣的成效十分有可能達成，如此的對話也能協助當事人在單次會談當中「前進到新的境界」，並經歷一段「旅程」。這些是透過免預約門診中的「短期敘事」實務達成的。

敘事姿態和分支故事情節的發展——以設定話題軸、文件化、了解人與問題是分隔開的、引導當事人成為見證者、發展新語言和新知識、外化對話等實務，以及探索當事人的偏好和他們與問題之間的關係等等，所有這些創造出許多對話，因著對話中產生的意義，他們才有機會認識過去不曾理解過的面向，包含自己的人生、自己的知識，以及自己的技能。回顧研究創建了一個實務過程，邀請我們退一步，再回過頭反思免預約門診中的敘事治療對話。我的最佳導師是來到門診的這些兒童、青少年和他們的父母親，在治療實務中，他們教導我，什麼對他們而言是最重要且深具意義的。

## 反思提問

1. 你認為是敘事對話的什麼部分能夠在單次的治療會談中跨越這麼遠的距離？

2. 在單次對話當中，我們能夠選擇哪些道路前行，發掘當事人生命歷程裡的分支故事情節？又如何在單次對話中鋪陳這些分支故事的細節？
3. 對於當事人所關注並帶到免預約門診來的難題，這些新發展出來的故事情節，可能帶來什麼效果？
4. 在單次治療會談中，我們能夠採用哪些實務方法，協助當事人與在對話中發現的新知識保持連結？
5. 若我們深思回顧研究中的反饋意見，例如合作的重要性、尊重的姿態、以合作方式完成的文件化實務、使用語言將問題與人分隔開、引導當事人成為見證者、水平鷹架實務，以及開始了解問題與人是分隔開的，那麼治療師能夠如何將這些資訊應用在各種不同的治療取向中呢？

---

【註】 關於門診的運作細節，還有兩篇已發表的論文：

Young, K. (2008). Narrative practice at a walk-in therapy clinic: Developing children's worry wisdom. *Journal of Systemic Therapies*, 27(4), 54-74.

Young, K., Dick, M., Herring, K., & Lee, J. (2008). From waiting lists to walk-in: Stories from a walk-in therapy clinic. *Journal of Systemic Therapies*, 27(4), 23-39.

【第六章】

# 走出地獄的旅程：處理創傷與暴力的陰影

許多當事人付出很大的心力向治療師尋求諮商，為了解決創傷帶來的陰影。在與經受創傷和虐待陰影的當事人一同工作時，第二章描述的對話地圖和三幕劇的隱喻特別適用。如同我們先前提過的（Duvall & Béres, 2007）：

> 透過治療對話，這張地圖提供了一個架構，治療師得以將鷹架搭建在當事人的故事裡，幫助他或她，從他們內在可以想見的、被視為理所當然的主流故事裡的絕望，最終抵達希望之境，在浮現的替代故事中找到更多可能性。（p.234）

透過成年儀式（旅程）比擬（Campbell, 1949; Turner, 1977; van Gennep, 1960; White, 1999），並導入三幕劇的形式，使我們理解當事人對於創傷陰影的反應，這是人生激烈轉變的一部分。在本章節裡，我們將會演示對話地圖和三幕劇如何作為架構，來應對當事人在走過生命轉換旅程中的複雜性。如此一來，原先藏匿於充滿問題故事中的關鍵事件，將受到質疑、重新詮釋和進行解構，從而可能讓原先被忽略的經驗受到注意。對事件的理解與關鍵時刻出現了，並結合在一起形成關連鏈，進而發展為偏好的故事情節。這些浮現的偏好故事情節，使當事人更能夠思考應該採取的必要行動。麥克・懷特（2007a）解釋：

> 當事人會變得更好奇與著迷，對於先前自己忽略的人生與人際關係；隨著對話進行，這些替代故事情節變得更深厚，根植於歷程中，並且提供當事人一個新的起步的依據，以解決生命中的難題、危機與困境。（p.62）

雖然創傷與虐待的陰影可能會擊碎當事人緊抓著的價值，或者衝擊到前一次的起步，但它們並不會消失。即使如此，問題故事中必定存在一些缺口。這有如淘金，必須篩掉許許多多的泥沙，直到閃亮出現。當閃亮時刻出現，那就是偏好故事情節的入口。

## 喬的故事

我們在此介紹一位歷經嚴重創傷的女性的故事，她的創傷是由二十三年前的宗教儀式虐待所造成。我們關注她的故事的同時，也正在描繪她的旅程地圖。我們會呈現她最終如何使自己解脫，從創傷折磨的陰影中修正人生，朝著她十分滿意的方向前行。現在的她已經過著更加圓滿的人生。

基於保密不公開的理由，喬這名字是虛構的。她衷心期盼能夠分享自己的故事，鼓舞同樣受到創傷與虐待陰影折磨的女人，她想要向她們保證，她們也能夠開創自己渴求的人生。喬希望藉由自己的故事，也能讓治療師們看見這些歷經過儀式虐待的女性，以真實的模樣顯現，讓自己被看見，而不是因無法談論虐待而必須躲藏起來。當她們從創傷與虐待的陰影中盼望恢復正常生活，因而必須走進充滿不確定與挑戰的未知領域的時刻，她希望治療師們可以寬懷地抱持著「人性的」關懷（Frank, 2004），支持這些女人所付出的努力。為此，喬參與本計畫、接受諮商，形成了本章內容。為了講述她的故事，並且保護她的隱私，我們稍微修改了故事。

如同許多承受嚴重創傷陰影的女人們，喬歷經了內在的孤寂感，感覺與外在世界隔絕；她也受到經常性的解離和自我認同感低落的侵擾。這些都與喪失個人主導性、失去決定生活型態的能力有關。

她相信，那些和她的虐待經驗相連而生的問題，是她自我的映照，即使當時的她年紀還很小，她也不知為什麼就是覺得自己該對經歷到的虐待負責。帶著這樣的理解，她努力靠自己解決問題，可惜這些努力無一例外地都惡化了問題的影響（White, 2007a, p.9）。她的隔絕機制後來發展成雙重感受（double-sided experience），一方面，它提供了一個「洞穴般的」避難所，用以躲避與虐待經驗相連的恐懼；另一方面，它又迫使她無法完整地走進與朋友家人的關係，也無法享受日常生活快樂的活動。她說自己活在深不見底的孤獨裡，無法感知這個世界是否仍以某種方式回應著她存在的事實。

一次又一次地，她從周圍環境解離，撤退到一個洞穴般的陰暗世界，為躲避恐懼而奮力。諷刺的是，隔絕卻又讓她內心的受害者更容易墜入虐待經驗的回憶深淵。隨著時間的推移，生活成了悲慘的存在，因為她越來越常質疑她的「現實」感。她說，希望變得越來越渺茫，她被囚禁在一個她稱之為「永無止境的現在」裡面，凍結在過去與未來間浩瀚無際的時空。

## 第一幕：起步與拆分階段

當喬第一次與我聯繫時，我（吉姆）接起電話，對方一陣沉默，我猜那通無聲的電話可能是朋友惡作劇，然後像是過了一個世紀之久，我決定掛斷電話時，那頭終於開口說話，很細微的聲音。於是我們安排了第一次的會談。

### 第一次會談

第一次會談中的大部分時間，我和喬就在尷尬的沉默裡坐著。她努力掙扎想找到一些話來表達，卻又經常視線飄離。當時，我感覺她打算教我許多關於應對沉默和含糊表達的能力。我不曉得我們會談的目的是什麼，但我確實感覺到，眼前這個會談很重要。一起坐著一段時間後，我們嘗試開始對話。

喬：也許我根本不應該來，我可能只是在浪費你的時間。

吉姆：喬，這是屬於妳的談話時間。我希望妳能使用它，用任何對妳有幫助的方式。慢慢來，不用急。

喬：我覺得要找到文字表達好困難。說很困難，但我知道我必須開口說。（接著，喬開始描述長久以來與世界隔絕如何變成她面對恐懼的避難所，隨著時間推移，漸漸變得更容易躲到「洞穴」裡，而且避不見人。）這樣的隔絕讓我動彈不得。有時候，我感覺就像被凍結了。

吉姆：所以，躲到洞穴裡變得較舒坦一些，但它也讓妳感覺動彈不得，像是被冰凍一樣？如果與外界隔絕切斷妳和他人的連結，那麼有沒有想過從隔絕的狀態裡掙脫出來呢？妳有沒有想過，再跟其他人重新連結？依照妳所經歷的這些，有什麼是妳有興趣去做的？

喬：喔，我需要跟別人重新連結。我知道。但說比做容易多了，我就是感覺到動彈不得。

我們的對話進行到這裡，又是很長一段沉默（大約四十五分鐘），我越來越意識到，我需要改變我對初次對話的期望。很可能很可能，諮商結束了我還不了解這次會談的目的。因為在這個談話中，必須先完成一些工作。所以，我們需要以非常慢的步調前進，並且謹慎地設置階梯，以期得到有效的治療對話。

吉姆：所以，妳其實知道，與他人重新連結能幫助妳從隔絕狀態掙脫出來。

喬：是的，我希望最後能解決這個，但我感覺我可能正在浪費你的時間。

吉姆：喬，我很高興能夠和妳對話。所以，讓我問問妳：妳認為從隔絕的狀態解脫會帶來什麼？

喬：我在對別人表達自己的意見的時候，就不會感覺這麼手足無措，而且這麼當機；就不會感覺被恐懼佔領，然後頭腦開始擷取圖像；我就可以坦白地說話，不需要太過度擔心這樣說到底是對還是錯；我就可以重新讓自己發聲。

吉姆：妳會重新讓自己發聲。喬，依據妳剛剛所說的這些，妳是否希望安排另一次會談，讓我們可以進一步對話，談有關從隔絕狀態掙脫出來，還有重新讓自己發聲？

喬：好，我希望再安排一次會談。

吉姆：好的，由於妳希望未來能繼續談，我想知道這個方法是不是可行，我們就把這些妳所面臨的挑戰，看作是一個計畫。就跟所有的計畫一樣，如果妳給它命名，我們會更清楚要怎麼處理它。妳知道的，就像「○○」計畫，妳想給這個妳正在進行的計畫取什麼名字嗎？

喬：嗯，如果我叫它「重新讓自己發聲計畫」如何？

吉姆：在我們隨著談話移動的過程中，妳可以繼續使用這個命名，或者如果妳想到更合適的，也可以隨時更換以符合妳在那個當下的狀態。現在，我們就稱它為「重新讓自己發聲計畫」。

「當我們和一個經歷過創傷的當事人對話時，提供一個讓當事人能夠『發聲』的空間，這個概念是我們哲學定位中三個重要面向的第一個。」（Duvall & Béres, 2007, p.231）

反思彙整（詳見第二章），這是在治療會談結束時所提供的初步彙整，當替代故事情節逐漸浮現的時候，它有助於澄清替代故事情節。

吉姆（看著筆記，並使用喬的用語）：喬，到目前為止，我們今天已經談了許多事情。首先，我想讓妳知道，我明白妳打電話與我連繫，並且來到這裡諮商，對妳來說是很不容易的事。這似乎是妳跨出的一大步。妳說，即使是要妳找到一些話來開始我們的對話，都是那麼困難。妳也談到，妳經歷了很嚴重地與外界隔絕的狀態，它讓妳有時候感覺動彈不得，還有像是被凍結。妳還說，妳知道妳需要與他人重新連結。最後，妳說妳想要「重新讓自己發聲」，而且要能夠表達妳自己的意見，就不會感覺那麼手足無措到說不出話來；妳把它命名為「重新讓自己發聲計畫」。到目前為止，這些紀錄內容符合妳對我們談話的理解嗎？

喬：沒錯，這些就是我們剛剛談的。找到文字表達很困難，和他人維持關係也不那麼容易。

吉姆：喔，當然，這當然很不容易。但妳知道，這讓我想到一個點子。首先，我先問妳一個問題，因為「它很不容易」，所以，如果在準備好與他人「真正地」重新連結之前，先練習與一些人互動，不知道這樣會不會有幫助？

喬：嗯，我猜會吧。但我不懂你的意思，要怎麼做呢？

吉姆：好的，這只是一個點子，我希望妳可以自在地決定，如果想拒絕也可以，不需要說明理由。妳說，妳知道有一個方法可以從隔絕狀態掙脫出來，那就是與他人重新連結。妳也說，妳想要安排下一次會談。所以，我打算在我們下次的會談中安插一個團體。這個團體會在一旁聽我們的對話，然後在會談過程中的一些時間點，從我們談話裡面聽到的內容，提供他們的感想。這些感想包含哪些對話讓他們印象深刻、哪些感動了他們。他們也可能談談妳說話的內容對他們造成什麼影響，還有他們可能會如何把這些想法融入到自己的生活裡。團體成員不會論斷或評價，或告訴妳該怎麼做。他們說幾分鐘之後就會離開，然後我們繼續談話。那時候我就會問妳，在剛才團體的對話裡面，妳聽見什麼讓妳印象最深刻。

我在想，如果我們與團體用這種方式合作，如果它是一種讓妳熟悉自己與他人連結的方法，用一種不算是發生在「真實」生活裡的方式，這裡會是比較安全的環境，用來練習、嘗試和犯錯。在這種環境下，我們可以調整，討論我們遇到的情況，作為妳與（生活中的）其他人重新連結的準備。

喬：老實跟你說，這聽起來相當可怕。但我需要這麼做。好……我願意這樣做。

喬已經進入第一階段，她很明白地希望生活有所改變，她想要遠離她的恐懼和隔絕感。她聽見了「召喚」（Campbell, 1949），並且回應它。至少目前如此。

在第一幕中，我們仍有一些路要前行。我還不清楚喬的故事重點，以及什麼是最重要的部分，是我們該開始談的。我也需要了解她的背景故事，其中有什麼歷程是與她的故事有關聯的？無論現在與過去，參與並影響她人生的關鍵人物是哪些人？在喬開始治療旅程的中間階段之前，我們需要先解答這些疑問。

## 第二次會談

### *故事重點*

在第二次會談中，我們進一步闡明喬想要把治療對話的焦點放在「重新讓自己發聲」這件事情上，而最終她渴求一個更圓滿的人生。聚焦於從隔絕狀態中解脫和重新讓自己發聲，結果將會證明這是很好的開端。

上一次會談中出席的局外見證人團體，在第二次會談中也會參與，並會持續出現好幾次會談。喬評論說，團體的影響是她治療旅程中關鍵和重要的環節。在某些方面，團體反映出她受到宗教儀式虐待的整體結構。在治療會談之初，他們的「觀看」和「見證」讓她感到憂慮；然而，隨著療程繼續前進，她感受到團體帶來很有效的治療影響力。團體不僅驗證了她的努力，也使她有機會明白，她也能夠為他人帶來影響。她說，在與團體一同工作之前，她感覺自己是透明的，接著她開始感覺自己變得有色彩、能被看見，因為她能看見團體，團體也能看見她。她從這裡學習連結，她從他們的見證中感覺到自己具體化，並且體驗到與他們互為主體的感受。透過局外人見證團體的確認，喬開始重新拾回信任自己與信任他人的能力。

## *背景故事*

創傷與虐待對喬的過去造成的影響無處不在。她說二十三年前在非洲遭受一群人的儀式虐待。該組織成員因身著長袍斗篷而隱瞞了自己的身分，正因如此，她不敢信任她住的那個小村莊裡的人，任何人都有可能是組織的成員，這讓她感到恐懼。因此，她無法揭發虐待事件，也無法向任何人傾訴。幾年過去，虐待的畫面經常侵擾她，使得她從日常生活的軌道中解離出來，被那個她稱為「永無止境的現在」所囚禁。喬形容虐待造成的侵擾回憶，就像是不停逡巡徘徊的陰影，讓她情緒很難安穩下來。

此外，因為沒有一個人可以讓她安心地透露虐待的事，她變得孤立，而且失去支持。她住在農村地區，家後方有一棵巨大橡樹，她只能從那棵大樹獲得慰藉。事隔多年，喬發現樹木和大自然是她的寄託。

幾年後，喬移民到加拿大，和瑞克結婚。但他堅決否認喬受虐的經歷，甚至指責她隨意捏造。瑞克花了好幾個小時上網查資料，來支持自己的說辭。在許多方面，瑞克複製了權力不對等與不平衡的處境，就如同喬最初遭遇的虐待經驗一樣。由於瑞克不承認她的經歷，喬又落入更深沉的隔絕狀態，導致兩人更加疏遠，婚姻愈顯分歧。

一直以來，喬有些朋友，他們大多住在鄰近的區域，少數住得比較遠。她認為他們很好，是能相互支持的朋友。

此時，我們抵達喬的故事裡起始階段的拆分點（separation point）。現在，我們對她的故事重點有了一些概念。她說她想要「重新讓自己發聲」，要更圓滿的人生。這就是她的「召喚」，是很重要應該談論的部分，這促使喬開始進入分離過程，從「那已經確定走投無路的身分或角色」（White & Epston, 1990, p.7）離開。

我們對喬的背景故事有了更多的了解，包括過去的創傷和虐待的歷程，還有她目前所處的社會環境，以及她的日常生活，都有更清晰的認識。所有這些組成一個故事，影響她如何看待自己，以及她覺得別人會如何看待她。

喬開始把這些問題命名為恐懼、隔絕和自我懷疑，也如前所述，把她的「探索旅程」命名為「重新讓自己發聲」，以及更完整地體驗人生。她收到了召喚，將她推向前進。

這對喬來說是非常重要的開端。正因如此，留意我自己的反思很重要，也要注意放慢步調，並邀請喬針對她的敘說，表達哪些部分對她而言是最重要的。喬相當的努力，讓自己在過程中前進了這麼遠的距離，然而保持開放的可能性是比較明智的，那就是喬可能會在治療旅程中停在一些關卡上，甚至退回她的避難「洞穴」。對於這類情況的回應，並不是以「失敗」或「阻力」來理解；反之，是一個運用正確判斷的機會，也是為未來做好準備的需要。如同喬所經歷的這類旅程，是不容易處理的，它其實是個很有意義的、轉變人生的過程，當喬正朝向她期盼的圓滿人生邁進，那需要毅力、全面規劃，並且謹慎調整過去所抱持的承諾。

## 第二幕：旅程階段

我在第二次會談結束，同時也是第一幕完成時，提供了第二次的反思彙整，我以這次的彙整為邀請，邀請喬跨越門檻，進入第二幕：治療程序中的旅程和轉變階段。

### 第三次會談

在前一次會談中，喬談到她曾經不知道生活周遭有誰能夠信任，她因而轉向住家後方的三百年老橡樹，向它尋求力量。她會坐在樹下，這樣的近距離陪伴幫助她重整力量。在我們會談的諮商室外，正好有一棵大樹。從第三次會談開始，直到後續的所有會談，我們總是將治療室的窗簾拉開，將百葉窗升起，看向窗外就能看見那棵橡樹。喬只要旋轉椅子，就能在我們對話時看見那棵橡樹，當她需要的時候，就能獲得心靈上的支持。

在三幕劇的這個旅程階段，喬會回顧、反思，並且重新思考生命中發生的許多事件。恐懼和自我懷疑的威脅可能會再次掌控她，讓她深感挫折；她也可能會因重新讓自己發聲和開始過上滿意的生活，而感覺有進展。最近越來越多事件都反映出喬的起步，關於她回應創傷經驗的敘說，與她想要讓自己重新發聲的計畫是一致的。這些事件形成關連鏈，並使得新顯現的、喬所偏好的故事情節，得以順利發展。她開始意識到，希望有可能重回生命中。最近發生的事件。開始建構起偏好故事情節，而這些事件都充滿豐富的事件性，「真實的創造力和選擇是不可或缺的……此刻，我的作為所帶來的意義，才是真正重要的。」（Morson, 1994, p.21）

她也回顧了十分重要的核心事件，是她的虐待事件源起之處。可想而知，這個事件是情緒滿溢的，乘載著意象和內涵，並深具挑戰。當喬詳細地重新講述經歷虐待事件的經過，局外見證人團體扮演了重要的角色。當喬述說著虐待經驗，局外見證人團體所具備的回應故事的能力，形成效應，推動著喬從「舊經歷朝向新願景」前行。局外見證人團體幫忙解構虐待者當初所說的神話，並幫助喬重新思索，賦予過去事件新的詮釋。

當喬進入旅程中的過渡階段（Turner, 1977。詳見第二章），她受邀從回顧和重新解讀這些不同事件的經驗中，仔細思考難題帶來的影響。在這個旅程中的評估環節，我們致力於探索相關性和多元性的意義。意義是透過治療對話中搭建鷹架而生成，透過旁支側寫回顧她的過去經驗，以突顯出帶有創造力、選擇權和可能性的選項。

吉姆：喬，妳在上一次的會談中提到，妳準備談談有關虐待的細節，但妳想知道是否能夠談它。我想要妳明白，當然，這是可以談的。另一方面，從我們初次見面至今有兩周了，所以，其他重要值得談的部分，也可能在此刻浮現。妳目前傾向先談什麼呢？

當喬經歷虐待時，她的選擇權被剝奪了，而那時候的她只是個孩子。在往後的人生裡，喬的丈夫又從她的生活中剝奪了大多數的選擇權，使得過去虐待經驗的陰影再次浮現。我想要讓喬體驗明確的選擇權，因此，治療當中都由她做決定。我們有個共同的任務，就是重建她的選擇權。我的目的是要創造一個空間，讓喬體驗，對於我們討論的主題，以及要在什麼時間點討論，她都是有選擇的。在先前的會談中，她曾表達她通常傾向於緩慢地開啟不同的主題，以較少的激烈討論來開啟另一個主題。因此，這是調整速度的一個方式，在此，我們由喬來決定對話的速度。透過更多的提問，我邀請喬仔細回想事件，並且評估她的行動在事件當中所造成的影響。「治療師藉由提出問題，鼓勵當事人帶入他們的生命經驗、舒展他們的心靈、鍛鍊他們的想像力，並且提取他們身上能夠創造意義的資源，用以促成替代故事情節的發展。」（White, 2007a, 62）

喬：總之，它們全都有點相關。

吉姆：好，那我們能夠在談話持續前進時再將它們串連起來嗎？在這次的會談中，妳希望我採取被動一些，或者主動一些的方式呢？

喬：也許你可以主動一些，因為我會傾向於閃避問題。

吉姆：好的，那妳希望我們從哪裡開始呢？

喬：嗯，顯然我一直沉溺在所有事情裡面，而且這絕對是讓所有事情都變得更糟，就像瑞克說的。

吉姆：就像瑞克說的，是什麼意思呢？

喬：他說治療通常只是把事情變得更糟。我說，可是，你只認識兩個接受過治療的人，就只有你跟我。後來他說，因為他覺得沒有用。

吉姆：他是怎麼定義「有沒有用」的呢？

喬：如果我們每一夜都做愛，那就是治療有用。他就是希望一切都很棒！

（起步一）

在過去的會談中，喬描述過一個事件，當時她嘗試要和瑞克討論那個議題，結果瑞克突然駁斥她所訴說的經歷。再一次地，她變得不知所措，恐懼讓她關機，並且退縮到角落。下面的例子是她第二次嘗試，這回是她首次在丈夫面前讓自己發聲。這個嘗試意義重大。

喬：事實上，這幾周我在幾件事情上挑戰了瑞克。

吉姆：可以告訴我們多一些嗎？妳如何挑戰瑞克？

喬：我告訴他我不喜歡他干涉我的決定，我希望他停止這樣做，但他只是又擺出盛氣凌人的一貫態度。他總是這樣。

吉姆：所以在那個當下，那對妳而言像是什麼，我是指挑戰瑞克這件事？妳可以描述一下當時是如何經歷那個過程的嗎？

喬：當我那麼做時，心臟怦怦狂跳，我感到害怕又興奮，然後就覺得好多了。因為我告訴他這件事沒得談，接著就走開了。我就是這樣跟他說的。你應該看看他當時臉上的表情，他超驚訝的。但至少，現在，他會聽我說話了。

吉姆：好的，所以這有沒有什麼不一樣？這會不會是一個妳重新讓自己發聲的開始？至少他現在開始聽見妳了？

喬：會的，它會是一個開始。

吉姆：喬，妳剛才說「感覺好多了」，當妳為自己發聲時，那個好的感覺給妳帶來什麼影響？

喬：這個嘛，我覺得更有自信了。

吉姆：是什麼因素讓妳能夠靠近、接觸那個妳之前說過很嚮往的人生呢？

（起步二）

喬：就是我很重要，我不是透明的，我有影響力。它使我開始思考我可能可以做到的其他事。（旁支側寫，其他的起步也是可能的）舉例來說，有一本日記本，我已經放著二十三年了。我把它拿出來，我想也許現在是開始寫它的好時機，如此一來，如果有什麼想法跑進腦袋，我就可以寫下來。

吉姆：二十三年！妳有這本日記二十三年了，妳現在才把它拿出來？所以，會不會是妳已經想起那本日記，打算開始寫它，過了這段時間，它成為另一個讓妳發聲的方式？我不是要誇飾它，那些是我的話，不是妳的。但妳是怎麼看的呢？

喬：不，我不認為這樣太誇張，我認為這個日記是更大計畫的一部分。

吉姆：喬，對於妳想起這本日記，還打算再一次開始寫它，我希望妳給它 1 到 10 的分數，10 分是非常重要，0 分則是一點也不重要，妳會給自己重新寫日記的重要性打幾分？

喬：我會說有 8 分。這就像我們上禮拜提到的，有關「永無止盡的現在」那個狀態，寫下來，就像是把那些混亂的思緒從那個狀態輸出到日記本上。吉姆，它像是被堵塞的黑洞，從以前到現在，所以寫下來會有幫助。但最困難的部分，是寫下來之後，要能搞懂它的意義。

吉姆：當然，寫下來會很有幫助的，同時，解讀出妳書寫的內容的意義，可能也會有些難度。但無論如何，妳都會開始寫了。所以，妳認為這也是重新讓自己發聲的一種方式嗎？

喬：是的，我想是。但你知道嗎，過去好多年以來，那是我一直用來處理事情的方式，它幫助我正常運作，否則，我根本沒有辦法完成那些日常工作。但也有個壞處，就是所有東西都會隔絕起來，它們不會變成文字或語言，就停留在那個永無止境的時空裡面，然後，恐懼就會一直來找碴。

吉姆：所以，妳的意思是說，如果妳能談論它們，在某種意義上，就像把妳的恐懼拉出來，擺在妳的面前，妳就直直盯著它們，這樣會幫助妳擺脫它們，會嗎？

喬：絕對會，我想要擺脫恐懼、重獲自由，所以我需要停止逃避，我需要和恐懼「正面對決」。

吉姆：妳剛剛說，一直用一種方式處理事情，幫助妳正常運作，能不能多說一些？

喬：嗯，我認為我之前一直用的那個隔絕的方式，使我能夠過日子和應付一些事情，所以我完成了每天日常該做的工作。但自從我開始來這裡，我發覺當我把不同部分的自己串連起來，其實是很正面的。我了解這一切到底是怎麼回事，因為現在我跟身邊的人更有連結。我和別人的連結，似乎帶給我更多的力量和明白。不再什麼事都讓人感到憂鬱了。（自我認同的社會建構）

當事人能夠將他們的自我認同，從僅僅以創傷相關經驗來定義，轉變成擁有一個同時包含生命中其他元素的自我認同……朝向新的脈絡，當事人得以體驗到自己能夠克服創傷的影響。（Duvall & Béres, 2007, p.233）

吉姆：妳說，透過在人際關係裡的重新連結，妳找到力量和明白。體驗到更多的力量跟明白，對妳產生什麼影響？

喬：嗯，我感覺變穩定了，就像是地板不再那麼常一直移動。我明白文字確實有效，然後我有時候需要更多膽子跟勇氣發聲。

吉姆：妳現在明白文字有效，有時候需要「膽子和勇氣」讓自己發聲，可不可以告訴我多一些，妳覺得這個新的體悟，可能會帶給妳什麼可能性？

喬：嗯，我明白只是因為我可以發聲，不代表別人就一定會認同我。有時候我需要膽子表達，說出什麼對我是重要的。所以說，讓自己發聲不一定要獲得別人的回應。

（反思彙整）

吉姆（看著筆記裡喬說過的話）：喬，我需要知道我是不是正確理解妳說的意思。我聽到妳說，妳告訴瑞克「妳不喜歡這樣」，當他過度干涉妳的決定的時候，妳希望他可以停止這樣做。然後妳說，跟他這樣說之後妳感覺好多了，結果讓妳變得更有自信。妳又說，這讓妳想到有另一件可以做的事，就是妳要開始寫日記，那本日記被妳擱著二十三年了，然後妳對這個起步的重要性，在 10 分滿分裡面給了 8 分。妳接著又說，妳這次跟瑞克說話的方式，還有說要把妳的想法寫在日記裡面，這兩個方法都是讓妳重新發聲的例子，而且妳認為這是一個更大的「讓自己重新發聲計畫」中的一部分。妳還說，談論它、寫下它，幫助妳面對恐懼，使妳打破「永無止境的現在」，逃出來。妳也說到，跟別人重新連結，帶給妳更多的力量和明白，然後這個結果讓妳獲得更多的穩定。妳也說，妳明白文字會有幫助，而且有時候你需要膽子跟勇氣去發聲。我理解到的是，妳說妳體驗到更多的自信、穩定，還有勇氣。談到這裡，我對妳的理解都正確嗎？

上述喬所經歷的諸多事件和她對事件的理解，都是原先無法預期的。這牽涉到地下莖的比喻（詳見第三章），喬的地下莖從起身對丈夫表達自己開始增生，然後蔓生到寫下她的日記……「根系沒有階層、主幹、分支，只有互連的芽苗各自從不同方向冒出來、長出來的多元性。」（Deleuze & Parnet, 2002, p.xi）。

喬：嗯，都正確。當你把它們整理起來，感覺好像很多。

吉姆：這些是如何跟妳的生活相連起來的呢？

喬：我覺得，這些是跟我們上次的會談對話相連的，當我們在談讓我重新發聲的時候，我開始變得有顏色，可以被看見，當時我還想要讓它這樣發生時，感覺超可怕的。

吉姆：對，我們上次有談到，如果妳想要被看見，妳會希望如何被看見？所以說，對於想要如何被看見，妳現在有任何想法嗎？

喬：有，我希望別人看我，是帶著尊重的。

吉姆：所以，妳知道妳希望自己被尊重地看待，這件事告訴妳什麼？現在妳知道自己希望別人尊重地看妳，這對於妳和別人之間（的關係）會不會有什麼改變呢？

（起步三）

喬：那意味著，我知道我很重要，我不會再讓自己進入不受尊重的狀況。我希望變得更像原本的我，我的事是重要的，我能夠發聲，我開始回到從前的樣子了。舉個例子，上禮拜我和朋友去一家餐廳，餐廳老闆非常沒禮貌又不尊重我們。在我們吃完離開餐廳之後，我和朋友就在談論這件事。然後我心想，這樣真的很讓人不滿意。我跟朋友說：「他的態度真的很不好。」所以我走回去，告訴老闆說他很沒禮貌，而且很不尊重我們，如果他對待客人的態度沒有改善，那我們就不會再來光顧了。結果他很誠懇地為他的行為道歉。我朋友說，他們不敢相信我竟然這麼有膽，還走回去跟他講。

吉姆：所以說，喬，妳提到需要面對自己的恐懼，還有讓自己發聲，然後妳分享這個經驗，在一般人通常會選擇直接離開就算了的社交狀況，相反地，妳卻採取行動，對不尊重提出抗議，還當面跟老闆說。妳覺得，這也會對老闆造成一些改變嗎？妳認為，妳花力氣跟他說那些話，他會感激妳嗎？還是不會？

喬：會，我想他是感激我的，我感覺到他是真的沒有發覺到自己的問題。

吉姆：所以，妳在這事件裡面有所行動，妳用自己的話，加上膽量和勇氣，讓自己發聲。聽起來它有鼓舞人的效果，對好幾個人都是，包含妳的朋友跟餐廳老闆。這是不是妳更想要的？這和妳嚮往的人生有什麼關聯嗎？

喬：喔，有啊，它和我想要的人生有很深的關聯，我不想失去它。就像幾個月前，我真的非常情緒化，我就是很迷惘，而且完全無法處理。當時，我就是又掉進黑洞裡了，一個沒有文字可以說明的狀態。好多年以來，我一直避免去看那些東西，但是當我這樣做的時候，它們卻又一直跑回來。在我第一次跟你說，我做了一個決定，我決定面對它。可是有時候還是很困難，而且我覺得害怕。但我已經決定了，我真的需要面對我的恐懼，還要找出方法對付它。

吉姆：根據我們談的這些，關於妳最近幾次面對恐懼的經驗，妳會欣賞自己的什麼改變？

喬：我發現，把事情轉變成文字會有幫助。我不能一直沉溺在裡面，然後一直逃避那些事情。其實，有一件事情已經放了好一段時間，我需要談談（她的腿在發抖，視線移到窗外的橡樹上）。它就擋在我的面前，更緊黏著我不放。有時候，我會變得非常分裂，因為這件事讓我整個停擺，而且讓我說不出話來。

吉姆：如果妳談一談這件事，會不會讓妳感覺更能夠和自己連結？或者，妳比較希望現在先不要談？

喬：我現在需要談，這樣我才能看著它，然後理解它。但我的這些話，其實充滿了又愛又恨的矛盾，它就只是一直擱在那裡，裡面發生了一些事，是非常強大的效應，而且它是如此夾帶著權力。我是一個受害者，我沒有力量（啜泣）。他們真的是拿我的性命開玩笑，我沒有地方可以躲。面對那個痛，我不知道該怎麼辦。有時候，實在太困難了。那時候我還很小，在事情發生的過程裡面，我的反應就是一直找方法抵抗。而現在談論它，就像是用另一個形式去抵抗它，而且讓它浮上檯面。我現在又開始寫日記，這也是另一個抵抗、被看見的方式。這就好像，我又重新變得有顏色了。

喬繼續敘述那件發生在二十三年前的儀式虐待的細節，她和她的恐懼「正面對決」，這代表喬意義深遠的許諾，準備將她的故事向前推進。

吉姆：就像是，妳讓自己在日記本上重現了。（反思彙整）喬，在我們上一次的談話中，妳說，談「它」真的很重要，然後讓自己把話說出來。今天妳來到這裡，談到兩件充滿挑戰的經歷，就在過去兩週裡，妳說妳要開始重新讓自己發聲，然後妳用很有力量的方式說話，說那件妳不曾向別人提起過的創傷和虐待事件，它們曾經佔據妳的人生，這讓我很想知道一件事：你覺得，當我從妳口中聽到妳談虐待的事情，那對我的影響會是什麼？妳會用什麼詞語來形容我的感受？

這個方式能讓喬體驗此刻，也就是體驗她帶給其他人的影響，這的確是很有影響力的。

喬：高興嗎？你可能會覺得高興，覺得我談這個是件好事？

吉姆：所以，妳用的詞是高興。出現在我腦海中的詞，是喜悅。

喬：我真的很開心我終於把它說出來。感覺不一樣了。我發現說話是個好方法。開口說，就不再沉溺在裡面，感覺像是，向前邁進。

## 第四次會談

吉姆：那麼，喬，妳今天想從哪裡開始談呢？

喬：我喜歡一個想法，我要在恐懼周圍畫出界線，這樣它就不會那樣來去自如。有時候，影像很容易就遺落在我的腦子裡，它們很不真實。在我的腦子裡，它們就像鬼魂一般的圖像，一直待著，很像是科幻片。現在，我擁有不一樣的生活，而之前我所過的日子，我把它稱作地獄。

吉姆：我們之前談過有關地獄所造成的陰影。地獄裡存在一些陰影，妳會無法讓自己發聲，感覺施虐者的權力壓迫妳，還有妳會與現實隔絕。但即使有這麼多阻礙，妳是如何把自己拉出來，然後朝向讓自己發聲、建立連結，而且把妳的聲音帶進人際關係裡面的呢？妳是怎麼讓勇氣在生活中佔有一席之地，而不再是恐懼呢？

喬：就是說出來這個過程，就能夠把恐懼趕走。有時候，它就像是潮水退潮跟漲潮一樣。但是潮水必須來，這樣它才能再離開。

吉姆：所以說，談論恐懼似乎可以驅逐恐懼，然後製造更多的空間讓勇氣跟連結可以進來。什麼時候，妳會最意識到勇氣和連結？

喬：我和它們最貼近的時候是我在鄉村時，那是讓我感覺最能夠回到當下，跟生命產生連結的地方。還有，當我聽音樂的時候，也很有幫助。事實上，我把吉他從閣樓裡拿出來了，好幾年後的現在，我又開始彈了。雖然有點生疏，但是可以再一次拿起吉他，真的很棒，我還想要報名吉他課程。

吉姆：在這麼多年後妳又開始彈吉他了，這是不是另一個方式可以連結妳的生命？我好奇，最近這些進展是新的經驗，將那些妳遺留在過去的有意義的事情串接起來，同時，又連接上眼前新的起步和新的可能性。（自我認同重新整合的開端）

喬：我開始感覺跟以前不一樣了。每一次，當我談論它，然後面對我的恐懼，就會變得更好一些。我學會鼓起勇氣去經歷它，這是做得到的，而且讓自己發聲和擁有自己的生活，都是有可能的。現在感覺像是，無法再逃避了，那樣太與現實隔絕了。現在可以讓自己發聲，感覺舒服多了。

吉姆：這告訴我們，下一步可能是什麼呢？

喬：嗯，終究，能用文字把所有影像描繪出來，確實有幫助。我無法確切告訴你它到底造成什麼不一樣，它就是讓能量釋放出來。我現在不需要不停地耗費能量，努力嘗試把事情和情緒控制住，所以就有更多能量去做其他事。有一件事我很感興趣，我想看看退潮和漲潮的潮汐所造成的感受，看它的落差會不會變得越來越小。我覺得會，因為它現在已經不一樣了。

吉姆：妳願意持續追蹤這個潮汐的起伏，直到我們

下次見面嗎？（反思彙整）

此時，我將治療過程的彙整提供給喬，邀請她再次跨越門檻，進到第三幕。在這個反思中，喬能夠評論整個治療過程，並且談論治療帶給她的所有新學習與理解。在這次會談中，我問她新的發展是否符合她所期望的生活。她的這些經歷串連成許多主題、關連鏈，而後我們能從中辨識出替代故事情節。每一次的起步都說明自我認同向前邁進。此時的喬已經不同於以往，不同於旅程起步之初的她。

## 第三幕：重新整合階段

喬總共出席了六次諮商會談。原先那個虐待所造成的充滿問題的故事，緊抓著她不放，而在會談這段時間裡，她不斷從中掙脫出來。她為自己的人生做出許多改變，將她所偏愛的自我認同——那些遺留在過去沉睡的自我——喚醒，從過去拯救出來，並且運用她在治療旅程中習得的新技能，將它們重新整合在一起。

喬從過去的生命帶出了勇氣、熱情、創造力和想像力，它們將持續豐富她往後的人生。她運用了在治療旅程中獲得的學習和技能，整合不同面向，其中一些技能是新發現的能力，使她勇於冒險、與人連結，並且同理和關心他人。她也發展出享受樂趣的能力，變得風趣。當她重拾友誼，與朋友們重新連結之後，她的朋友們見證了她的改變，感到不可思議。現在，喬已然經歷與自己的親密感的新體驗，這將成為她與別人建立親密關係的依據，也是她往後人生成長的基石。

喬剛開始踏上治療旅程的時候，帶著面對未來的無望感，感覺自己被囚禁在「永無止境的現在」，未來的願景遙不可及。現在，她快步奔向未來，想像著多元的可能性，而且不再恐懼被看見，事實上，她是想受到關注的。她現在知道該如何照顧自己，也學會將她習得的技巧用於重拾自我認同感與個人主導感。喬知道，未來的旅程中還會有許許多多的考驗和各式各樣的可能性等著她，但她現在有自信了，她會擁有有目標且完整圓滿的人生。她形容她的人生，像是從一個慘灰的、蒼涼的、紙片般存在感的暗夜，終於等到黎明，點亮了繽紛絢麗的完滿人生。

當我們完成這個章節時，喬提醒我，這如果真的代表我們之間的合作計畫，那麼我也需要描述我的這一塊，陪她走過這趟治療旅程帶給我的影響。她是對的，作為她的治療師，與喬一同走過這個過程，我無可避免地受到影響。我經常很感動，感受到許多強烈的情緒，也在過程中領悟到新的學問。我與喬的諮商關係教會我，如何與當事人一起坐著，陪伴他們度過痛苦與難受的時刻，她教我，不要去「拯救」，但要保持堅定；她教我，這些極其痛苦的時刻經常都夾帶著影響深遠的意義。我與喬的諮商關係，使我從我們的對話當中了解到我使用語言的方式，我學習要使用少一點語言、未完成的句子和半熟的點子；在這個試探性的對話裡面，保留多一點空間給喬，讓她走進對話，說她自己的故事。

在我和喬的諮商關係中，我學習到諸多深刻而有力量的事情，其中一件是質疑我的假設，對於當事人是什麼樣的人，以及什麼是他們有可能做到的。喬所成就的一切，遠遠超過我在會談之初的想像。旁觀她面對驚濤駭浪的恐懼，一次又一次地教會我如何面對我自己的恐懼，以及如何將它應用在其他相似處境的當事人身上。作為喬治療旅程中的過客，我能寫下長篇大論來形容我的感觸，最後，如同此刻我筆下所呈現的，喬教會我要更坦率與值得信賴。確實，在這個治療過程中，我們一起改變了。就如同喬的改變使她更靠近自己的人生目標，和喬一起工作讓我經歷到的改變，也使我更貼近作為一名治療師的決心，以及身為一個人的價值與意義。

## 結論

在這則當事人案例裡，我們演示了對話地圖和三幕劇的隱喻如何在敘事實務中運用。更具體地說，我們進一步描繪出這些架構，在與飽受創傷和虐待陰影的當事人一起工作，作為解決該案例所面臨的複雜性時，這些架構特別有幫助。這是我們的實際案例，透過一位女性向我們諮商的經驗，努力走出創傷與虐待所導致的問題重重的陰影。

這兩個架構反對斷然地認定當事人是盛裝著問題的容器；反之，以我們提出的概念，即透過推移的儀式（旅程）比擬（Campbell, 1949; Turner, 1977 van Gennep, 1960; White, 1999），當事人對於創傷陰影的反應，可以被理解為生命脈絡與生命激烈轉變的一部分。在治療對話中，這個對話地圖協助治療師搭建鷹架，描繪出豐富的生命經驗與在地知識，幫助當事人與充滿問題的自我認同分離，而後，他們便能自由地逐步走向重新整合，並且重新獲得偏好的自我認同與個人主導性。

## 反思提問

1. 你是否記得你人生激烈的轉變，它深深地影響你如何感受自己，以及你如何察覺別人怎麼看待你？你還記得你對於這個感受經驗的反應嗎？以及，你運用什麼技能幫助自己走過這趟旅程？
2. 你是否曾經發現自己對於周遭環境不滿意，覺得依照你原先的方式，已經無法繼續生存下去？為此，你的內心是否曾有過召喚，一種把你拉向你偏好的生活方式的感覺？
3. 你的人生中可有過哪些時候必須面對恐懼？你如何面對？你從哪裡獲得支持和寄託？
4. 與自己靠近、連結，如何幫助你產生存在感？又如何幫助你建立與他人連結的能力？

【第七章】
# 與成癮者工作時的語言應用：故事裡的關鍵時刻

本章呈現一篇當事人報告，以敘事治療觀點思考與成癮者諮商的過程。貝琪決定不匿名，她對於分享自己的故事感到自在，希望她的分享將對其他同樣受到成癮之苦的人及陪伴者有所幫助，進而能夠改善他們的生活。【註】

如我們在前面章節所述，敘事治療有其獨特的哲學與政治立場，致力於為那些前來尋求諮商的當事人從概括歸因與病理歸因的敘說中脫離（White, 1995a）。敘事治療的方式，可以說正好與某些做法持相反立場，那些做法將疾病的框架套用在當事人身上，期待當事人一輩子把「癮君子」（addicts）或「酒鬼」（alcoholics）這類的標籤貼在自己身上。

本章將回顧一些敘事治療的重要概念，對於一位試圖幫助成癮當事人重獲新生的敘事治療師而言，這些重要概念必須謹記於心。本章也會援引前面章節提出的幾個觀念，有關故事情節的結構、謹慎使用語言的重要性，以及關鍵時刻帶來的行動。最後，我會將本書前半部所建立的理論與創新的觀點，透過貝琪的故事脈絡鋪展開來。我們徵得貝琪的同意，本章將描述她歷經的住院康復計畫、各種折衷的社會工作的介入、出席匿名戒酒會（Alcoholics Anonymous, AA）

的聚會，以及最終結合匿名戒酒會和跟我（蘿拉，她的第一位社工）的一對一敘事治療對話過程。

貝琪的見解提供了一些有趣的想法，她參加匿名戒酒會，以敘事治療為輔助。她說，她所感受到的敘事實務，是更加賦予力量和開放的思維，而且不會像匿名戒酒會將她的身分局限於癮君子，或者康復中的癮君子，而是著重於她的故事與未來，提供她進一步的選擇。她描述這個經驗不再是帶給她矛盾，而是希望。

## 跳出概括歸因與病理歸因的敘說

如同我們在前面談過的，麥克・懷特認為當事人尋求諮商，往往是因為他們相信生命中的問題是導因於他們自我認同感的問題。他們或許開始相信，問題是「源自於他們自身或者他人本身，換句話說，他們自身或他人本身其實就是問題。」（2007a, p.9）藉由建立起外化對話，懷特制止了當事人將自己看作問題的傾向，這部分已在第二章描述。

> 這使得當事人有機會體會遠離問題的自我認同感；讓問題歸問題，與人無涉……問題停止成為（當事人的自我認同感）「真相」，有效解決問題的選項忽然變得清晰可行。（p.9）

利用對話，將問題從「一個人對於自我認同的內在敘說」外化出來，從某個角度來說，同時也包含了外化「被內化的論述」（internalized discourses）（White, 1995a）。奈傑爾・帕頓（Nigel Parton, in Healy, 2000）發表過關於論述

（discourses）很有用的定義：

> 論述是有關見解、主張和實踐的結構，透過這樣的結構，我們能夠理解、說明和決定事情。在組成人員方面，這些論述同時也定義了義務歸屬，並且決定責任與權力的分配，在不同身分類別的個人身上，例如父母、孩童、社工、醫師和律師等等。……這些論述是社會組織的骨架或說是規則，使得一些社會行動得以執行，同時排除該論述以外的做法。（p.39）

因此，內化的論述可以作為理解外在世界的架構，身處這個早已組成並且充斥著理所當然的世界，該如何舉措或應對。當這些內化的論述透過外化的過程，使人們得以反思，他們過去是從何處習得這些生存方式，並且決定是否願意持續接受這些方式所帶來的影響。許多的論述其實是受到大眾文化脈絡的認可，因而在社會上廣泛流傳。（Bennett, Mercer, & Woolacott, 1986; Beres, 1999, 2002）

我們在第三章討論到治療對話中的語言的傳佈，談到當事人需要我們的協助，我們從在對話當中傳佈的字句裡，探詢所有隱含意義和影響的蛛絲馬跡。有時，這也意味著，讓我們檢視那些當事人在對話中談到的內容，是如何受到不同論述的影響。

治療性論述同樣會影響我們如何進行社會互動的論述，敘事治療在這個方面特別受到傅柯（1965）的影響。此外，懷特也挑戰了過去固有文化慣用的實務方法，它們從過去三百多年的西方文化發展出來，貢獻則在於當代議題的客體化（objectification）、概括化（totalization）與病理化（pathologizing）。心理學家與心理治療師也成為這種趨勢重現的推手，當當事人經由任何版本的《精神疾病診斷與統計手冊》（*The Diagnostic and Statistical Manual of Mental Disorders*，簡稱 DSM）診斷為疾病與失能，科學分類和貼上標籤的情形便出現了（White, 1995a）。然而懷特表示：「我們可以棄置許多向來被視為理所應為的實務方法，因為那些方法來自於主流文化中問題不斷重現的心理治療文化。」（p.46）

當當事人被貼上標籤，或被指稱為「受害者」、「倖存者」，或「抑鬱的」、「酗酒的」，由於這些字眼具有將當事人的自我認同局限在這些形容詞的傾向，將使得一個人因此被客體化、概括化和病理化。有很多年的時間，我與兒童時期遭受性虐待的成年倖存者一同工作，讓我（蘿拉）震撼不已的是，許多歷經受虐歷程的當事人，往往在開始接受諮商時，感覺自己幾乎就是受害者，接著轉換成將自己視為倖存者的觀點，隨後又會移動到另一個位置上，他們開始不再思考自己與受虐歷程有關，因此既不是受害者也不是倖存者，就只是和一般人一樣。多蘭（Dolan, 1998）提到，這需要同時超越創傷與治療，才能擁抱喜悅的人生。

有許多年時間，我與一些曾對女性伴侶施暴的男性一起工作，一個觀點逐漸變得清晰，那就是不要將這些男性概括地歸為「施暴者」（Jenkins, 1990），這是很重要的。假如我們稱一名男性為「施暴者」或「罪犯」，我們也許不經意地限制了他其他選擇的潛在可能性。這部分的完整討論會在下一個章節呈現，屆時我們將介紹一個團體治療案例研究的結構與成果，參與團體的當事人們都曾經有過施暴行為。

過去的諮商經驗使我了解到，從概括歸因與病理歸因的敘說中脫離是很重要的；然而，基於這些訴說與兒童時期性虐待、家庭暴力的關聯，使我特別謹慎如何使用語言，因為與對抗成癮的當事人一同工作時，語言不慎可能又會將他們貼上標籤。貝琪在匿名戒酒會中有過經驗，團體期許當事人承認並說出「我是酒鬼」，以此顯示對自己的人生負責，然而這樣的做法可能會限制了當事人面對人生的選擇與偏好，我為此感到擔憂。我很想問貝琪，當她與我會談和參與匿名戒酒會時感受到哪些差異，她如何調適這些差異呢？

貝琪說，她最近發現自己能夠在定期的匿名戒酒會聚會時，介紹自己是「正在對抗酒癮的人」，而不只是「酒鬼」，她發覺如此自我介紹，感覺更有力量。

透過治療對話，我們提供了開啟當事人自我認同可能性的承諾，同時也必須試探性地運用語言，並反思這些語言是如何在對話中傳佈。懷特認為，展開針對問題與情況的述說是比較有幫助的，如此更能貼近當事人，而非只是停留在診斷標籤上（White, 2007a, p.20）。這意味著應該捨棄這種診斷的型態，當事人有時會將這些診斷帶進我們的治療對話裡，舉凡「成癮」、「抑鬱」、「焦慮」、「過動症」等，任何由專業或者自己認定的標籤，我們應該邀請他們描述這些自身的經歷。如第三章所述，法蘭克（1995）認為，這也是後現代的條件之一，著重於當事人自身經歷與敘說，更勝於專業形式呈現的一般性訴說。

## 將主流故事重寫爲替代故事

在第一章裡，我們描述了懷特與艾普斯頓（1990）如何以布魯諾（1986a）、葛茲（1986）及格根（1984）的研究為基礎，進一步建立起新的研究，他們「提出一個假說，認為人們是藉由敘說他們經歷的故事——以這些故事的劇情與他人展開互動——為他們的生命與人際關係賦予意義，因此他們正活躍地塑造他們的生命與人際關係。」（White & Epston, 1990, p.13）我們也詳述了懷特與艾普斯頓根據高夫曼（1961）的觀點所稱的「獨特的結果」（unique outcome），或者說，是當事人生活中先前遭到忽視的事件，可以發展出替代故事。從一個充滿問題的故事情節，移動到另一個替代故事情節，懷特稱之為「重寫」（re-authoring）（2007a, p.61）的對話。

當事人通常因遇到問題前來尋求諮商，他們往往形容這些問題是來自他們本身的個性，接著講述這些問題發展的歷史，訴說一系列事件所組成的故事，並用那些已經發生好一段時間的事件來證明是自己的問題。這樣的情況在貝琪的訴說中尤其明顯。當貝琪開始與我（蘿拉）諮商時，舉例來說，她告訴我她已經有好幾年是清醒而不酗酒了，但她仍然掙扎於自卑，以及人際關係的困境裡。她將自己貼上酒鬼的標籤，告訴我她遭遇的一連串事件，當這些事件串連在一起，酗酒與自卑情結的標籤就自然會貼上來。她已經尋求過多位治療師或實習治療師的協助，那些治療師相信，揭露痛苦經驗的細節是重要的，如此才會使她更了解自己，能夠處理自己的情緒，不再犯相同的錯誤。如第四章討論的關鍵時刻的作用時機，這些貝琪以前歷經的心路歷程，其實是根據莫森（1994）所描述的時間觀，亦即將時間觀預設為「伏筆」，彷彿貝琪目前的情況是由過去的事件所造成或預設好的。對於精神疾病和成癮，主流論述經常把這樣的說法視為理所當然的信念。貝琪與我見面時曾表示，她很擔心我會要求她將痛苦的過去全部再翻出來一次，如此一來，她永遠都好不起來，無法脫離這些事件而向前邁進。

一般而言，我們不需要為了協助當事人前進到替代故事情節，而向他們講解重寫對話理論，但我決定在一次會談當中向貝琪說明這個構想。我向貝琪解釋，在一個故事情節裡，人們往往會將自己認為或描述成某種樣子。然而，在一個人生命裡發生的所有事件之中，只有一小部分的事件受到重視，而被連結到他們的故事上。貝琪已經花了許多年的時間沉浸在生命中慘痛的事件，以及所有那些她抽著大麻、喝啤酒喝到過量而失去控制的日子裡。她開始回想、討論那些事件，就像是在訴說一個佈滿成癮主題或情節的故事。但其實，貝琪的生命發生了更多事件，它們也許在過去顯得微不足道，一直沒有受到重視（或根本不曾被注意過），也就沒有機會成為故事的一部分。由於貝琪已經能夠面對那些事件，當她持續好好照顧自己的時候，當她享受與兒子共度時光的時候，當她閱讀、寫日記和感到輕鬆愉快的時候，她就能看見她的生命並非只存在一種真理或唯一版本的劇情。假如她開始改寫人生，尋找那些能被串連成更好、更健康的故事情節的事件，就能選擇一個符合替代故事情節的（而非問題故事情節）未來。倘若我們多花一些時間，一同尋找那些原先未曾敘說的事件，便能使許多潛在的故事情節在當事人的生命中浮現。貝琪對多重故事情節的概念感到著迷，當我們談論這個部分的時候，我在一張紙上描繪出這些想法，當時她很熱切地希望將這張草稿帶回家。此刻，當我們回顧那一次談話，它似乎就是貝琪的關鍵時刻，她感受到不同的可能性在眼前展開，這便是分支的時機。她並沒有因為過去的事件而停留在成癮的故事情節裡，卻能看見眼前這個故事的「旁支側寫」（Morson, 1994, p.118）。過去，她做出了一些不恰當的決定，然而眼前的任何時刻，她能夠為心目中嚮往的故事情節做出自己想要的決定。貝琪說，她認為每個人都應該知道多重故事情節的概念，她也盡其所能地向更多人說明這個使她受益匪淺的想法。

我（蘿拉）還記得第一次運用敘事架構進行治療那時候。當我們發現一個獨特的結果或事件，能跳出有問題的故事情節之外，我非常興奮。然而，這個發現所呈現的是，性虐待的受害者並非只是受害者，同時也是倖存者。最初我很訝異，因為我發現單憑這樣一個獨特事件，實際上並沒有造成如我預期中那麼明顯的正面效應。我花了一些時間才真正領悟到，單一事件並不足以組成新的故事，它需要一系列的事件，隨著時間的推移，才得以形成一個故事。單單一個獨特的結果或事件，很容易被認定是巧合或是偶發事件而被辯解過去。若能發掘更多符合偏好故事情節的事件，並分享更多關於事件與故事的細節，那麼這個故事將更加堅不可摧。

當事人透過事件的敘說，為生命賦予意義；而在一個人生命中的諸多事件裡，也存在著一些可利用的潛在故事。這些構想與傅柯學派、後現代，以及後結構主義的思維並無二致。厄文（Irving）指出：「傅柯帶領我們與世界歷史的啟蒙思想、永恆的真理，以及人類恆常不變的天性拉開距離。

他所關切的是多元化、暫時的真理，和許許多多持續變動中的學理實踐。」（1999, p.43）希利（Healy）表示，雖然後結構主義者強調語言與論述的力量，同時「謹慎地從固定、制式與合乎邏輯次序的『本質』的意義或信念中脫離出來」（2000, p.39）。後結構主義者和敘事治療師所關切的不是單一真理，而是相信有眾多且會變動的真理存在。這些概念鼓舞了我們，使我們放下評估和貼標籤的方式，不將當事人看作是酒鬼（因為如此一來，便會形成概括歸因的經驗，並限制了其他替代的可能性），轉而好奇那些在當事人的經歷與詮釋中潛藏的諸多可能性。請不要將此誤解為對立的立場，因為這不是一個怎樣比較好的問題，一切都是相對的。性虐待受害者受到迫害，這是事實；此人經歷了酗酒的負面影響，也是事實，但即便如此，這些都不是唯一的真理，或事實的全部。他們也努力抵抗過，然後生存下來，並且在某些時候保持清醒。這是另一個需要保持試探性語言，並開放檢視的例子。如同第三章討論過的，倘若我們在心中保有螺旋的圖像，而不是圓圈，那麼貝琪就不會被酒鬼這個詞彙給束縛，反而會有空間在標籤裡外遊走，最終，認清自己並不只是那個酗酒的自己。

## 價值、希望與偏好

重寫對話涉及兩個不同的全景，第一章介紹故事情節的架構時已討論過這個部分。懷特發展出重寫對話，可以隨著時間推移，從一個人最初的、較早的、近期的生命歷程，以至於當下，以一種方式將其圖像化或置入地圖中，並預見不久的將來。然而，除了涉及這個時間軸線之外，重寫對話也在懷特稱之為「行動全景」與「認同全景」之間來回編織（White, 2007a, p.81）。懷特使用這些全景，是受到布魯諾的影響（1986b）。在行動全景中提問，打探出事物發生的具體事實與行動（僅僅是事實）；在認同全景中提問，探詢有關當事人的理解、意義的創造、偏好與希望。透過這兩個全景中的謹慎提問，一個更豐富且複雜的故事因而發展出來。想想一部受喜愛的小說，不同於只是一串事件列表，對於一個好的故事而言，豐富性是必須的。

事實上，我們覺得，敘事治療應用於諮商領域的獨特貢獻之一，是因其專注於當事人的價值觀與偏好。在懷特發展出的許多對話地圖中（2007a），其中一部分的提問目的在於了解何以一個人會以某種特定的方式來判斷事情。如此設計是為了聚焦和特別關照當事人的理解與判斷，將其與治療師評估一個行為所帶來的正負面影響相互比對。

作為一個治療師或成癮者的諮商師，假定酗酒是「糟糕的」，而且會給當事人的人生帶來負面影響，這樣的假設看似很合理，或許也能引領我們協助當事人解決問題，然後從酗酒或成癮的問題中找到一條出路；但如此一來，就如同治療師斷定怎麼做才是對當事人最好的，這個不經意的行為，忽略了當事人的偏好與希望。反過來說，如果我們讓正在成癮中掙扎的當事人思考並描述，為什麼他們斷定成癮會帶來負面影響，這代表他們賦予一些情況價值，他們才能發展出許多為自己量身打造的策略，幫助自己決定應對的方式，以獲得符合個人的偏好、價值觀與夢想的結局。懷特（2007a）說明，這可能會導向「瓦解問題」（problem dissolving），而不是「解決問題」（problem solving）。

當我們許下承諾，讓前來諮商的人，斷定自己的人生問題造成了什麼影響；那等於是，我們許下承諾，絕不單單只從語言和特定詞彙的表象去判斷。如第三章所述，思考語言的地下莖特性是很有用處的，即便我們使用母語，就把它當作是第二外語一般，如此一來，我們就會記得詢問當事人，他們使用的特定詞彙意味什麼。貝琪是何時開始使用**酒鬼**和**癮君子**這兩個詞彙？是因為誰或什麼原因，使她開始一個接一個地使用這些詞彙？她如何與這些詞彙拉扯，開始更常使用它們？使用這些詞彙是否真有幫助呢？有沒有其他詞彙能夠帶來幫助？這些詞彙的含義對貝琪而言很重要嗎？

大衛．艾普斯頓（私下通信，2010 年 2 月 11 日）提及，他看見以「解決問題」為導向的治療取向與敘事治療之間的區別；前者隱含「讓我來教導你該怎麼做」的姿態，相對於後者的敘事姿態，總是邀請當事人教導我們，他們從自己的生命中體悟到什麼。正是藉由我們的提問，我們協助當事人逐漸意識到他們其實早已擁有許多「內部知識」（insider knowledge）（Epston, 2009b），並幫助他們更清楚自己的偏好、價值觀與承諾。這與他人直接給予建議是不一樣的。

## 會員重新整合

會員重新整合，是遵循敘事實務中特定的結構（Russell & Carey, 2004; White, 1995a, 2007a）。在與前來諮商的人對話時，會員重新整合將焦點放在當事人生命中的其他人身上（詳見第二章談及三幕劇的故事情節結構）。懷特以「自我認同是建立在生活中的『人際聯盟』，而非只是『核心自我』的概念」為基礎，發展出會員重新整合（White, 2007a, p.129）。同時，他也將生活中的「人際聯盟」形容像是俱樂部，彷彿我們的人生俱樂部是由許多成員組成一般。我們可以回顧我們的人生俱樂部裡的成員們，並且決定要撤銷哪些成員的會員身分；那些我們想撤銷的成員往往是不支持我們偏好的人。同時，我們或許還能頒發榮譽會員給那些特別重要的人，因為他們幫助我們朝向如實的自我發展。

在我們進行會員重新整合的經驗中，許多當事人提出各式各樣的問題，然而都有顯著進步。會員重新整合的步驟（見 Russell & Carey 2004, or White, 2007a，文獻裡有詳細描述）提供當事人一個機會，讓他們能夠靠近檢視，並且豐富地描述其他人是如何影響他們的人生與自我認同。不僅如此，當事人也檢視並描述自己是如何反過來影響那些給他們帶來影響的人們。

檢視當事人周遭的人們對當事人生命造成的影響與改變，這些人們能夠支持當事人戒除酒癮，這樣的概念並不新穎；真正創新的是，在敘事實務中，這些會員重新整合能聚焦於，當事人如何影響周遭人們的自我認同（White, 2007a）。如此聚焦，使得來向我們諮詢的當事人得以反思，他們又是如何反過來影響那些支持的人對於自身的看法。對於那些無法想起生命中有任何一個正面影響對象的當事人，這個對話能轉而針對一些雖然有些距離、卻是他們所欣賞的對象，比如小說中的人物、寵物，甚至是玩具。緊接著，對話進入另一個討論，當事人如何想像，當周遭的人知道自己對當事人而言是重要的，那麼，他們會受到什麼樣的影響。

有幾個原因能使會員重新整合加快速度，其一是，當某人正為失去所愛而悲傷時，往往會檢視這段失去的關係的重要性，以及這段關係所帶來的效應會如何持續下去，會員重新整合因此加速前進。此外，當當事人談到，他們對某個幫助他們的人有多欣賞和尊敬時，也將同時看見自己是如何給對方的人生與自我認同帶來回饋的影響，這也可能加速前進。還有另一種情況，當當事人嘗試學習新本領，例如戒酒或禁癮，我們詢問當事人哪些人會支持他們學習這項新本領，又有哪些人知道他們正在學習這項新本領會感到驚訝時。以上這些方式都可能讓會員重新整合加速。

在我（蘿拉）和貝琪早期的談話中，她告訴我，她的戒酒互助夥伴在當時對她是如此重要。透過會員重新整合的步驟，我問她關於那些他們一起參加的活動，並且讓她探索這些事件和活動，如何影響她看待自己的方式與自我認同的發展。會員重新整合的倒數第二步是，讓貝琪回想並詳細描述，她給互助夥伴的人生帶來什麼幫助，以及她對互助夥伴的自我感產生什麼樣的影響。進入會員重新整合最後一步驟，我必須說，讓當事人回答這些問題是很困難的，因為我們平常並不會被要求如此思考並回應。我們邀請他們回答一些問題，像是「你猜，你接受了互助夥伴的幫助，這件事會使她如何看待她自己，還有她存在的意義？」「她會如何看待你走進她的生命，成為她生命中的一部分，豐富了她的人生和她所珍視的一切？」以及「一直以來你讓她成為你的戒酒互助夥伴，你猜，這件事會如何讓她更看重自己？」在這次對話結束以後，貝琪告訴我，這是她經驗裡完全不同於以往的對話，也許這是有助於她重建自尊心的起點。從某個角度來思考這個變化，也許在會員重新整合的過程中，當她開始以新的視角看待自己，此時的她可能正歷經關鍵時刻。她不僅很幸運地擁有這位互助夥伴參與人生，同時能意識到自己的力量，於是她接受互助夥伴給予的幫助，而當她了解自己也給互助夥伴的生命帶來一些正面影響時，她開始覺得自己更好了。

## 貝琪的故事

貝琪同意讓我們在會談時錄音，記錄下有關她復原的故事，成為本章內容（也收在 Csiernik & Rowe 於 2010 年出版的書籍裡），而後再請她閱讀、核對、更改、修正內容。

貝琪表示，她第一次意識到自己可能有成癮和酗酒的問題，是在母親去世不久之後。她注意到自己喝了很多酒。當時，她和一位社工見面，社工建議她試著不要一次喝這麼多量，在每一杯酒精飲料之間都要喝一杯水。貝琪說，這似乎使她不那麼醉，但並沒有降低她消耗酒精的速度。

於是，她決定參加地區性的戒癮中心。他們**告訴**（我們要特別強調這個部分）她，她是一個酒鬼，但她在社交時飲酒應該沒問題。但是因為他們不認同匿名戒酒會的做法，不願意給她該地區的協會名單，然後幫貝琪預約了兩個月後的追蹤面談，但貝琪取消了，因為她不認為他們能夠幫助她。後來，她又持續喝了十八個月。這說明了這些專業人員的評論，對她是多麼沒有幫助，他們面對前來尋求協助的人，並沒有仔細思考、提供協助。對一個人提出診斷，說「你是個酒鬼」，到底有什麼幫助？然後又告訴他們，甚至不要嘗試去匿名戒酒會，讓他們空等兩個月直到下一次追蹤面談。難怪貝琪認為他們無法幫助她。

貝琪接著說，有個職場上的朋友告訴她，她的丈夫之前參加了一個專為成癮與酒癮者設立的療養中心，貝琪因此意識到，她需要更慎重的治療與協助。於是她去見了她的家庭醫師，請家庭醫師為她轉診，但家庭醫師告訴她，只有百分之十的人能夠從酒癮與其他成癮中復原（一個完全不正確的說法），但醫師還是建議她應該從「戒毒」中心開始。她去了戒毒中心，無法預期會發生什麼事，然後被告知必須在戒毒中心待上一個星期。她說，她發覺中心的工作人員很粗魯，很不客氣，也不願意協助配合她的工作需求，於是她離開了。（從這個事例我們可以看見，社工人員或其他專業人員們並沒有仔細聆聽當事人詳細的生活狀態、偏好，以及當事人為了保住工作的價值觀，因而導致他們無法真正地提供任何援助。）

此時，貝琪說她拿到一位醫師的姓名與電話，說是專門協助戒斷症狀的準備工作，並且會幫忙轉介到療養安置中心。他們給貝琪足夠的時間，使她能夠與雇主協調，爭取二十一天的休假，好進入療養安置計畫。

她發覺療養安置計畫很有效。第一周，她被要求「滴酒不沾」，而後必須出席每周三場的匿名戒酒會或匿名戒毒團體（Narcotics Anonymous, NA）。她到現在還記得當時生理上出現的不適，並且在進入第二周之後，開始與「妄想症」奮戰。

貝琪說，這個康復計畫中最困難的部分，是每天的晨間報到團體；在這段時間裡，每個人都必須談論當下的感受。她說，這對她而言是非常大的挑戰。接著，她的二十一天計畫變成了二十八天，因為要她在團體中分享情緒感受，實在太困難了。她說，她最終在那裡待了六週，因為她擔心離開那裡之後，回到家就沒有人能夠支持這個保持酒醒的全新的自己。貝琪形容療養計畫能夠促進健康的生活，並且提供維持健康的日常規範。在那裡，他們鼓勵大家盡量準時吃早餐、午餐和晚餐，散散步，參加休閒活動與治療團體。她說，那裡的治療團體和匿名戒酒會很類似，不同的是，那裡是由專業的諮商師帶領。

貝琪在療養安置中心待了六週，離開以後，他們還提供了為期九個月的追蹤照護計畫，包含每週參加諮商師帶領的治療團體。他們也建議她要在這段時間裡，持續參加每週五至七次的匿名戒酒會，但貝琪記得自己在這九個月的追蹤照護中，又「復發」（貝琪的用語）了好幾次。依照第一章討論的「成年儀式」與「自我認同隱喻的變換」，我們可以想見貝琪如何遠離與成癮相連的前分離自我認同，並航向閾限階段，此時的她，開始發展出其他新的技能。懷特（2006b）建議，我們可以藉由談論自我以及釐清需要多長的時間才能夠帶著新習得的技能有自信地抵達後分離階段（postseparation stage），來幫助當事人清楚地理解，他們能夠改變，並且全心致力於練習新技能，是何等不容易的。如此一來，我們可能就會減少談論「復發」或甚至「發作」，而是將它們視為治療旅程中自然發生的事件。

在結束追蹤照護計畫約十八個月後，貝琪說，她遇見了兒子的父親。這段關係曾經很困難，此時，貝琪的表弟（正好是社工人員）建議貝琪接受個人諮商輔導。於是，貝琪開始在一家小型諮商機構接受個別輔導，她說，當時這個輔導機構及匿名戒酒會救了她一命。

貝琪非常看重個別輔導所提供的一對一專業諮商環境。她說，一般在匿名戒酒會中，參加人數可能多達二十五人，沒有足夠的時間讓每個人都說到話，並且分享感受。此外，她發覺自己並不是百分之百信賴匿名戒酒會。她解釋說，雖然匿名戒酒會對於保密這件事有基本的規範，但許多成員都發覺協會所謂的規範並沒有那樣滴水不漏。她認為，許多成員也都嘗試接受個別治療，這個環境的安全性更讓人放心，還能更充分地討論自己的想法，此外，他們也知道專業的諮商倫理會保障他們的個人隱私。

貝琪說，她在轉介到我（蘿拉）這裡之前，已和三位社工人員進行過個別諮商，其中兩位是社工系學生。她形容這是「要往前走必須先往回看」。每一次，當她被轉介到另一位社工人員，她會花大量的時間再次回顧充滿問題的過去。她說，當她一次又一次地分別與三個不同社工人員對話時，她學會了彈性與放鬆。

貝琪與我的個別會談已經持續了大約四年。她每四週與我會面一次，每週出席匿名戒酒會，也開始時常上教堂。她說，這些就是目前支撐她的力量。

我請貝琪描述感受，關於她與我一起工作的過程，以及我在過程中所使用的方法。她說，和我一起工作感覺很自然，而她對我使用的方法的理解是，原來她是有好幾個故事的，過去這麼多年以來，她一直覺得自己只有一個成癮的故事。她說，她發覺能擁有更多積極正面的選擇，感覺很自由。在其他比較主流的諮商取向中，他們告訴她必須回到過去痛苦的部分，試著將情況釐清才能好轉。對她而言，這似乎與匿名戒酒會提到的十二步驟中的第四步驟符合，他們要她列出清單，包含所有自己與他人曾經受過的傷害。她說，如果做得好的話，這可能會使你非常投入，但重要的是前進，她發現敘事取向的諮商方法更能幫助她放下過去、向前邁進。

依據貝琪的觀察，「嗨，我是個酒鬼！」這樣的自我介紹，對匿名戒酒會的許多成員而言是有用的，因為這也許幫助他們更接受自己。然而，這也使他們認為自己永遠是酒鬼，信念更堅定，並持續參與匿名戒酒會的聚會。儘管我們承諾要避免使用診斷標籤，以免對當事人的自我認同與更多發展的可能性造成限制，然而有些當事人似乎因獲得診斷而感覺鬆了一口氣。我們認為原因可能是，有時獲得確診結果，似乎比未知好些。舉例來說，我目前正與一名被診斷為成人過動症（ADHD）的男性一起工作。他很感激自己能夠獲得診斷，如此一來他就能理解過去困惑他的那些行為。他承認，幸好自己沒有在就學時期被診斷為過動症，因為那可能會改變別人看他的眼光和對待他的方式。身為受過教育的成年人，他可以決定自己希望何時及如何使用這個標籤。但是，考慮到語言反思及自我認同遷移（migration of identity）的需要，我們依舊致力於暫時接受這些診斷，拆解那些用語對於當事人的重要性與意義，並著重於協助當事人從一個身分認同（熟知的舊身分）移動到閾限，也就是過渡階段的可能性，而後看看我們是否有機會知道更多。

貝琪還報告說，她覺得敘事對話很棒，使她開始感覺自己與酗酒是分隔開的，並且認為自己與酗酒的關係是「拒絕成為酒鬼」。這些類型的外化對話，並不是要以任何方式來降低酗酒的嚴重性。貝琪繼續與我討論酒精與大麻是如何偷偷摸摸溜進她的生活；它們仍對她有影響力，會試圖誘惑她，只是一口大麻或一杯酒無傷大雅；但最近發作的經驗，讓她了解不能再對癮頭妥協，她明白，當她繼續選擇健康的生活方式，她與兒子都會更快樂。

貝琪在最後的評論中表示，雖然她已經不再如過去一般投入匿名戒酒會的所有活動，不可否認，匿名戒酒會在組織與社群方面都是非常有幫助的。現在她感興趣的是，是否能以敘事治療的方式提供團體諮商。她說她能找來一群有興趣的人，她認為我們應該要組織這樣的敘事治療團體，讓那些想控制自己成癮的人們能夠參加。

## 反思

貝琪的故事為成癮的治療工作提供有趣的觀點，她嘗試了各種治療方案，最後發現結合不同治療方法的幫助最大。因此，即便我們對於治療取向顯然有自己的偏好，也不能堅持某種方法才是最好的。在我們的治療過程中，貝琪也經歷了癮症發作帶來的挫折，但相較於治療前的經驗，這些藥癮與酒癮發作的時間更短，也不再那麼劇烈。也許這意味著，對於成功與健康所呈現的樣貌，我們需要更仔細地檢視我們的成見。成功並不表示永遠不會發作，或者不再復發；成功是持續向前進、減少發作，以及擁有更多選擇——更多符合她偏好的人生與夢想的選擇。與當事人討論這個部分很有益處，因為他們會準備好面對挑戰，做些什麼來幫助自己前往所偏好的故事情節。

儘管多年來貝琪不再飲酒，而且清醒著，她最近還受洗了（在許多文化中，這是人生進入重要階段的儀式），並且更常上教堂，她說這是她生命中一個重大的正面轉變。當她的戒酒互助夥伴告訴她，她覺得貝琪已經準備好重新認識新對象，貝琪欣然接受這個建議。她說，她一直是快樂的單親媽媽，獨自撫養兒子，全心地照顧自己與兒子，但夥伴的這個建議使她分心了。她說，她在考慮也許沒有必要再繼續長期的個別諮商，因為現在的生活看起來似乎還不錯。夥伴的建議令她感到愉快又興奮，所以她開始利用電話交友服務。她與幾個男人見了面，嘗試發展新戀情，遺憾的是，結果並不順利，甚至再次對她的自尊造成負面影響，酒癮又短暫發作，這也同樣對她的自尊造成傷害。在幾次會談中，我們決定一起來檢視一番，看她所使用的電話交友服務是否反映出一些與成癮相連的思維，這個檢視應該會有幫助。電話交友服務可能如同酗酒一般「鬼鬼祟祟」，試圖說服她「只是一通電話（一口大麻菸）」或者「再來一場約會（一杯酒）」就能帶給她莫大的幸福感。

貝琪與我一同重新審視她的替代故事情節，回顧她最近與兒子共度的假期，看她已不再受到癮頭的誘惑，看這樣的生活是否與她的偏好與希望相符。她已經能夠步入替代故事情節，並且想像自己可以達成哪些小改變，只要她能持續抱持自己所認同的價值與偏好。

正當貝琪開始對自己控制成癮的能力更加自信，過去將她標籤為成癮者的壓倒性論述也不再那樣影響她，但是她似乎又面臨到其他論述帶來的挑戰，亦即她必須擁有一個男人，人生才會圓滿。如同先前討論的，敘事實務的定位在於檢視內化的論述。我們在較早的談話中，主要聚焦於外化那些將貝琪標籤為酒鬼的內化論述，讓敘事實務保持開放的空間，以使對話轉換方向，並準備好外化其他的論述。我們未來的對話可能會著重於更多性別與戀愛的論述，以及這些論述在貝琪生命中的影響。此外，也會談論在她的人生中，她是從何處習得酒精與藥物能釋放壓力的？還有，她又是從何處習得發展關係就一定會帶來更多的幸福？

## 結論

在梅塞爾、艾普斯頓與柏登（Maisel, Epston, and Borden）合著的關於敘事治療應用於厭食症與暴食症的書中，其前言指出，他們的目的並不是要完成一本「如何」治療的手冊，由於厭食症和暴食症的問題「太過變化多端，無法只是用以一變應萬變的制式方法去處理。它像是一個移動的目標物，迴避你的射擊，甚至會還擊。此外，通用處方即便用心良苦，最終往往反映出二元思維的本質。」（2004, p.2）在與成癮者一同處理成癮問題時，方法是大致相同的，我們必須保有彈性，特別是酗酒案例，這一直是多變又棘手的難題。

敘事治療師會說，無論是成癮或者其他治療實務，許多不同的論述都會對當事人造成壓迫。有鑑於厭食症、暴食症、飲食失調與酗酒之間的一些共通點，梅塞爾等人（2004）的評論使我們印象深刻，關於敘事實務如何被視為反對壓迫的治療取向。梅塞爾形容自己深受敘事實務的吸引，因為他「一直渴望一個能夠解決社會不公的心理治療方法出現……（懷特的）研究描繪出權力會如何以壓迫性的方式，存在於治療師與當事人的關係之間」。柏登（Borden, p.7）接著說：

> 一般治療師可能認為問題只是肇因於家庭或個人心理因素，而敘事治療更聚焦於外部「壓迫」（forces），這些壓迫力量使得當事人的生命故事背反（她自身）的公正性。敘事治療以（她的）期望呼籲我們，不要只是袖手旁觀，要起身挑戰那些文化論述，包括許多心理治療的文化。（p.9）

在本章節中，我們以貝琪的實例來闡明敘事實務如何敏銳地幫助我們察覺許多論述對當事人生命造成的影響。成癮或酗酒所形成的問題故事情節，可能是引發貝琪尋求諮商的起因，然而「解決」甚或「自然瓦解」一個問題，並不表示她對於生命中其他論述也都免疫了。一如梅塞爾與柏登在他們與艾普斯頓合著之書的前言所述（2004），對於敘事治療師而言，重要的是，在治療實務中，不再讓壓迫重現於治療師與當事人之間，因而獲得一個機會，去解構當事人生命中所有來自社會不公平的論述。

我們對敘事實務特別著迷，因為它承諾要協助當事人去反思內化論述所帶來的影響，那些內化論述助長了社會不公，因而使得問題故事情節持續存在。如第三章所討論，審視內在論述還涉及到語言的檢視，當我們所使用的語言可能會造成貼標籤、病理歸因和概括歸因的疑慮時，更要特別關注。

在本章中，我們也呈現了一個實例，見證貝琪如何經歷第四章所述的，她的關鍵時刻。當她確認自己能夠選擇哪些故事情節或自我認同進入人生，此即關鍵時刻帶來的分支時機。自從她開始明白自己並不是命中註定要被困在過去的問題故事情節裡，而是能夠選擇前往一個自己偏好的故事情節，她發覺這一切使她充滿力量。

## 反思提問

1. 將標籤從酗酒或毒癮當事人身上移除，為何如此重要？有什麼壓力會造成標籤一直無法移除？
2. 你對於「發作」（lapses）和「復發」（relapses）有什麼看法？
3. 你認為敘事治療要如何與降低傷害模式（harm-reduction model）整合在一起？
4. 你會以何種方式來說明「自我認同的遷移」（migration of identity）或「成年儀式的隱喻」，使得他人能夠相信改變，只是改變需要時間？

---

【註】 Another, introductory version of this work and case study was included in Csiernik and Rowe's (2010) *Responding to the Oppression of Addiction.*

【第八章】

# 團體治療實務：曾對伴侶施暴的男性

本章介紹一則當事人研究，它是由曾經對伴侶施暴的男性所組成的敘事治療團體【註】。此外，我們也特別從敘事治療團體的錄音轉錄文本中，提取一些實例來介紹。這項實驗性的研究計畫，於二〇〇五年在加拿大安大略省多倫多一間家庭輔導機構中進行。首先，我們會綜述早期對於女性施暴這個領域的諮商工作，存在哪些不同面向的影響；針對這項重要的任務，我們也從敘事治療的角度提出最有幫助的貢獻，並指出如何將之應用於實際的治療實務上。我們期望這些研究與分享將會鼓舞大家開始將敘事治療融入自己的治療工作當中。敘事取向的工作方式，受到女性主義理論深遠的影響，因而能夠在婦幼暴力這個領域內相容而不衝突。

由於過去與我們一同共事的學生，對於敘事實務該如何運用在團體治療的情境中時常感到困惑，為此，本章節提供一個實例，說明敘事實務於團體諮商形式中的應用。

許多家庭暴力這方面的諮商工作，都是受到女性主義思維的影響，同時也以認知行為取向為架構來實踐，特別是在女性治療團體或是男性治療團體中，這些思維與架構的影響逐漸形成一種心理教育模式。整體而言，許多專業的心理諮商人員對敘事治療越來越感興趣，此外，大家對於將敘事取向專門應用在婦幼暴力領域的興趣也與日俱增。

由於經費補助單位不斷要求，使得許多機構與組織偏好證據基礎的實務（evidence-based practice），相較於尚未有相當程度研究的其他治療取向，認知行為取向便成為與男性當事人諮商方法的優先選擇。許多治療師與諮商師對於學習敘事治療感到興奮，他們偏好敘事觀點的諮商方法，因而敘事取向的研究如雨後春筍般增長。他們接觸了敘事的方法，當他們與男性當事人進行諮商工作時，便能從這些已證實有效的不同方法中選擇，不再感到來自組織的壓力，只能局限於以認知行為取向進行治療。

為了回應敘事實務用於男性治療團體的研究這個請求，我們進行了一場試驗性研究，針對一群曾經對他人施暴的男性，以敘事治療的方式進行團體諮商。我們主要的目標，是藉由檢視團體諮商過程中的文字記錄，用以判斷相較於傳統心理教育和憤怒管理團體帶給他們的影響，敘事取向的諮商是否能確實帶給當事人顯著不同的效果。這個研究項目希望能夠成為開路先鋒，探討敘事工作應用於男性施暴者的成效，在我們比較敘事與其他治療取向應用的成效優劣之前，首先檢視敘事治療團體諮商的實際歷程是重要的步驟。我們有興趣了解的是，在該敘事團體諮商中，敘事的理念是否能在兩位團體催化員的表達與提問之間彰顯出來。回顧該研究的結果，它提供了一個機會，讓我們留意敘事實務過程中隱含的故事情節結構、語言傳佈與關鍵時刻等新的概念。

## 文獻回顧：相關理論與研究

雖然已有許多關於男性施暴者的研究工作（Ganley, 1981; Mederos, 1999; Pence & Paymar, 1993; Shepard

& Pence, 1999; Stourdeur& stille, 1989; Yllö & Bograd, 1988），包含一九八〇年代，明尼蘇達州德盧思（Duluth）的「家暴介入方案」（Domestic Abuse Intervention Project, DAIP），然而它們大多高度仰賴認知行為理論與女性主義學派的思維。

認知行為理論認為施暴行為是自社會中習得的，是一種自我增強與社交技能缺陷的反映，需要練習人際互動技能、認知重建技能，以及「強迫停止」（time-out）的能力，以達到行為改變的目的（Adams, 1988; Bandura, 1973; Edelson, Miler & Stone, 1983）。然而，在我們過去的經驗中，除非權力這個議題事先獲得充分討論與理解，否則「強迫停止」並不一定有效用，因為它可能只是控制的手段。再者，治療師的角色是指出暴力的破壞和不良影響，並提供替代行為方面的教育，以及新的生活能力的運用（Adams），因此治療師是定位在「專家」的角色，帶著專業知識指導當事人應該如何改變。如第七章所述，認知行為主張治療師作為老師的角色，而非學習者。這樣的做法有抑制好奇心的傾向，而好奇心在敘事實踐中是如此重要，此外認知行為理論也不主張重視他人的「內部知識」。在我們的經驗中，這樣的做法不太可能使男性當事人發展出強而有力的承諾，以改變偏差行為，因為那些改變通常是別人建議他們，而不是他們經由反思自己的人生偏好與價值而做出的承諾。

女性主義學派思維強調治療性介入的必要性，以嘗試理解權力與控制的濫用如何成為施暴行為的根源，因而使治療師背負著「持續挑戰……施暴的意識形態……怎麼做才正確」（Adams, 1988, p.196）的責任。

在女性主義學派思維中，除了男性必須面對自己行為的控制（Pence & Shepard, 1988），並且接受他們無法控制他人的行為與感受的事實（Adams, 1988）之外，另一個重要的組成部分，是男性對於性別歧視的自我檢視。亞當斯進一步提到，女性主義給了暴力更寬廣的定義，涵蓋公開或私下的虐待形式，導致受害者感到恐懼、受威脅或被壓抑。如同以反壓迫觀點進行實務，有時導致治療師被定位為「專家」，必須教育當事人，以使當事人更加察覺到這些社會中的權力運作。

葛蘭斯與薩伊尼（Glancy and Saini, 2005, p.229）回顧許多關於憤怒與侵犯的相關研究，發現這些研究主要著重於使用「包含認知成分的治療、行為面向的治療，或者兩者之結合」。他們的結論是：「最迫切需要的，是更多、更高品質的第一手研究，探討不同心理治療取向應用於憤怒與侵犯治療計畫的成效。」（p.244）他們特別提出，研究必須明確指出加入研究中的介入變項。然而，我們的研究是朝向更嚴謹的敘事治療試驗的起步，應用於曾經施暴的男性當事人，即便結果中也呈現了女性伴侶對於團體諮商成果的觀察回報，但本研究的主要目的在於檢視是否以敘事觀點推動的治療團體，實際上，它的內容與過程確實相異於典型的認知行為治療團體。未來的進一步研究，將會涵蓋更嚴密的後效研究（outcome study）。

克倫威爾．施密特等人（Cranwell Schmidt et al.）以態度與動機等因素嘗試使男性施暴者改變。研究者聚焦於支持女性主義和認知行為取向為基準的治療團體，以參與該團體的男性當事人為研究對象。克倫威爾等人報告「研究指出，施暴者持有性別角色的刻板印象，或以傳統的刻板眼光看待男性與女性角色，以及兩性關係」（2007, p.92）。他們接著說，有關改變施暴者的觀念，並且將這樣的觀念改變連結到行為的改變上，這方面的成果研究極少見。

當以認知行為與女性主義為根基的理論，正開始發展解決女性受暴問題的理論模型之際，詹金斯（Jenkins）的敘事治療取向正發展成形。他的取向是奠基於貝特森（1972, 1980）、懷特（1984, 1986），以及懷特與艾普斯頓（1990）的原始理論。在詹金斯的理論模型中，成長的議題、社會文化的因素、原生家庭、暴力歷史、性別角色、個性特徵、成癮、財務或婚姻壓力源，以及個體心理，並不是施暴行為的原因，而是被強化的價值觀，以及思考方式具有影響力，促使不負責任施暴行為發生。詹金斯稱這些傳統、價值觀與範式為「局限」（restraints），限制了尊重、對等與非暴力的存在方式，也限制了與世界連結的方式的發展。最後，詹金斯提出，要幫助男性當事人接受自己的責任與義務的關鍵，在於邀請他們「全神貫注於自己的能力，用以挑戰將他們局限住的舊習慣和觀念，並且建立、練習替代施暴的其他方式」（1990, p.32）。協助一個人全神貫注於自己的能力，是我們能夠協助對方認識自己內部知識的另一種說法。這個方法有助於將重點從治療師的專業知識上，轉移到來尋求諮商的當事人本身的內部知識。

敘事治療的觀點認為刻板的陽剛特質與陰柔特質的論述限制了改變，這是在治療工作中必須反思的部分，也是敘事取向與女性主義取向兩者之間的共通點（Russell & Carey, 2004）。正如盧賽爾與卡瑞指出，敘事治療的哲學與政治理念基礎，一直以來都受到女性主義思想很深遠的影響。敘事治療致力於將當事人定位為自己人生的專家，同時認定治療師是治療過程的專家。對於習慣於刻板地使用權力的男性當事人，這也是一個機會，提供他們替代做法的典範。與其直接教導他們權力與控制的動力運作歷程的論述，不如致力於以敘事實務協助他們透過自我反思來發掘這些知識，並藉由將一系列精心設計的問題搭建成鷹架，幫助他們跨越「已知和熟悉的」舊思維，進一步學習「新的可能」（White, 2007a），如第二章所述，以此貫穿整個治療旅程。敘事治療認為，當一個人是自己人生的專家這件事受到重視與認可，就會更容易承諾改變，而那些改變是與他偏好的存在方式相符合的。

在發展不同取向用於治療男性當事人的脈絡下，使用標準化方式處理男性施暴當事人的治療團體，巴道爾與卡尼（Buttell and Carney, 2006）批評了這樣「一式通用」的思想，他們認為這樣的做法無法提供多元的可能性，也就無法滿足特定少數族群的需求。萊文-羅莎莉、巴-安和哈塔夫（Levin-Rozalis, Bar-On, and Hartaf, 2005）也討論到，使用傳統的北美治療模式，療效不彰。因此我們會說，奠基於傳統女性主義的標準化做法，使得認知行為團體治療方法（Buttell & Carney）限制了對其他新治療模式的深究機會。敘事治療即為其中一例，它試圖修正已被證明不適用的傳統模式中的一些元素。

自從詹金斯（1990）開創了敘事工作，後來這些想法獲得進一步的發展。卡茲（Katz, 2006）、艾力克森、塔內加、加哈里、卡茲和俄普（Ericsson, Taneja, Jhally, Katz, and Earp, 2002），以及尼隆德（Nylund, 2005、2007）的諸多研究，針對那些努力掙扎於建立不具攻擊行為的男性當事人，探究陽剛氣概的論述對他們所造成的衝擊。丹伯羅夫（Denborough, 1995）、費雪（Fisher, 2005）和奧古斯塔-史考特（Augusta-Scott, 2001、2007）也進一步探索並建立能夠應用於男性家暴當事人團體諮商模式的敘事治療方法與理論。儘管有這些關注與努力，敘事取向於男性當事人的應用方面，其相關研究至今依然十分缺乏。

## 研究計畫

### 研究目的

由於過去相關的實務經驗仍相當不足，於是本研究以特定諮商團體為主軸，主要目的在於開啟敘事治療應用於男性施暴者的實務歷程。有鑑於此，我們將焦點著重於審視以敘事治療觀點為前提的團體諮商，是否的確與認知行為或心理教育模式導向的團體諮商有所差異。由於理論框架與引發的互動關係，基本上是由治療師／團體催化員所推動的，因此我們主要感興趣的部分是，觀察團體催化員提出的各種問題與述說，用以判斷這些內容在本質上是否為敘事取向。我們必須在研究開始之前先釐清研究目的，如此一來，探討治療成效才有意義。

我們必須連繫當事人伴侶並取得狀況回報，因為這是該機構的標準流程；然而在本研究中，當事人伴侶回報的部分僅供參考，並未納入正規的研究資料中。

## 研究方法

古帕與林肯（Guba and Lincoln, 2005）提出以下看法：

> 關於葛茲「流派模糊」（blurring of genres）的預言，很快地就應驗了。調查方法學已不再是一套普遍適用的規則或抽象概念。無可避免地，不同的方法學互相交織融合，最終以特定學科的本質呈現……帶著特定的觀點。（p.191）

本研究借鑒的各種方法，例如個案研究設計和現象學的內容分析，將在後面篇幅進一步說明。我們期待有越來越多的敘事治療師，能夠開始深思、研究並寫下他們的工作歷程。這些簡單的個案研究設計，將使得著手進行相關研究時相對容易上手。

## 立意抽樣

由於此研究的目標在於檢視，當一個治療團體定位成專為男性當事人服務的敘事治療團體，是否確實呈現出敘事的實務歷程，於是我們需要尋找一個敘事治療團體為研究對象，而在我們的地理區域中只有一個團體符合研究條件（位於加拿大的安大略省西南部，倫敦與多倫多之間）。

參與此團體的研究對象均為二十五歲以上男性，由於他們曾經在親密關係中使用暴力，因此被介紹到該機構。研究對象涵蓋的區域包含整個大多倫多地區。

該團體並不是一個強制計畫，然而，大多數團體中的男性當事人是由身邊某人積極邀請而參與，例如自己的伴侶、家庭成員或兒童保護社工。轉介工作是由第三方團體擔任，但仍須先以電話聯繫安排會面訪談，進行篩選。每一位參與者個別的篩選訪談，歷時約一個鐘頭。訪談是以半結構式問題提問，題目涵蓋當事人目前的生活狀況、家庭背景、過去施暴的歷程、法律介入情況、心理與生理健康狀況、精神狀態、物質濫用、自殺意念、處境的應對情況，以及對治療的期許。行為檢核清單與衝突手段量表均為篩選的一部分，接著請當事人反思自己過去的行為，以及他們的行為可能造成的影響。這是相當標準的「篩選」訪談，沒有太過受到敘事方法的影響，但又提供了一個機會以收集這些男性當事人的背景故事，並準備好開啟一段旅程。當此項研究展開之際，一部分男性當事人經過篩選被安排進入團體中，我們向他們說明這個特殊治療團體的運作，若確定同意參與，便請他們簽署同意書。

該團體為封閉、不對外開放的團體，總共十二次，每次兩小時。歷時十二週，依據下列主題規劃：

1. 面對施暴行為的承諾（安全準則／自尊的處境、對於關係的偏好／社會對於男性的期望、界定施暴應負起的責任／施暴的界定、失控的界定）
2. 給暴力／信念命名（性別框架、羞愧與性別歧視、探究自己的施暴行為／信念）
3. 施暴事件的衝擊（去除羞恥與有益的愧疚、內化他者的訪談——建立同理心）
4. 尊重的示範（界定男性在哪些方面需要展現尊重、示範尊重的展現）（Fisher & Augusta-Scott, 2003）

在第十二次團體諮商結束後，團體催化員會和每位成員進行結案面談，目的是根據當事人在團體諮商結束後的個別需求，進行規劃與轉介，同時也提供單獨對話的機會，使得個人意見能夠回饋給團體催化員。該團體設定的成員人數，最多十二人、最少六人。

最後共有六名男性當事人參與此次的團體研究計畫。有兩名團體催化員，其中一名為男性，曾廣泛接受敘事治療訓練，並且對於帶領這類型的團體很有經驗；另一名剛從社會工作研究所畢業，過去曾有兩次協同帶領這類團體的經驗，是敘事實務的初學者。

擁有較多經驗的男性團體催化員，過去曾在加拿大其他地區，與一位經驗豐富的敘事治療師和培訓師密切共事過，也參加過無數敘事研討會與訓練工作坊，最近開始社會工作研究所學程，研習後現代與後結構主義。

該研究計畫的合作機構有項政策，確保一個針對男性當事人的諮商團體中，必須同時安插一位男性和一位女性團體催化員，原因有二：一方面，有位女性出席團體，增添了代表女性的元素，這與女性主義和敘事方法所關注的方向是一致的；另一方面，當事人能親眼目睹一位男性和一位女性如何互相尊重對方，他們的互動方式，更多是源自認知行為架構的影響，會成為團體中的角色模範。

## 伴侶聯繫程序

該機構的標準運作流程包含了伴侶的聯繫，對於曾經施暴於伴侶的男性當事人而言，這部分是必要的業務。男性當事人簽署同意書，同意女性防暴小組（Violence Against

Women team, VAW）的社工人員與他們的女性伴侶／前伴侶取得聯繫，以確保她們的人身安全，並提供她們需要的服務。我們在團體諮商開始之前，就與這些女性伴侶／前伴侶取得聯繫，接著在諮商開始進行前、進行中，以及結束之後，也分別與她們聯繫一次。不時地，我們會接收到一些女性不願意再與女性防暴小組有更多接觸的請求，原因是她們和男性當事人已經不再聯絡了。與女性伴侶聯繫的社工人員並非團體催化員，這是為了確保女性伴侶的身分完全保密，並且避免任何可能的利益衝突。伴侶聯繫成為一個較客觀的評鑑，從伴侶角度觀察男性當事人的行為是否有所改變，而不是只憑藉團體催化員的觀察，或當事人對自己的認定。

## 數據採集

這十二次的團體諮商內容全程錄音，最後再轉錄成文本。無論是首要研究員（蘿拉）或研究助理，兩人均受過敘事治療理論和實務的訓練。首要研究員過去曾在此機構擔任協同團體催化員，兩人過去也都曾經帶領過男性諮商團體；而在接受敘事治療的訓練之前，過去都是以較為傳統的女性主義、認知行為立場帶領諮商團體。進行的方式是，兩人分開檢閱不同文本中的主題，在處理研究結果時才共同審查、商量。

## 內容分析

針對團體諮商錄音檔轉錄成的文本進行分析，是採取現象學的方法，我們最感興趣的是團體催化員的提問與評論的普遍本質。我們分析了整個文本，以便同時檢閱當事人對問題的回應，並將文本演繹推理，查看哪些發言可視為敘事實務的影響，比方可能是一個意見裡隱含問題的外化，或是從一個獨特的結局發展出替代故事情節。透過沉浸在轉錄文本中悉心思量，歸納而得的議題可能會出乎預期地浮現。

起初我們以為，若發現敘事治療團體與其他治療取向迥然相異，下一步就可以針對男性施暴者的諮商團體為主軸，相互對照敘事治療的結果，與心理教育和認知行為取向的治療結果進行差異分析。然而，我們在這項研究中發現，該團體的實務內容同時受到多種不同治療取向影響，包含敘事方法，因此，我們建議未來的相關研究，若能同時深入地評述團體歷程中所發生的情況，以及最終的結果，將會獲得更佳效益。因為要期望任何一個諮商團體純粹使用單一治療取向，可能是不切實際的想法。同樣地，我們也沒有預期兩位團體催化員所提出的問題型態與評論會有如此大的差異，我們認為這樣的結果可能是由於他們所受過的訓練與經驗水平有所差別。

## 結果／主題

我們將焦點放在與本研究合作的這個敘事治療團體的主題，儘管實際上提煉主題所引用的文本，可能參雜了其他治療取向的元素。資料中大量的討論是關於男性與女性的社會化，以及權力的不對等，但這並非敘事治療獨有的議題，於是我們沒有收錄這部分的實例，也因此結果中，我們並沒有採用每一次的團體諮商內容。

從資料中歸納而得的主題，包括外化對話、挑戰本質論——概括化的述說、以當事人知識為核心、主流與替代故事，以及對於存在方式的偏好；此外，還有一個我們在結果中歸納而得的議題是同理心的建立。

### *外化對話*

我們在第二章討論過外化對話，協助當事人在諮商互動中發展出「將自我認同與問題分隔開的經驗；讓問題歸問題，與人無涉」（White, 2007a, p.9）。這類型的對話能夠協助當事人，將原先內化的責難與羞愧外化出去，在與有施暴經驗的男性當事人諮商時，外化會減低他們對自己的態度與行為展開辯護與防衛的機會，也因此我們能夠檢視帶有陽剛特質的主流論述與施暴和虐待是有關連的，並於此建立起當事人改變的決心。

倘若我們能將「施暴」外化於男性當事人的自我認同之外，他們就能透過檢視自己的暴力行為，進而深入了解他們的暴力行為是從何處習得？是什麼人或什麼理由支持他們的施暴行為？他們的暴力行為給自己及他們所關愛的人們帶來什麼負面影響？以及，有哪些替代的、非暴力的人際互動方式是他們現在能夠學習與實踐的。外化同時也能在當事人與問題經驗之間創造出距離，讓他們有機會站在新的位置上，回顧過去的處境。

在第一次團體諮商資料的第十五頁中，團體催化員之一對當事人說明：「我們嘗試達成的目標之一，是與自身經驗保持一段距離，所以我們現在要做的是先將這種狀態建立起來，然後我們就會開始與自身經驗保持一點點距離……這有點像是看電視，或觀看運動賽事之類的……這樣一來，你可能猜得到接下來會發生什麼事。」

外化對話的其中一個面向，是檢視問題所造成的影響。在第二次團體諮商第三十四頁中，團體催化員之二提及，由於當事人對陽剛特質與陰柔特質論述展開討論，並期待討論性別化的興趣與話題，「接下來我們要談的另一個部分是影響。就你所知，有哪些對男性的影響？其中哪些方面是你想談的？而哪些部分是你不想去談的？」

在第九次團體諮商第十八頁，當我們再一次更仔細看那些影響，團體中一名成員能夠分辨出影響，他說：「這一切都是因為她的自尊。她只是想要自己感覺良好，而我對她一點幫助也沒有。」團體催化員之二提問：「那麼，你希望她對自己感覺良好嗎？」（這似乎是很簡單的問題，但如第三章所述，敘事取向建議我們，針對可能「被視為理所當然」的部分提問是很重要的，它提供空間讓當事人去「辯護」他原先對於某個「影響」的「評價」〔White, 2007a〕）這位男性當事人回答：「當然啊。」

### *挑戰本質論——概括化的述說*

如同第三章完整討論過，我們必須很謹慎，避免在任何情況下使用那些可能導致「概括化」的標籤和語言（White, 1995a）。即便是指稱一名女性為「受害者」或「倖存者」都可能限制她對自我的認同，彷彿這些就是關於她的所有。若我們稱呼一名男性為「施暴者」或「罪犯」，可能無意中限制了他選擇成為其他樣子的可能性。從團體諮商轉錄文本中，可以清楚看見兩位團體催化員在語言的使用上都格外謹慎與留意，目的是為了避免概括化這些男性當事人，或將他們僵化地局限在施暴者的身分上，因為即便是有過施暴行為的男性，他們仍有改變的可能性。顯然，這是很敏感的部分，因為語言是很有力量的，但是我們必須協助男性當事人為自己的暴力行為負起責任。我們相信唯有透過細心解構施暴行為，男性當事人才有機會做出其他選擇，而這需要我們不將他們概括化為施暴者，而是要為他們開啟一個空間，使他們成為自己偏好的樣子。

在第一次團體諮商的第十四頁，團體催化員之一嘗試創造機會，使當事人傾向於表達自己對伴侶的責怪，同時提醒他們仍然必須為自己的行為承擔起責任。

「當這一切都歸結到一個因素，有時候這個因素很有可能是你的伴侶做了一些事情把你逼瘋，接著事情就這樣發生了，此時對我們有幫助的是，專注於我們能如何負起責任。」

這不僅僅是敘事類型的評論，也轉移男性當事人責怪伴侶，並開始對自己的行為負責——在這類型的諮商工作裡，這部分是必要的，無關乎治療取向。

有關男性當事人必須為自己的行為負起責任這件事，已定下基調。在第三次團體諮商第八頁，團體催化員之一說道：

這並不代表我真是可悲，或者你很可悲，我認為比較有幫助的是，不把它看作是自己有問題……而是看見我在這個地方老是出現的固定模式，那個我們一直賴以維生、從我們還是個小男孩的時候就不斷灌輸給我們的固定模式，而這些固定模式會在我們與他人的關係中產生影響。……我想，對我來說，這就是為什麼這個領域這麼有趣，換句話說，我們如何同時為自己的行為負責，又能把問題放在我們自身以外呢？我該如何改變，不再是沿用我從小被教育長大的方式呢？

這個說法與嘗試，將施暴行為與支撐施暴行為的論述外化是一致的，不僅將概括化訴說從男性當事人身上移除，同時支持他們有必要為自己的行為負起責任。我們認為，這也正好符合敘事所說要保持好奇心的承諾。

在第七次團體諮商第二十二頁，團體催化員之一：

我們假設，就是在這個房間裡面，沒有任何一個人只會生氣，而且總是生氣的、想虐待別人的、暴力的、可怕的、被壓力壓垮的，諸如此類；這樣的經歷並不是什麼新鮮事，但是這些事情對你而言確實是很重要的，它存在你生活中的某一個部分……那是一種你察覺到所有不同的事情一直不斷地在你的人生裡發生，又故意製造出許多機會讓我們有點想跳進去。

我們特別欣賞團體催化員之一的這則評論，這是很棒的實例，告訴我們如何避免與當事人互動時將他們看作是「施暴者」；反之，他很明確地表示，他相信這些男性當事人並非總是憤怒的、想虐待人的，重要的是，對於他們生命中其他時刻到底發生了什麼事感到興趣，這是為了使他們更能意會到他們的行為是什麼類型，這個理解可能會給他們帶來不同的選擇。這也是一個探尋獨特結局或事件的例子，為那些尚未寫入主流故事情節的片段提供了一些線索，以及即將發展為替代故事（非暴力）情節的第一步。

### *以當事人知識為核心*

如前所述，敘事治療的主要宗旨是聚焦於當事人的內在知識，並且將治療師「專家」的角色擺在一旁；然而，這並不代表將治療師的專業知識與經驗最小化。治療師是歷程專家（process expert），但是比起任何人，這些男性當事人才是最了解自己的人生的。敘事治療的立場是，嘗試藉由提出發人省思的問題（thought-provoking questions），進而激起較深厚的述說，以及更全面的理解事件脈絡，而不是站在一個診斷與教育當事人的位置。從團體諮商轉錄文本中，可以看見兩位團體催化員便是以這樣的思維帶領諮商，即便有些時候是團體催化員各自的獨白，而不是提出更多問題以獲取來自當事人更深厚與更完整的述說。

儘管有些時候團體催化員會發表各自的見解，但仍然有許多例子是團體催化員嘗試聚焦在男性當事人的認知觀念。在第一次團體諮商第十七頁中，團體催化員之一說道：「你們知道，重要的不是我們是不是介紹了一個劃時代的新科技，重要的是關注那些正在你們身上發生的事情，它正發生作用，而且漸漸地有一點點向外延伸出去了。」

從第三次團體諮商開始，團體催化員每週都會發給大家一份講義，內容是前一週團體諮商時成員討論過程的筆記，這個做法使成員們所表達的意見受到重視。如我們在前面章節強調的，敘事治療經常會採用治療文件（Speedy, 2005;

White & Epston, 1990）的方法，以作為下一個新的起點，而這些講義是很棒的例子，將治療文件應用在團體諮商的實際做法。

在第五次團體第二頁中，團體催化員之一說：「那是一個很好的例子，是你們絕不可能在〈關係溝通守則二十一條〉中看到的……重要的是發掘什麼對你們的關係會真正有幫助。」這是一個很好範例，從「貼身經驗」（White, 2007a）的描述中探尋，並聚焦於當事人對自身經驗的理解。

## *主流與替代故事*

正如我們在開頭兩章一直強調的，敘事治療的獨特之處，就是它注重故事情節，也如我們前面引述的，懷特與艾普斯頓（1990）認為，人們談論自己的人生有如訴說一個故事，將一系列跨越時間軸的事件依照情節或主題串連起來。儘管人們經常因受到問題故事情節（例如施暴）的影響而開啟治療對話，懷特和艾普斯頓建議，幫助當事人發掘那些遺落在問題故事情節之外的獨特事件，並以替代的主題將它們串接起來，這是很重要的。一旦開始發掘並讓幾個不同的事件突顯出來，就能引領一條通往未來的道路，讓當事人們進一步行動，而且結果將會與替代故事情節一致（例如一個對他人尊重，而不是施暴的故事情節）。這也聚焦於當事人的知識，因為它強化了當事人可能並不需要學習一套全新的行為準則，他們也許早已擁有一些在更多時候能用得上的技能，也就是那些先前被忽略、尚未寫進故事的部分。

在第一次團體諮商第二頁中，團體催化員之一提出一個問題：「它（那個憤怒情緒）最終是如何消退的？」作為探尋獨特結果的方式，這可以是朝向發展替代故事情節的第一步。

在第二次團體第四頁中，團體催化員之二也提出一個問題：「當你感覺很難冷靜下來的時候，最後是如何讓自己冷靜下來的？」一名當事人回答：「我就像要把自己抓住，當我小心提防它的時候，我可以抓住自己多一點……我不是說我總是可以控制住，但是當我小心提防它的時候就會有這樣的感覺……只要我能保持冷靜，一切就會沒事了。」

在第五次團體第一頁中，團體催化員之一說：「這個禮拜，我們希望多關注的部分是，各位已經在練習的以不同方式來維繫關係，然後我們也看看其他人用來維繫關係的一些技巧。」

在第五次團體第八頁中，一名當事人分享他如何用不同以往的方式處理相同事件時，結果他的太太給了他一個擁抱，不再像過去一樣只是冷冷盯著他看。此時，團體催化員之一協助將這個替代故事建構起來，他說：「聽起來像是有件事沒有發生，就是『打發掉她的感受』，但同時（如同在第一次團體諮商時所關切的——我們加註）你也不是淡淡回覆一句『是的，親愛的』，你並沒有屈服，有兩個你的聲音正在對話。」

在第六次團體第三頁中，一名當事人描述了他如何在妻子將汽車整個側面都刮傷時仍然保持冷靜，過去的他肯定會「失控」。接著，團體催化員之一回應：「所以，這跟你原先可能的反應是差別很大的。」當事人回應：「喔，那當然。我覺得挖苦她、吼她也沒什麼道理，事情都已經發生了你能怎麼辦？總會有意外嘛。」

在敘事取向中，我們始終保有空間來討論問題故事情節。敘事諮商不僅是以優勢為本與焦點解決，關注優勢與未來解答的治療取向，同時也相信當事人希望在一定程度上討論自己的問題，並從中學習。這有助於催化員了解當事人的感受。這是一個嘗試，試著提供一個空間讓問題故事和替代故事情節都能夠討論。當我們討論當事人的抱怨與難題，我們應用第三章所描述的，不在場卻隱含的事物的對話結構，便可能彰顯出成員們的價值、偏好與技能。

在第九次團體諮商中，幾名當事人提出自己先前嘗試改變卻沒有成功的例子，他們想了解為何均未見效。在第八頁中，團體催化員之一說：「好，你們剛剛提到一個常發生的情況，就是假如你已經把自己帶離現場了，但那些事還是讓你感到心煩意亂，終究你還是發脾氣了，對嗎？」其中一位當事人說：

> 當時我正要離開那個憤怒的情緒，但它還是一直不斷來煩我，就像是，我其實知道自己應該讓它過去就好了，但我真的非常生氣，然後我覺得如果不讓它過去，就無法找到方式把它表達出來，因為我那時候腦子根本進水了。你知道嗎，我就只是讓自己坐在那裡，心煩、想破頭，我想不到好方法，你知道嗎？我就只是坐在那裡，感覺毫無進展。

節錄的這段對話，代表該團體已建立起一定程度的接納與安全感，因此這些當事人能夠如此討論他們的嘗試與掙扎。

### *對於存在方式的偏好*

懷特（2007a）所描述的許多對話地圖，他以獨特的方式應用於與當事人的諮商上，這些地圖融合了一個元素，即協助當事人更明白與察覺自己偏好的存在方式，也就是描述那些他們認為有價值的觀點與存在方式。特別是在這些對話地圖的架構底下，我們能夠細心打造並且建構想要提出的問題。這些特定的對話地圖並沒有直接在團體諮商的轉錄文本中出現，但仍顯現了背後所蘊含的概念。

團體中男性當事人其實並不希望對自己的伴侶施暴，也不希望被當成「施暴者」。當我們引導當事人表達出深厚與豐富的描述，形容他們希望自己與伴侶和孩子的關係是什麼樣子時，他們就更容易看見自己的價值與夢想。在這樣一個對他們而言很重要的情境脈絡底下，可能會幫助他們發展出新的行為模式，幫助他們承諾與嘗試改變行為，如此一來，自然就「問題瓦解」了，根本無須「解決問題」。

在該機構過去曾經舉辦的諮商團體中，尚未採用敘事的架構，男性當事人在療程結束時反映，即便最終開始接受自己過去的行為是不恰當的，但是他們依然不太確定應該怎麼做才對，如何能讓自己的行為是尊重他人的、非暴力的，他們決定利用團體諮商的最後兩次時間討論「如何建立尊重他人的行為」。巧合的是，本研究中的團體催化員早在第二次團體諮商就提出一個主題，是探討有關男性當事人對於人際關係的希望與夢想。

敘事觀點同樣使用「為什麼」為開頭的提問，而且沒有受限。懷特（2007a）認為有必要使用這個字眼來表達更多進一步的關懷，因為這些提問可以幫助當事人明白那些為他們帶來意義的行為、意圖和希望；它同時幫助治療師與當事人一同超越原先「視為理所當然」的那些處境。

在第三次團體第二十七頁中，一名當事人談到他的同事注意到他的改變了，他說：「這是件好事，對嗎？」團體催化員之一問他：「為什麼你感覺這是一件好事呢？」這種提問方式促使當事人發掘自己的偏好，因為他認為這可能是件好事。他說：「就是讓我感覺好多了，因為我居然不需要對別人大聲吼，就可以讓別人回應我。我原本還在想要怎麼說這件事情。」

在第五次團體第十一頁中，團體催化員之二提出一個問題：「為什麼這對你很重要？為什麼你會說，就關係這個方面而言，它是很重要的呢？」

有些人認為這類「為什麼」的提問潛藏著問題，可能會引發成員防衛，其實它們反而有助於當事人對自己的承諾做出更深厚且更詳細的描述。

在第六次團體第四頁中，團體催化員之一說：「所以今天我們要來看看，是什麼樣的立場，那個立場是怎麼來的？是什麼價值，或者對你而言重要的事情，它們像是幫助你堅定一個立場，去對抗那個想要貶低她、想要抓狂，或是想要使用暴力的你？」團體催化員之二說：「你今天會來參加這個諮商團體，意味著什麼？」一位男當事人說，他來到這裡是為了「家庭的價值，還有對這段婚姻的尊重」。在第八頁中，團體催化員之一問說：「有沒有誰想要談一談這個部分？就像是為什麼這一點很重要？」這個提問正試圖將圍繞著當事人偏好的故事情節加深加厚。接著，第三十一頁，團體催化員之一又說道：「這可能聽起來像是個愚蠢的問題，但是為什麼你想要一個幸福的家庭呢？」這個問題提供了一個機會，讓當事人進一步檢視那些視為理所當然、從不曾懷疑過的結論，並真心吐露出他們的偏好。

在第七次團體第七頁中，團體催化員之一問大家：「當你試著不讓孩子看見你們在爭吵，試著讓他們跟這些問題保持距離，當你這麼做的時候，你期望什麼？當你這麼做的時候，你對孩子抱著什麼樣的期望？還有，你對於你和妻子的關係又抱持什麼樣的期望呢？」

這是一個溫馨的例子，發生在第七次團體第二十四和二十五頁當中，關於這些一來一往的對話過程能夠給男性當事人帶來什麼影響。當團體催化員之一問道：「所以，如果你把那樣當作一個原則，對你而言很重要的原則，你會怎麼說它呢？」那位當事人回答：「我不知道我是不是有辦法回答這個問題，但是我會說，那是為了擁有一個健全的、有愛的家庭，在這個地方，我的孩子可以自信地長大，長成屬於他的樣子，然後，我希望他可以學會怎麼好好對待別人，不要走上跟我一樣的路，一直都在生氣。」團體催化員之一回應：「每當當事人說他們不知道自己是否有辦法回答的時候，結果答案都讓我大為吃驚，因為他們都回答得很漂亮。」這名當事人接著說：「我不知道為什麼自己會突然講這些話，我真的不知道。」在這樣的交流當中，同時突顯出這名男性當事人過去從未認識過的自己。

## *建立同理心*

注重同理心的建立，並非只有敘事作者特別強調這點，在先前的研究中，費雪與奧古斯塔-史考特（2003）建議將

「內化他者的訪談」（internalized “other” interviews）的過程，納入曾有施暴經驗的男性團體敘事實務中。本研究的合作團體也採用這個策略，在第九次和第十次團體諮商，團體中的自願者以扮演妻子的角色接受訪談。在訪談這名自願的男性成員時，團體催化員多次重複提到男性成員妻子的名字，因此他開始意識到妻子會出現那樣的反應可能是因為他們關係中存在的某些問題，以及他自己的行為。當事人表示這個經驗與傳統角色扮演很不一樣，而且帶給他們很強烈的情緒感受；這個經驗也幫助他們開始理解，當他們說出現在要以非暴力的方式相處的承諾，他們的伴侶或許還無法那麼快就信任他們。在第九次第二十七頁中，團體催化員之二提出疑惑，是否男性成員的妻子事實上仍然無法確信他的允諾。團體催化員之一緊接著在第二十八頁中對該名男性成員提出一個問題：「假如你現在可以對你的妻子表達，說你打算尊重她，而且理解她為什麼到現在仍然築起一道高牆，你覺得會是什麼樣的情況呢？」這個提問試圖讓他們站在一個全新的、尊重他人的替代故事情節當中，並且讓他們想像，當身處這個替代故事情節當中時，他們會成為什麼樣子，以及會如何表現。

## 本研究的限制

有鑑於家庭服務機構承諾在該團體諮商中配置兩名團體催化員，本是希望有更多當事人參與，盡可能地避免將焦點集中在團體催化員身上。可惜的是，最後只有六名男性參加這次全程錄音（並轉錄成文本）的諮商團體。不過，這也使得每位參與者在團體中有更多發言的時間。假使我們將焦點放在成員的諮商成效上面，可能會遭遇一些問題，幸好我們起初有興趣的部分就設定在考察團體催化員的提問與回饋。另一個限制是，在本研究中，我們的錄音與文本只有單一個諮商團體為樣本。

儘管該研究旨在考察團體催化員的表現，而不是檢視諮商成果，然而女性防暴小組中負責聯繫當事人伴侶的督導，仍然提供我們一些她個人的觀察。這些資訊並非透過嚴謹的研究設計而得，但它們也許很有意思，可以在未來的研究中更充分地探究。從該機構開始舉辦這類男性諮商團體開始，就提報了女性伴侶對於男性成員整體改變的回饋意見，也就是從採用認知行為取向帶領團體開始，經過五年或六年的時間，直到他們開始改以敘事的架構進行。這位督導說，大約有三分之一的女性伴侶回報，認為男性當事人有改善，並且仍然與他們在一起；另外三分之一認為他們看起來沒有太大改變，而最後三分之一說她們會離開。即便她認為，整體而言，採用這兩種取向帶領團體所得到的女性伴侶回報結果，比例都差不多，但是在敘事治療組別中，那些女性提到男性當事人在對話中更常表現出尊重的態度，並且有更多的對話互動。督導建議我們進一步追蹤這個部分的研究，以證實我們在此所看見的敘事治療組別中，的確融入了敘事本質。未來進一步的研究，我們應該更嚴謹地探究團體的歷程、影響與成效。

## 對於實務與研究的意義

能在團體諮商轉錄文本中，看見以敘事治療的姿態與團體互動，著實讓人滿足。事實上，互動溝通的結果方面，它致力於外化對話、脫離概括歸因的訴說、聚焦於成員內在知識、支持與分析主流和替代故事情節、視價值與偏好為優先考量，以及建立同理心。對於希望以敘事觀點來帶領諮商團體的治療師而言，也許會對轉錄文本中的實例感到興趣，想知道兩位團體催化員是如何將敘事實務融入團體諮商當中。

同樣很有趣的部分，是來自女性防暴小組督導的個人觀察，透過與成員的女性伴侶聯繫，她看見一個趨勢：在採用敘事治療的組別中，女性伴侶提到男性成員有更多尊重對方的討論。該份探索性研究，未來能朝這個方向更徹底地發展，深入探討這種類型的組別所受到的影響。

由於敘事治療是以特定典範（paradigm）為定向的，並深根於後現代主義與後結構主義思維，它需要採用新的治療姿態、新的思考方式，而不單單只是學習一套新的實務技能，因此，難怪我們在轉錄文本中看見有經驗的團體催化員能在團體過程中負責維持敘事治療架構，而較缺乏經驗的團體催化員，她與男性成員的互動更像是教導式的做法。

對於今後的研究，若涉及敘事治療團體結果評估的研究，重要的是，確認該歷程是遵循並忠實敘事方法進行，或者，該歷程應該在每一次團體被納入研究時，再清楚地描述一遍。原因是，對團體催化員而言，相較於「純粹」以單一取向來進行團體諮商，同時採用不同的治療取向是更常見的。進一步的研究需要收納較多數量的團體，並採用多種方法，以整合更多治療成效的結果，以及來自當事人與當事人伴侶的回饋意見。

## 結論

在本章中，我們呈現一個敘事治療團體的小型個案研究的結構與結果，該團體是專為一群男性當事人而設立的，他們都曾在親密關係中對伴侶施暴。我們報告該研究工作，以示範敘事取向及固有在敘事對話地圖中的敘事觀點，如何經過調整之後，實踐於團體諮商中。那些我們所討論的主題，呈現出敘事治療的重要概念，如問題的外化與遠離概括歸因的訴說，在一個團體諮商的環境中依舊是可行的。

兩位團體催化員與所有男性成員一同創造出來的諮商內容，也呈現出一個反思，即那些被視為理所當然的理解躲藏在一些語言和論述當中，當大家談論到男性的陽剛氣概與男人對待女人或小孩的方式時，便能察覺這些被視為理所當然的語言和論述。這與我們在第三章談到有關「語言的傳佈」的討論是相符合的。

此外，綜觀十二週團體諮商所涵蓋的主題的結構，顯示出一個移動的過程，從反思當事人過去對關係的期望、檢視當事人的作為如何毀壞他們達成期望的機會，以及最終移向一個非暴力的替代自我認同。上述這些移動的過程，與三幕劇的隱喻和自我認同的遷移不謀而合。這也許能夠回答我們先前描述的情況：何以在過去尚未採用敘事觀點進行團體諮商時，男性當事人表示，即使在諮商結束之後已經了解自己的行為是不恰當的，但依然不知道該如何舉措得宜。這就像是以往的諮商團體，將男性當事人帶領到自我認同遷移的閾限階段，卻沒有讓他們的旅程持續向前，也就無法抵達目的地——一個自我認同獲得充分探索的新境界。這件事提醒了我們，在支持當事人前往他們偏好的目的地的旅程中，三幕劇、成年儀式（旅程）和認同隱喻的遷移是很有幫助的。

最後，在本章中，我們以一個小型個案研究呈現出如何將敘事應用於團體實務的方法。我們希望有更多同行開始書寫他們的實務經驗，以累積更廣泛的實務基礎，使治療師得以選擇進入以採用證據為基礎的機構環境中服務。

## 反思提問

1. 你能夠多自在地談論關於「有施暴經驗的男性」或「施暴者」？
2. 你曾有過將他人貼上標籤時是如何使用語言的經驗嗎？
3. 你曾經面臨挑戰，承諾要避免以概括歸因與病理歸因來描述有施暴經驗的人？
4. 你對於詹金斯提出的「邀請男性當事人負責任」有什麼想法？
5. 當男性當事人不再被當成「施暴者」看待時，你會如何描述避免貼上標籤與打開男性當事人機會之門這兩者之間的關連？
6. 你會如何回應一個期待你寫下自己實務經歷的邀請？

【註】 Melissa Page-Nicholas worked as a research assistant with Laura Beres reviewing transcripts and contributing to a version of the material presented in this chapter that was published in *Families in Society: The Journal a/Contemporary Social Services* (2010).

【附錄一】

# 參考書目

Abrahams, R. (1997). Forward to the Aldine paperback edition. In V. Turner, *The ritual process: Structure and anti-structure* (pp. v–xii). London: Aldine Transaction Publishers.

Adams, D. (1988). Treatment models of men who batter: A profeminist analysis. In K. Yllö & M. Bograd (Eds.), *Feminist perspectives on wife abuse* (pp. 176–199). Newbury Park, CA: Sage.

Anderson, H. (1997). *Conversation, language, and possibilities: A postmodern approach to therapy.* New York: Basic Books.

Anderson, H., & Goolishin, H. A. (1988). Human systems as linguistic systems: Preliminary and evolving ideas about the implications for clinical theory. *Family Process, 27*(4), 371–393.

Atkinson, R. (1998). *The LifeStory interview.* Sage University Papers Series on Qualitative Research Methods, Vol. 44. Thousand Oaks, CA: Sage.

Augusta-Scott, T. (2001). Dichotomies in the power and control story: Exploring multiple stories about men who choose abuse in intimate relationships. *Gecko: A Journal of Deconstruction and Narrative Ideas in Therapeutic Practice, 2,* 31–54.

Augusta-Scott, T. (2007). Conversations with men about women's violence: Ending men's violence by challenging gender essentialism. In C. Brown & T. Augusta-Scott (Eds.), *Narrative therapy: Making meaning, making lives* (pp. 197–210). Thousand Oaks, CA: Sage.

Ball, D., Piercy, F., & Bischoff, G. (1993). Externalizing the problem through cartoons: A case example. *Journal of Systemic Therapies, 12*(1), 19–21.

Bandura, A. (1973). *Aggression: A social learning analysis.* Englewood Cliffs, NJ: Prentice Hall.

Bateson, G. (1972). *Steps to an ecology of mind.* New York: Ballantine Books.

Bateson, G. (1980). *Mind and nature: A necessary unity.* New York: Bantam Books.

Bennett, T., Mercer, C., & Woolacott, J. (Eds.). (1986). *Popular culture and social relations.* Milton Keynes, UK: Open University Press.

Béres, L. (1999). Beauty and the beast: The romanticization of abuse in popular culture. *European Journal of Cultural Studies, 2*(2), 191–207.

Béres, L. (2001). *Romance, suffering and hope: Reflective practice with abused women.* Unpublished doctoral dissertation. Toronto, Ontario, Canada: University of Toronto.

Béres, L. (2002). Negotiating images: Popular culture, imagination, and hope in clinical social work practice. *Affilia: Journal of Women and Social Work, 17*(4), 429–447.

Béres, L. (2009). Mindfulness and reflexivity: The no-self as reflective practitioner. In S. Hick (Ed.), *Mindfulness and social work: Reflective practice and interventions* (pp. 57–75). Chicago: Lyceum Books.

Bergin, A. E., & Lambert, M. J. (1978). The evaluation of therapeutic outcomes. In S. L. Garfield & A. E. Bergin (Eds.), *Handbook of psychotherapy and behavior change* (2nd ed.) (pp. 139–189). New York: Wiley.

Bird, J. (2006). *Constructing the narrative in supervision.* Auckland, New Zealand: Edge Press.

Bird, J. (2008). *Talk that sings: Therapy in a new linguistic key.* Auckland, New Zealand: Edge Press.

Bobele, M., Servin-Guerrero Lopez, S., Scamardo, M., & Solorzano, B. (2008). Single-session/walk-in therapy with Mexican-American clients. *Journal of Systemic Therapies, 27*(4), 75–89.

Bohart, A. (1993). Experiencing: The basis of psychotherapy. *Journal of Psychotherapy Integration, 3,* 51–67.

Bohart, A., & Tallman, K. (1996). The active client: Therapy as self help. *Journal of Humanistic Psychology, 36,* 7–30.

Bohart, A., & Tallman, K. (1999). *How clients make therapy work: The process of active self-healing.* Washington, DC: American Psychological Association.

Bruner, E. (1986a). Ethnography as narrative. In V. Turner & E. Bruner (Eds.), *The anthropology of experience* (pp. 139–155). Chicago: University of Illinois Press.

Bruner, J. (1986b). *Actual minds, possible worlds.* Cambridge, MA: Harvard University Press.

Bruner, J. (1990). *Acts of meaning.* Cambridge, MA: Harvard University Press.

Buttell, F., & Carney, M. (2006). A large sample evaluation of a court-mandated batterer intervention program: Investigating differential program effect for African American and Caucasian men. *Research on Social Work Practice, 2,* 121–131.

Campbell, J. (1968). *The hero with a thousand faces.* Princeton, NJ: Princeton University Press. (Original work published 1949)

Carey, M., Walther, S., & Russell, S. (2009). The absent but implicit: A map to support therapeutic enquiry. *Family Process, 48*(3), 319–331.

Chambon, A. S. (1999). Foucault's approach: Making the familiar visible. In A. S. Chambon, A. Irving, & L. Epstein (Eds.), *Reading Foucault for social work* (pp. 51–82). New York: Columbia University Press.

Cranwell Schmidt, M., Kolodinsky, J. M., Carsten, G., Schmidt, F. E., Larson, M., & MacLachlan, C. (2007). Short term change in attitude and motivating factors to change abusive behaviour of male batterers after participating in a group intervention program based on pro-feminist and cognitive-behavioral approach. *Journal of Family Violence, 22*(2), 91–100.

Csiernik, R., & Rowe, W. (Eds.). (2010). *Responding to the oppression of addiction: Canadian social work perspectives* (2nd ed.). Toronto, Ontario, Canada: Canadian Scholars Press.

D'Cruz, H., Gillingham, P., & Melendez, S. (2007). Reflexivity, its meanings and relevance for social work: A critical review of the literature. *British Journal of Social Work, 37*(1), 79–90.

De Jong, P., & Insoo, K. B. (1998). *Interviewing for solutions.* Scarborough, UK: Brooks/Cole.

De Jong, P., & Miller, S. (1995). How to interview for client strengths. *Social Work, 40*(6), 729–736.

Deleuze, G. (1994). *Difference and repetition* (P. Patton, Trans.). New York: Columbia University Press.

Deleuze, G., & Parnet, C. (2002). *Dialogue II.* London: Continuum.

Denborough, D. (1995). Step by step: Developing respectful and effective ways of working with young men to reduce violence. *Dulwich Centre Newsletter, 2 & 3,* 73–89.

Derrida, J. (1974). *Of grammatology* (G. Chakravorty, Trans.). Baltimore: John Hopkins University Press.

Derrida, J. (1976). *Of grammatology.* Baltimore: John Hopkins University Press.

Derrida, J. (1978). *Writing and difference* (A. Bass, Trans.). Chicago: University of Chicago Press.

Derrida, J. (1991). *Cindres* (N. Lukacher, Trans. & Ed.). Lincoln, NE: University of Nebraska Press.

de Shazer, S. (1991) *Putting difference to work.* New York: Norton.

Dolan, Y. (1998). *One small step: Moving beyond trauma and therapy to a life of joy.* Watsonville, CA: Papier-Mache Press.

Dooley, M., & Kavanagh, L. (2007). *The philosophy of Derrida.* Montreal, Quebec, Canada: McGill-Queen's University Press.

Duvall, J., & Béres, L. (2007). Movement of identities: A map for therapeutic conversations about trauma. In C. Brown & T. Augusta-Scot (Eds.), *Narrative therapy: Making meaning, making lives* (pp. 229–250). Thousand Oaks, CA: Sage.

Duvall, J., & Young, K. (2009). Keeping faith: A conversation with Michael White. *Journal of Systemic Therapies, 28*(1), 1–18.

Edelson, J. L., Miller, D. M., & Stone, G. W. (1983). *Counseling men who batter: Group leaders' handbook.* Albany, NY: Men's Coalition Against Battering.

Epston, D. (2003, December 8 & 9). *Inner-viewing of narrative interviewing.* Workshop sponsored by Brief Therapy Training International (a division of Hincks-Dellcrest Centre, Gail Appel Institute), Toronto, Ontario, Canada.

Epston, D. (2009a). *A new genre of a narrative therapy approach to the problem of young people and their families/communities.* Professional workshop notes. Retrieved February 17, 2010, from http://www.narrativeapproaches.com

Epston, D. (2009b, May 4–8). *Five-day intensive with David Epston.* Sponsored by Brief Therapy Training—International (a division of Hincks-Dellcrest Centre, Gail Appel Institute), Toronto, Ontario, Canada.

Epston, D., & White, M. (1992). Consulting your consultants: The documentation of alternative knowledges. In D. Epston & M. White, *Experience, contradiction, narrative and imagination* (pp. 11–26). Adelaide, Australia: Dulwich Centre Publications.

Ericsson, S., & Taneja, S. (Producers); Jhally, S. (Director); Katz, J., & Earp, J. (Writers). (2002). *Toughguise* [Video recording]. Northampton, MA: Media Education Foundation.

Eron, J., & Lund, T. (1996). *Narrative solutions in brief therapy.* New York: Guilford Press.

Fisher, A. (2005). Romance and violence: Practices of visual map making and documentation in conversations about men's abuse to women. *Catching the winds of change: Conference proceedings* (pp. 115–123). Toronto, Ontario, Canada: Brief Therapy Network.

Fisher, A., & Augusta-Scott, T. (2003, May 28). *Innovations in practice: Working with men who abuse.* Workshop at the Brief Therapy Network 2nd Annual Conference: Theory, Practice and Practicality. Sponsored by Brief Therapy Training International (a division of Hincks-Dellcrest Centre, Gail Appel Institute), Toronto, Ontario, Canada.

Fook, J. (1999). Critical reflectivity in education and practice. In B. Pease & J.

Fook (Eds.), *Transforming social work practice: Postmodern critical perspectives* (pp. 195–208). St. Leonards, Australia: Allen and Unwin.

Fook, J. & Gardner, F. (2007). *Practising critical reflection: A resource handbook.* Berkshire, UK: Open University Press, McGraw Hill House.

Foucault, M. (1965). *Madness and civilization: A history of insanity in the age of reason.* New York: Random House.

Foucault, M. (1973). *The birth of the clinic: An archaeology of medical perception.* London: Tavistock.

Foucault, M. (1980). *Power/knowledge: Selected interviews and other writings.* New York: Pantheon.

Foucault. M. (1997). *Ethics: Subjectivity and truth* (P. Rabinow, Ed.; R. Hurley, Trans.). New York: New Press.

Frank, A. W. (1995). *The wounded storyteller: Body, illness and ethics.* Chicago: University of Chicago Press.

Frank, A. W. (2004). *The renewal of generosity: Illness, medicine and how to live.* Chicago: University of Chicago Press.

Freedman, J., & Combs, G. (1996). *Narrative therapy: The social construction of preferred realities.* New York: Norton.

Freeman, J., Epston, D., & Lobovits, D. (1997). *Playful approaches to serious problems.* New York: Norton.

Freire, P. (2006). *Pedagogy of the oppressed.* New York: Continuum.

Friedman, S. (1994). Staying simple, staying focused: Time-effective consultations with children and families. In M. F. Hoyt (Ed.), *Constructive therapies* (pp. 217–250). New York: Guilford Press.

Gaddis, S. (2004). Re-positioning traditional research: Centring client's accounts in the construction of professional therapy knowledges. *International Journal of Narrative Therapy and Community Work, 2,* 37–48.

Ganley, A. L. (1981). Counseling programs for men who batter: Elements of effective programs. *Response to Victimization of Women and Children, 4,* 3–4.

Geertz, C. (1973) *The interpretation of cultures.* New York: Basic Books.

Geertz, C. (1986). Making experience, authoring selves. In V. Turner & E. Bruner (Eds.), *The anthropology of experience* (pp. 373–380). Chicago: University of Illinois Press.

Gergen, K. J., & Kaye, J. (1992). Beyond narrative in the negotiation of therapeutic meaning. In S. McNamee & K. J. Gergen (Eds.), *Therapy as social construction* (pp. 166–199). Thousand Oaks, CA: Sage.

Gergen, M. M., & Gergen, K. J. (1984). The social construction of narrative accounts. In K. J. Gergen & M. M. Gergen (Eds.), *Historical social psychology* (pp. 173–189). Hillsdale, NJ: Erlbaum.

Glancy, G., & Saini, M. A. (2005). An evidenced-based review of psychological treatments of anger and aggression. *Brief Treatment and Crisis Intervention, 5*(2), 229–248.

Goffman, E. (1961). *Asylums: Essays in the social situation of mental patients and other inmates.* New York: Doubleday.

Gredler, M. E., & Shields, C. C. (2008). *Vygotsky's legacy: A foundation for research and practice.* New York: Guilford Press.

Griffiths, M., & Tann, S. (1992). Using reflective practice to link personal and public theories. *Journal of Education for Teaching, 18*(1), 69–84.

Guba, E., & Lincoln, Y. S. (2005). Paradigmatic controversies, contradictions, and emerging confluences. In N. Denzin & Y. Lincoln (Eds.), *The Sage handbook of qualitative research* (3rd ed.) (pp. 191–215). Thousand Oaks, CA: Sage.

Guilfoyle, M. (2003). Dialogue and power: A critical analysis of power in dialogical therapy. *Family Process, 42*(3), 331–343.

Harper-Jaques, S., McElheran, N., Slive, A., & Leahey, M. (2008). A comparison of two approaches to the delivery of walk-in single session mental health therapy. *Journal of Systemic Therapies, 27*(4), 40–53.

Healy, K. (2000). *Social work practices: Contemporary perspective on change.* London: Sage.

Hoffman, E. (2009). *Time.* New York: Picador.

Holmgren, A., & Holmgren, A. (2009, July 8). *Foucault, Derrida and Deleuze: Their implications for narrative practice.* One-day pre-conference training for the European Conference of Narrative Therapy and Community Work, sponsored by the Centre for Narrative Practice, Brighton, UK.

Hoyt, M. (1995). *Brief therapy and managed care: Readings for contemporary practice.* San Francisco: Jossey-Bass.

Irving, A. (1999). Waiting for Foucault: Social work and the multitudinous truth(s) of life. In A. S. Chambon, A. Irving, & L. Epstein (Eds.), *Reading Foucault for social work* (pp. 27–50). New York: Columbia University Press.

James, W. (1981). *The principles of psychology.* Cambridge, MA: Harvard University Press. (Original work published 1890)

Jenkins, A. (1990). *Invitations to responsibility: The therapeutic engagement of men who are violent and abusive.* Adelaide, Australia: Dulwich Centre Publications.

Katz, J. (2006). *The macho paradox: Why some men hurt women and how all men can help.* Naperville, IL: Sourcebooks.

Kimball, S. T. (1960). Introduction. In A. van Gennep, *The rites of passage* (pp. v–xxii). Chicago: University of Chicago Press.

Labov, W., & Fanshel, D. (1977). *Therapeutic discourse: Psychotherapy as conversation.* New York: Academic Press.

Lambert, M. (1992). Psychotherapy outcome research. In J. C. Norcross & M. R. Goldfried (Eds.), *Handbook of psychotherapy integration* (pp. 94–129). New York: Basic Books.

Lambert, M. J., & Bergin, A. E. (1994). The effectiveness of psychotherapy. In S. Bergin & L. Garfield (Eds.), *Handbook of psychotherapy and behavior change* (4th ed.) (pp. 143–189). New York: Wiley.

Levin-Rozalis, M., Bar-On, N., & Hartaf, H. (2005). A unique therapeutic intervention for abusive men at Beit Noam: Successes, boundaries, and difficulties. *Journal of Social Work Research and Evaluation, 1,* 25–45.

Lindemann-Nelson, H. (2001). *Damaged identities, narrative repair.* Ithaca, NY: Cornell University Press.

Maisel, R., Epston, D., & Borden, A. (2004). *Biting the hand that starves you: Inspiring resistance to anorexia/bulimia.* New York: Norton.

May, T. (2005). *Gilles Deleuze: An introduction.* Cambridge, UK: Cambridge University Press. Retrieved August 4, 2009, from http://lib.myilibrary.com/Browse/open.asp?ID=43141&loc=vii

McGoldrick, M., & Gerson, R. (1985). *Genograms in family assessment.* New York: Norton.

Mederos, F. (1999). Batterer intervention programs: The past, and future prospects. In M. Shepard & E. Pence (Eds.), *Coordinating community responses to domestic violence* (pp. 127–150). Thousand Oaks, CA: Sage.

Milewski-Hertlein, K. A. (2001). The use of the socially constructed genogram in clinical practice. *American Journal of Family Therapy, 29,* 23–38.

Miller, J. K., & Slive, A. (2004). Breaking down the barriers to clinical service delivery: Walk-in therapy. *Journal of Marital and Family Therapy, 30*(1), 95–103.

Miller, S. D., Duncan, B. L., & Hubble, M. A. (1997). *Escape from Babel: Toward a unifying language for psychotherapy practice.* New York: Norton.

Morgan, W. D., & Morgan, S. T. (2005). Cultivating attention and empathy. In C. K. Germer, R. D. Siegel, & P. R. Fulton (Eds.), *Mindfulness and psychotherapy* (pp. 73–90). New York: Guilford Press.

Morson, G. S. (1994). *Narrative and freedom: The shadows of time.* New Haven, CT: Yale University Press.

Myerhoff, B. (1986). Life not death in Venice: Its second life. In V. Turner & E.

Bruner (Eds.), *The anthropology of experience* (pp. 261–286). Chicago: University of Illinois Press.

Nylund, D. (2005). Deconstructing masculinity through popular culture texts. *Catching the Winds of Change conference proceedings* (pp. 104–114). Toronto, Ontario, Canada: Brief Therapy Network.

Nylund, D. (2007). *Beer, babes, and balls: Masculinity and sports talk radio.* Albany: State University of New York Press.

Paré, D., & Lysak, M. (2004). The willow and the oak: From monologue to dialogue in the scaffolding of therapeutic conversations. *Journal of Systemic Therapies, 23*(1), 6–20.

Parry, A., & Doan, R. (1994). *Story revisions: Narrative therapy in the postmodern world.* New York: Guilford Press.

Pence, E., & Paymar, M. (1993). *Education groups for men who batter: The Duluth model.* New York: Springer.

Pence, E., & Shepard, M. (Eds.). (1988). *Coordinating community responses to domestic violence.* Thousand Oaks, CA: Sage.

Pentecost, M., & Speedy, J. (2006, March 2). Poetic mindedness and poetic writing: A means of "doubly listening" towards, and capturing, the stories people tell us in therapeutic conversations. International Narrative Therapy Festive Conference, Adelaide, Australia.

Rajchman, J. (2000). *The Deleuze connections.* Cambridge, MA: MIT Press.

Ramey, H. (2007). *A sequential analysis of therapist scaffolding and child concept formation in narrative therapy.* Unpublished master's degree thesis for faculty of Child & Youth Studies, Brock University, St. Catharines, Ontario, Canada.

Ray, W., & Keeney, B. (1993). *Resource focused therapy.* London: Karnac Books.

Ramey, H., Young, K., & Tarulli, D. (In press.). *Scaffolding and concept formation in narrative therapy: A qualitative research report.* Manuscript submitted for publication.

Rennie, D. L. (1994). Storytelling in psychotherapy: The client's subjective experience. *Psychotherapy, 31,* 234–243.

Rosenbaum, R., Hoyt, M. F., & Talmon, M. (1990). The challenge of single-session therapies: Creating pivotal moments. In R. A. Wells & V. J. Giannetti (Eds.), *Handbook of the Brief Psychotherapies* (pp. 165–189). New York: Plenum Press.

Russell, S., & Carey, M. (2004). *Narrative therapy: Responding to your questions.* Adelaide, Australia: Dulwich Centre Publications.

Schön, D. A. (1983). *The reflective practitioner: How professionals think in action.*

New York: Basic Books.

Shepard, M., & Pence, E. (Eds.). (1999). *Coordinating community responses to domestic violence: Lessons from Duluth and beyond.* Thousand Oaks, CA: Sage.

Slive, A., McElheran, N., & Lawson, A. (2008). How brief does it get?: Walk-in single session therapy. *Journal of Systemic Therapies*, *27*(4), 5–22.

Speedy, J. (2005). Using poetic documents: An exploration of poststructuralist ideas and poetic practices in narrative therapy. *British Journal of Guidance & Counselling, 33*(3), 283–298.

St. James O'Connor, T., Meakes, E., Pickering, R., & Schuman, M. (1997). On the right track: Client experience of narrative therapy. *Contemporary Family Therapy*, *19*(4), 479–495.

Stern, D. (2004). *The present moment in psychotherapy and everyday life.* New York: Norton.

Stourdeur, R., & Stille, R. (1989). *Ending men's violence against their partners.* Newbury Park, CA: Sage.

Tallman, K., & Bohart, A. C. (1999). The client as a common factor: Clients as self-healers. In M. A. Hubble, B. L. Duncan, & S. D. Miller (Eds.), *The heart & soul of change: What works in therapy* (pp. 91–131). Washington, DC: American Psychological Association.

Tinsley, R. & Lebak, K. (2009). Expanding the zone of reflective capacity: Taking separate journeys together. *Networks, 11*(2), 1–11.

Turner, V. (1977). *The ritual process: Structure and anti-structure.* Ithaca, NY: Cornell University Press. (Original work published 1969)

van Gennep, A. (1960.) *The rites of passage.* Chicago: University of Chicago Press. (Original work published 1909)

Vygotsky, L. S. (1978). *Mind and society: The development of higher psychological processes.* Cambridge, MA: Harvard University Press.

Vygotsky, L. S. (1986). *Thought and language.* Cambridge, MA: MIT Press.

Walter, J. L., & Peller, J. E. (1994). "On track" in solution-focused brief therapy. In M. F. Hoyt (Ed.), *Constructive therapies* (pp. 111–125). New York: Guilford Press.

White, M. (1984). Marital therapy: Practical approaches to long-standing problems. *Australian Journal of Family Therapy, 1,* 27–43.

White, M. (1986). Negative explanation, restraint & double description: A template for family therapy. *Family Process, 22,* 255–273.

White, M. (1994). *Recent developments in the narrative approach.* American Association of Marriage and Family Therapy (AAMFT): Learning Edge Series

videotape of 50th anniversary conference in Miami Beach, Florida.
White, M. (1995a). *Re-authoring lives: Interviews & essays.* Adelaide, Australia: Dulwich Centre Publications.
White, M. (1995b, March 22 & 23). Therapeutic conversation as collaborative inquiry. Two-day training sponsored by Brief Therapy Training Centres International (a division of Hincks-Dellcrest Centre, Gail Appel Institute), Toronto, Ontario, Canada.
White, M. (1997). Narratives of therapists' lives. Adelaide, Australia: Dulwich Centre Publications.
White, M. (1999, April, 7, 8 & 9). *Migration of identity map in narrative therapy.* Three-day training sponsored by Brief Therapy Training Centres International (a division of the Hincks-Dellcrest Centre, Gail Appel Institute), Toronto, Ontario, Canada.
White, M. (2000). *Reflections on Narrative Practice: Essays and Interviews.* Adelaide, Australia: Dulwich Centre Publications.
White, M. (2003). Narrative practice and community assignments. *International Journal of Narrative Therapy and Community Work, 2,* 17–56.
White, M. (2004). "Working with people who are suffering the consequences of multiple trauma. *International Journal of Narrative Therapy and Community Work, 1,* 45–76.
White, M. (2005, April 11 & 12). *Mapping narrative conversations.* Two-day training, sponsored by Brief Therapy Training Centres International (a division of Hincks-Dellcrest Centre, Gail Appel Institute), Toronto, Ontario, Canada.
White, M. (2006a, February–September). *Seven-month narrative therapy training program.* Sponsored by The Dulwich Centre, Adelaide, Australia.
White, M. (2006b, February 20–24). *"One-week special intensive narrative therapy training training course."* Sponsored by the Dulwich Centre, Adelaide, Australia.
White, M. (2007a). *Maps of narrative practice.* New York: Norton.
White, M. (2007b, October 29 & 30). *Addressing the consequences of trauma: A narrative perspective.* Two-day training sponsored by Brief Therapy Training Centres International (a division of Hincks-Dellcrest Centre, Gail Appel Institute), Toronto, Ontario, Canada.
White, M. (2007c, December 10–15). *Level 2 narrative therapy training.* Sponsored by the Dulwich Centre, Adelaide, Australia.
White, M., & Epston, D. (1990). *Narratives means to therapeutic ends.* New York: Norton.
Winslade, J. (2009). Tracing lines of flight: Implications of the work of Gilles

Deleuze for narrative practice. *Family Process, 48*(3), 332–347.

Wyschogrod, E. (1989). Derrida, Levinas, and violence. In H. J. Silverman (Ed.), *Continental philosophy II: Derrida and deconstruction* (pp. 182–200). New York: Routledge.

Yllö, K., & Bograd, M. (1988). *Feminist perspective on wife abuse.* Newbury Park, CA: Sage.

Young, K. (2008). Narrative practice at a walk-in therapy clinic: Developing children's worry wisdom. *Journal of Systemic Therapies, 27*(4). 54–74.

Young, K. (2006). *When all the time you have is now: Narrative practice at a wain therapy clinic.* Retrieved from www.brieftherapynetwork.com/papers.htm

Young, K., Dick, M., Herring, K., Lee, J. (2008) From waiting lists to walk-in: Stories from a walk-n therapy clinic. *Journal of Systemic Therapies, 27*(4), 23–39.

Young, K. & Cooper, S. (2008). Toward co-composing an evidence base: The narrative therapy re-visiting project. *Journal of Systemic Therapies, 27*(1), 67–83.

【附錄二】
# 名詞對照表

## 零劃

J.K. 羅琳 J. K. Rowling

《千面英雄》*The Hero with a Thousand Faces*

《瓦特希普高原》*Watership Down*

《成年儀式》*Les Rites de Passage*

《哈利波特》*Harry Potter*

《梅里亞—韋伯斯特新大學辭典》*Merriam-Webster's New Collegiate Dictionary*

《精神疾病診斷與統計手冊》*The Diagnostic and Statistical Manual of Mental Disorders*，DSM

《儀式歷程：結構和反結構》*The Ritual Process: Structure and Anti-structure*

《論文字學》*Of Grammatology*

## 二劃

人際聯盟 association of life

力量 strength

## 三劃

大衛・艾普斯頓 David Epston

大衛・裴瑞 David Paré

女性防暴小組 Violence Against Women team，VAW

女性主義理論 feminist theory

三幕劇的隱喻 three-act-play metaphor

## 四劃

反身性反思 reflexivity

反思 reflection

反思性 reflectivity

反思總結 reflecting summary

反壓迫觀點 anti-oppressive approaches

反暴力婦女團隊 Violence Against Women，VAW

反應隨因 contingencies

卡尼 Carney

卡茲 Katz

卡瑞 Carey

巴比・狄倫 Bob Dylan

巴-安 Bar-On
巴道爾 Buttell
內化他者的訪談 internalized "other" interviews
內部知識 insider knowledge
丹尼爾・斯特恩 Daniel Stern
丹伯羅夫 Denborough
不平凡事件 eventful
不在場，但隱含的事物 absent, but implicit
戈德納 Gardener
心理教育模式 psychoeducational models
厄文 Irving
互為主體 mutual subjectivity
中間階段 middle phase
分支故事情節 Subordinate Storyline

## 五劃

主導感落差 agentive gap
主體性表達 expressions of subjectivity
主流故事 dominate story
主要故事 master story
史丹利・庫柏力克 Stanley Kubrick
史考特・庫柏 Scot Cooper
史帝夫・德・沙澤 Steve De Shazer
文件化 documentation
水平鷹架 horizontal scaffolding
外化實務 externalizing practices
瓦瑟 Walther
加哈里 Jhally
古帕 Guba
尼隆德 Nylund
立薩克 Lysak
汀士雷 Tinsley
瓦解問題 problem dissolving
令人不舒服的 sticky
充滿可能性的舞台 field of possibilities
出發 departure
召喚 calling
正念 mindfulness
生命危機 life crisis

## 六劃

自我 self
自我認同地圖的遷移 migration of identity map
自我認同遷移 migration of identity
自我認同重新整合的開端 the beginning of reincorporation of identity
自我感 sense of self
自我增強 self-reinforcing
自我醒覺 awakening
吉米・莫里森 Jim Morrison

吉兒・佛瑞德門 Jill Freedman
吉兒・富里曼 Jill Freedman
米哈伊爾・巴赫汀
Mikhail Bakhtin
米魯斯基-賀特連
Milewski-Hertlein
艾力克森 Ericsson
艾普斯頓 Epston
行動全景 landscape of action
行頭 stuff
在此同在 being in this together
在地知識 local knowledge
托爾斯泰 Tolstoy
列維納斯 Levinas
印地安那瓊斯 Indiana Jones
多蘭 Dolan
朵恩 Doan
伏筆預言 foreshadowing
再生 regeneration
合併 incorportation
回顧諮商 re-visiting sessions
存在理由 raison d'être
安心 reassurance
此時此刻 now moments
因果定律 causal rules
地下莖的比喻 metaphor of
rhizomes

## 七劃

局外見證人 outsider witness
局外見證實務 outsider witnessing
practice
局限 restraints
社區兒童援助中心 Reach Out
Centre for Kids
社會建構圖譜 socially constructed
genogram，SCG
貝特森 Beteson
貝爾 Paré
阿凡達 Avatar
阿諾・梵蓋納普 Arnold van
Gennep
杜斯妥也夫斯基 Dostoyevsky
杜立 Dooley
克倫威爾・施密特
Cranwell Schmidt
希利 Healy
克利福德・葛茲 Clifford Geertz,
1973
伴侶聯繫程序 Partner Contact
Procedures
戒酒互助夥伴 sponsor
免預約門診 walk-in clinic
扮演一個抄寫員 acting like a scribe
決定論 determinism
社論 editorial

## 八劃

林肯 Lincoln
林德曼-尼爾森

Lindemann-Nelson
佛里曼 Freeman
亞瑟・克拉克 Arthur C. Clarke
奈傑爾・帕頓 Nigel Parton
帕內特 Parnet
法蘭克 Frank
明尼亞波利斯 Minneapolis
東區家庭中心 Eastside Family Centre
欣克斯-德爾克斯特中心 Hincks-Dellcrest Center
注意力不足過動症 Attention deficit hyperactivity disorder，ADHD
事件性 eventness
其他人 other
所指 the signified
拆分點 separation point
知道 knowing

## 九劃

後分離階段 postseparation stage
後閾限階段 postliminal
後效研究 outcome study
重新教化 remoralizing
重寫 re-authoring
柏登 Borden
柏德 Bird
哈塔夫 Hartaf
保羅・羅森布雷特 Paul Rosenblatt
俄普 Earp
威廉・詹姆斯 William James
約瑟夫・坎伯 Joseph Campbell
香邦 Chambon
英素金 Insoo Kim Berg
侯姆格倫 Holmgren
施暴者 abuser
怎樣都可 anything goes
前閾限階段 preliminal
姿態 posture
宣洩 catharsis
客體化 objectification
建構 constituted
故事基質 fabula
星際大戰 Star Wars
架構 framework
流派模糊 blurring of genres
洩漏 fuites，法文
背景故事 back-story
飛行航線 line of flight

## 十劃

原初的生命感 experiences originally lived
原型 schema
家庭成員重新定位 repositioning family members
家暴介入方案 Domestic Abuse Intervention Project，DAIP

差異 difference，德西達的 différance
恩丹布 Ndembu，非洲中部桑比亞的部落
格根 Gergen
索納・盧梭 Shona Russell
特定典範 paradigm
倒敘溯源 backshadowing
旁支側寫 sideshadowing
旅伴身分 copassengers
病理化 pathologizing
真理 truth
能指 a signifier
酒鬼 alcoholics
被內化的論述 internalized discourses
起始階段 initial phase
追蹤照護計畫 aftercare program
個人主導性 personal agency

## 十一劃

第一幕 act 1
第二幕 act 2
第三幕 act 3
匿名戒毒團體 Narcotics Anonymous，NA
匿名戒酒團體 Alcoholics Anonymous，AA
梅塞爾 Maisel
梅蘭妮・克萊恩 Melanie Klein
問題自然瓦解 problem dissolving
問題解構實務 deconstruction-of-the-problem practice
理察・亞當斯 Richard Adams
理論主義 theoretism
宿命 fate
宿命或命運的漩渦 fate or destiny as a vortex
麥克・懷特 Michael White
康姆斯 Combs
莎拉・瓦瑟 Sarah Walther
莫森 Morson
許恩 Schön
培律 Parry
強迫停止 time-out
接納的情境 receiving context
啟程 initiation
敘說臣服 narrative surrender
混沌敘說 chaos narrative
淨化 katharsis
移轉 transport
堅忍不拔 perseverance
專業技術 know-how
將對話治療問題化 problematized dialogical therapie

## 十二劃

凱 Kaye
凱維納 Kavanagh
凱倫・楊 Karen Young

短期治療 solution-focused brief therapy
短期敘事 brief narrative
短期策略治療 brief strategic therapy
發人省思的問題 thought-provoking questions
發作 lapses
單一神話 monomyth
單薄敘述 thin description
替代故事 alternative story
替代故事情節 alternative storyline
傑立・賈西亞 Jerry Garcia
傑若米・布魯諾 Jerome Bruner
喬治・盧卡斯 George Lucas
富里曼和康伯思 Freeman & Combs
萊文-羅莎莉 Levin-Rozalis
普魯斯特 Proust
費雪 Fisher
勞倫汀 Laurentian，魁北克山區
復發 relapses
然後 and
結合 aggregation
裂縫 leaks
貼身經驗 experience-near

## 十三劃

雷夫・維高斯基 Lev Vygotsky
雷巴克 Lebak
雷傑曼 Rajchman
解決問題 problem solving
解析它 dissect it
解構 deconstruct
概念地圖 concept map
概括化 totalization
當下性 presentness
當下時刻 present moments
話入存在 languaging into existence
話題軸 agenda
塔內加 Taneja
奧古斯塔-史考特 Augusta-Scott
葛蘭斯 Glancy
詹金斯 Jenkins
福克 Fook
溫思雷特 Winslade
罪犯 perpetrator
傳統語言結構 conventional language structures
詮釋 interpreted
過渡階段 betwixt and between
預先決定 predetermination
意識全景 landscape of consciousness，或認同全景
會員重新整合 re-membering conversations map
遠距經驗 experience-distance
傷害模式 harmreduction model
獅子王 The Lion King

盟友 sameness

## 十四劃

對話 conversation／dialogue
對話的場域 conversational territories
認同全景 landscape of identity，或意識全景
認知行為取向 cognitive-behavioral approach
語言傳佈 circulation of language
語言的地下莖特性 rhizome nature of language
維克多・圖納 Victor Turner
瑪姬・凱瑞 Maggie Carey
蓋爾阿佩爾機構 Gail Appel Institute
劃分它 compartmentalize it

## 十五劃

德希達 Derrida
德勒茲 Deleuze
德盧思 Duluth，明尼蘇達州地名
模式 pattern
樂高區域 Lego zone
潛在發展區域 the zone of proximal development，ZPD
論述 discourses
蝙蝠俠 Batman

## 十六劃

學院派 schoolism
學習者 learner
霍夫曼 Hoffman
霍伊特 Hoyt
盧賽爾 Russell
導正機制 redressive mechanisms
歷程專家 process expert
療養安置計畫 residential program setting
獨特的結果 unique outcome
駭客任務 The Matrix
閾限 liminal，出自拉丁文 limen，門檻
瞬息間 momentous

## 十七劃

聲音 voice
螺旋 spiral

## 十八劃

雙重述說 double-storied telling
雙重感受 double-sided experience
雙重傾聽 double listening
薩伊尼 Saini
魏柯奎德 Wyschogrod
豐富敘述 thick description
額外的治療因素 extra-therapeutic factors
轉化的故事是演出的故事

Transformative stories are performed stories
歸返 return

十九劃
關鍵時刻 pivotal moments
關鍵反思 critical reflection
關連-語意-創造法 relational-language-making
關連鍊 chains of association
證據基礎的實務 evidence-based practice
懷特式鷹架對話地圖 White's scaffolding conversation map

二十二劃
癮君子 addicts

# 致謝

這本書緣起於我們一起做的研究計畫。當我們很興奮的著手這個很特別的敘事實踐的研究計畫，踏入未知的領域時，它卻成為令人卻步的負擔。為了深入探究治療歷程和治療後效，我們必須走出主流取向，更需要很多重要的協助和支持來迎接這個挑戰。那時，我們難以想像我們的努力竟然能夠轉化成一本書。

這本書中所表露的觀點，回應了一些意見，也反映出許多人的影響，這些人一路和我們完成這趟旅程。我們要特別感謝凱倫．楊（Karen Young）共同參與這次的探險，他很大方的同意我們在第五章描述他的門診的敘事實踐，很榮幸能跟他一起回顧我們的實踐經驗和新觀點。期待未來還能有進一步的研究、教學或寫作的合作計畫。

我們希望能銘記每一個人的影響，並由衷感謝他們的支持、對話和貢獻，是這些人造就了我們的研究結果和這本書。很遺憾地，礙於篇幅，我們無法一一列出大名，他們都很慷慨的提供協助和支持，我們實在感恩受惠於對這個計畫出力的每一個人。

首先我們感念並感謝麥克．懷特，謝謝他慷慨的時間和知識傳授，他的指引、師導和帶領，為這本書提供了原初理念，它們是書中所表述的諸多概念的基礎。麥克很鼓勵這本書的初稿，他閱讀之後也給我們具體的回饋，他說保有寫這本書最初的願景、價值和想法是很重要的，同時肯定我們對關鍵思維的投入。關於如何將那些尋求治療師幫助的人，匯聚轉化成一門知識，他是絕佳的楷模，我們深受他的政治和倫理素養所啟迪，這許多年來，他的友誼深深護佑著我們。

我們也要感謝大衛．艾普斯頓，即使是面對麥克逝世的悲傷時刻，他仍毫不猶豫的替補麥克的位置，持續鼓勵，我們因此能夠繼續研究、撰書。直到現在，大衛仍是我們豐富的諮詢顧問，總是推薦我們出人意表的參考書目和資源。在此特別感謝他為我們指出方向，並提供莫森（Morson）在貝克汀（Bakhtin）的工作。他的熱情和熱忱感染、也鼓舞我們，幫助我們導正思考，跳離理所當然的假設，讓我們在進入未知的新領域時，仍能繼續擁抱並發展新觀點。

還有吉兒．佛瑞德門，當我們需要仰賴她的寫作經驗，不管是如何扮演協同作者或是一般出版程序，她總是在電話另一端。我們很感謝她的耐心、親切和高昂的興致，只要在研討會上相遇，她不忘關心書的進度，驅策我們持續前行。

我們也要感謝大衛．裴瑞願意讀原稿並撰寫導讀，大衛總是毫無保留的以直接的、協助釐清的，甚或質疑的點子來提供協助，能夠跟大衛對談良久真是很棒，尤其他也致力於敘事實踐的回顧和研究。有一次我們整個週末都待在他位於魁北克勞倫汀（Laurentian）山區的木屋，當時外面瑞雪紛飛，我們圍在火爐旁交換意見。大衛的友誼一直都是穩定鼓勵的根源，他也總是關切這本書的進度。

我（蘿拉）特別要感謝我丈夫大衛（David）和兒子立亞姆（Liam），他們是最直接受這個計畫波及的人。有一次我消失了好幾天跟吉姆閉關寫作，他們將凌亂的家收拾整齊；當我終於走出電腦桌出來吃宵夜時，他們真誠的跟我討論撰稿的想法和過程。我很感激立亞姆允許我將他童年的一段趣事放進第三章；也感激大衛對這個計畫的熱忱，幫忙閱讀各章草稿，思考、分析並提供諸多周密的回饋。沒有大衛和卡洛林（Caroline）的信任，吉姆和我沒有能力寫好這本值得撰寫的書。

我（吉姆）想要感謝我的生命夥伴和最好朋友卡洛林，對這個計畫的理解和堅定的信念，不只是因為她日復一日打理我邋遢的生活，也隨時準備好要聆聽我們半成熟的點子並提供「現實檢核」。謝謝她的耐心，當我帶著懷疑盯著電腦時，是她幫我度過無數個技術上的挫敗，卡洛林和我們的狗班喬（Banjo）持續地提醒我：「是啊！生活除了這本書還有別的呢！」

我們還要感謝許多工作人員、義工、學生，以及欣克斯-德爾克斯特中心（Hincks-Dellcrest Center）和蓋爾阿佩爾機構（Gail Appel Institute）的諮詢師，他們參與、相信、支持這個訓練和研究計畫，他們奉獻出無數的研討時間，完成許多治療次數，觀看難以計算時數的錄影帶，追蹤表格和資料，理清所有這些錯綜複雜的工作。

此外，我們要感謝社會工作碩士班學生，他們參與蘿拉在研究所開的敘事治療理論與實務的選修課，後來並成為持續進行的諮詢團體的成員，他們對我們的計畫感興趣，閱讀各章的草稿並回饋意見，再一次肯定我們的努力，將會對學生有所助益。特別感謝黛安（Diane），她非常仔細的閱讀這些章節，提供十分有用的編輯建議。也謝謝工讀同學卡洛琳（Carolyn），她抓出細微的拼字和文法錯誤、補上遺漏的參考文獻，否則可能就此疏忽大意。

我們同時要感謝蘿拉在西安大略大學、國王學院的兩位同事：第一位是任教於哲學系的安東尼．卡爾卡諾（Antonio Calcagno），他協助閱讀早期草稿，檢視我們是否正確理解了德希達和德勒茲；第二位是任教於社會工作系的亞倫．艾文（Allan Irving），他也幫忙檢視早期書稿，並就他認為重要的部分給予我們很多鼓勵。

感謝所有前來向我們尋求諮詢的家庭，他們付出無法計算的時數，提供高品質的「無償督導」式清晰、實用的回饋，使得治療實務對他們更有幫助；相形之下，我們的工作也就不足掛齒。其中兩人參與本書兩章的寫作，他們的回饋和投入，幫助我們時時警醒並改進倫理議題。我們深深感激每一個人的投入，他們以自己最合適的多元面貌，融入書中所組合出來的案例當中，也使我們的取向能更普遍的跟大眾連結。這是非常愉悅又特殊的經驗，我們很榮幸享有特權，在他們踏上人生旅程時，容許我們一起同行。

感激諾頓出版社的凡尼．坎南（Vani Kannan），永不止歇又不厭其煩的協調，以及協助校稿。

最後，感謝諾頓出版社的編輯，黛博拉．馬慕德（Deborah Malmud）的引領和指導。她建議我們多提出綜合案例，全面且全程鼓勵我們。因為她，這本書肯定變得更好。

Master 048

# 敘事治療三幕劇：結合實務、訓練與研究

## Innovations in Narrative Therapy: Connecting Practice, Training, and Research

作者：吉姆・度法（Jim Duvall）　蘿拉・蓓蕊思（Laura Béres）　譯者：黃素菲


出版者—心靈工坊文化事業股份有限公司
發行人—王浩威　總編輯—徐嘉俊
執行編輯—林妘嘉　封面設計—蕭佑任
內頁排版—龍虎電腦排版公司
通訊地址—10684 台北市大安區信義路四段 53 巷 8 號 2 樓
郵政劃撥—19546215　戶名—心靈工坊文化事業股份有限公司
電話—02）2702-9186　傳真—02）2702-9286
Email—service@psygarden.com.tw　網址—www.psygarden.com.tw
製版・印刷—彩峰造藝印像股份有限公司
總經銷—大和書報圖書股份有限公司
電話—02）8990-2588　傳真—02）2990-1658
通訊地址—248 新北市新莊區五工五路二號
初版一刷— 2016 年 12 月　初版三刷— 2024 年 1 月
ISBN—978-986-357-079-0　定價—450 元





國家圖書館出版品預行編目資料

敘事治療三幕劇 : 結合實務、訓練與研究 / 吉姆・度法 (Jim Duvall),
蘿拉・蓓蕊思 (Laura Beres) 著 ; 黃素菲譯 . -- 初版 . --
臺北市 : 心靈工坊文化 , 2016.12
面 ;　公分 . -- (Master ; 48)
譯自 : Innovations in narrative therapy : connecting practice, training, and research
ISBN 978-986-357-079-0（平裝）

1. 心理治療　2. 心理諮商

178.8　　105022486

心靈工坊 PsyGarden 書香家族 讀友卡

感謝您購買心靈工坊的叢書，爲了加強對您的服務，請您詳塡本卡，
直接投入郵筒（免貼郵票）或傳眞，我們會珍視您的意見，
並提供您最新的活動訊息，共同以書會友，追求身心靈的創意與成長。

書系編號—MA 048　　書名—敘事治療三幕劇：結合實務、訓練與研究

姓名　　是否已加入書香家族？□是 □現在加入

電話 (O)　　(H)　　手機

E-mail　　生日　　年　　月　　日

地址 □□□

服務機構　　職稱

您的性別—□1.女 □2.男 □3.其他

婚姻狀況—□1.未婚 □2.已婚 □3.離婚 □4.不婚 □5.同志 □6.喪偶 □7.分居

請問您如何得知這本書？
□1.書店 □2.報章雜誌 □3.廣播電視 □4.親友推介 □5.心靈工坊書訊
□6.廣告DM □7.心靈工坊網站 □8.其他網路媒體 □9.其他

您購買本書的方式？
□1.書店 □2.劃撥郵購 □3.團體訂購 □4.網路訂購 □5.其他

您對本書的意見？
□ 封面設計　1.須再改進 2.尚可 3.滿意 4.非常滿意
□ 版面編排　1.須再改進 2.尚可 3.滿意 4.非常滿意
□ 內容　1.須再改進 2.尚可 3.滿意 4.非常滿意
□ 文筆／翻譯　1.須再改進 2.尚可 3.滿意 4.非常滿意
□ 價格　1.須再改進 2.尚可 3.滿意 4.非常滿意

您對我們有何建議？

▲您的意見，我們將轉貼在心靈工坊網站上，www.psygarden.com.tw

10684台北市信義路四段53巷8號2樓

讀者服務組 收

（對折線）

## 加入心靈工坊書香家族會員
## 共享知識的盛宴，成長的喜悅

請寄回這張回函卡（免貼郵票），

您就成爲心靈工坊的書香家族會員，您將可以——

⊙隨時收到新書出版和活動訊息

⊙獲得各項回饋和優惠方案